新教育文库·通识书系

U0804756

学校立魂

——新教育学校文化建设操作手册

吴 勇◎编 著

長江出版傳媒 | 湖北教育出版社

(鄂)新登字 02 号

图书在版编目(CIP)数据

为学校立魂——新教育学校文化建设操作手册/吴勇编著.
—武汉:湖北教育出版社,2021.1
ISBN 978-7-5564-3580-7

Ⅰ.①为…
Ⅱ.①吴…
Ⅲ.①校园文化-建设-研究
Ⅳ.①G47

中国版本图书馆 CIP 数据核字(2020)第 236648 号

为学校立魂——新教育学校文化建设操作手册
WEI XUEXIAO LI HUN —— XINJIAOYU XUEXIAO WENHUA JIANSHE CAOZUO SHOUCE

出品人 方平
责任编辑 刘书慧　　责任校对 王艳波
封面设计 刘静文　　责任督印 张遇春

出版发行 长江出版传媒 430070 武汉市雄楚大街 268 号
湖北教育出版社 430070 武汉市雄楚大街 268 号
经销 新华书店
网址 http://www.hbedup.com
印刷 湖北新华印务有限公司
地址 武汉市硚口区长风路 31 号
开本 710mm×1000mm 1/16
印张 15.75
字数 258 千字
版次 2021 年 1 月第 1 版
印次 2021 年 1 月第 1 次印刷
书号 ISBN 978-7-5564-3580-7
定价 38.00 元

新教育文库

总序

教育实验是一项细致而长久的工程，需要通过一代人去影响另一代人，不能急于求成，不能故步自封，一定要学会等待，一定要耐得住寂寞。

新教育实验更不例外。

中国教育有许多弊端，但仅仅是怒目金刚式的斥责和鞭挞，虽然痛快却无济于事。对于中国教育而言，最需要的是行动与建设，只有行动与建设，才是真正深刻而富有颠覆性的批判与重构。

新教育实验就是寓重构于行动之中，寓批判于建设之中。

新教育要做的，就是给教师和学生一种幸福完整的教育生活，一个开阔无垠的精神视野，让他们对人的内心的复杂性有更为深切的体验，不但要了解生命的伟大和宇宙的博大，而且要感受生活的丰富与人性的丰厚。

从2000年《我的教育理想》的出版，新教育思想悄然萌芽，到2014年《新教育文库》的第三版重订，此时此刻的中国大地上，5000多所学校的560多万新教育师生，正走在新教育的路上。

以追寻理想的执着精神、深入现场的田野精神、共同生活的合作精神、悲天悯人的公益精神，埋首耕耘，成就我们的人生、我们的教育、我们的民族。这就是新教育精神的本质内涵。

新教育追求高度，但永远不会高高在上；新教育培养卓越的教师，更关注普通的教师；新教育不是一个精英俱乐部，而是一个宽容开放的团队。新教育始终敞开胸怀，永远等待、拥抱理想主义者。真实的新教育，永远在田野中，在千千万万默默无闻的普通老师的教室里。

新教育人，就是这样一群有着共同梦想、遵守共同标准的志同道合者。彼此为对方的生命祝福，彼此珍惜生命中偶然的相遇，彼此郑重做出承诺，共同创造一间又一间完美的教室，共同书写一篇又一篇生命的传奇。

新教育不求无懈可击的理论体系，而是强调行动起来，在实践中思考，在实践中提升，在实践中成长。帮孩子成为自己，让我们成为自己，一个完整的幸福的自己。我们不是人类文明的创始者，但人类文明可以通过教育的伟大理想穿越时空，通过我们今天的行动变为现实。

当然，我们也知道，只有对新教育的认识从“概念”向“信念”推进，由“理想”转向“思想”引领，激发出人们深沉的情感、执着的意志，从精神世界的积淀表现为主体的自觉行动时，新教育实验才可能真正成为人生力量和教育智慧的策源地。

新教育文库，正是总结、梳理、传播新教育人的所行所思所得的一种努力。无论是经验还是教训，这一路跋涉的足迹，将成为指向明天的路标。在这套文库中，不同书系有着不同定位：我们希望用“通识书系”积淀下新教育的根本书籍，用“蒲公英书系”及时总结一线教育经验，用“萤火虫书系”全力搭建家校沟通的平台……我们并不准备用一部部书籍堆砌功名的城堡，但我们盼望这一部部心血凝成、行动书写的图书，能够成为一块块砖石，铺就一座通往彼岸的桥梁。

那么，新教育的彼岸是什么模样？

我想，彼岸是一群又一群长大的孩子，从他们身上能清晰地看到：政治是有理想的，财富是有汗水的，科学是有人性的，享乐是有道德的。

亲爱的新教育同仁，我们正在这条通往彼岸的船上。让我们同心同行，过一种幸福完整的教育生活。

行动，就有收获。

坚持，才有奇迹。

朱永新

目录

一

学校文化建设的理论指引

新教育实验是朱永新教授倡导的以教师专业成长为出发点，以营造书香校园、师生共写随笔、聆听窗外声音、培养卓越口才、构筑理想课堂、建设数码社区、推进每月一事、缔造完美教室、研发卓越课程、家校合作共育等十大行动为途径，以让新教育共同体成员“过一种幸福完整的教育生活”为目的的教育改革实验。虽然十大行动中没有学校文化建设，但在十九次新教育年会上，有两次专题研讨学校文化建设。朱永新教授在这两次年会上的主题报告，实际上是指导新教育学校文化建设的纲领性文献。

1　文化，为学校立魂

每年的新教育年会，都是新教育人的庆典，也是新教育再出发的新起点。

每年的年会，都有一个共同的话题让大家铭记。2006 年，我们在北京提出了新教育实验的核心价值“过一种幸福完整的教育生活”；2007 年，我们在山西运城提出了新教育儿童课程的主题“共读共写共同生活”；2008 年，我们在浙江苍南提出了新教育理想课堂的境界“知识、生活与生命的深刻共鸣”；2009 年，我们在江苏海门提出了新教育教师专业发展的追求“书写教师生命的传奇”。至今，新教育虽然远远没有完成自己的理论构架，但是，从教育价值到课堂境界，从教师发展到学生生活，教育的一些主要问题，已经初步涉猎。现在，我们有必要从整体上、从根本上思考新教育学校发展的问题。

这个整体性、根本性的问题之一，在我看来，就是学校文化问题。这也是为什么今年的年会要把学校文化作为主题的原因。

一、文化与学校文化的界说

1. 什么是文化

文化是一个众说纷纭的概念。1952 年，美国人类学家克鲁伯和克拉克洪在其著作《文化，关于概念和定义的检讨》中统计出，1871—1951 年 80 年间，关于文化的定义就有 164 个之多。2004 年，英国学者英格利斯在《文化》一书中也指出，文化或许是人类活动和交流过程中“意义的各种声音”。

在中国，文化一词最初是分而言之的。“文”本义指各色交错的纹理，引申为包括语言文字在内的各种象征性符号，进而具体化为文物典籍、礼乐制度，也引申为彩画装饰、修饰、人为加工和经纬天地之义。“化”有改易、生成、造化、变化和化育的意思。“文”与“化”并联使用，较早见之于《易经》：“刚柔交错，天文也。文明以止，人文也。观乎天文，以察时变；观乎人文，以化成天下。”在这里，“人文”与“化成天下”紧密联系，“以文教化”的思想已十分明确。汉代刘向《说苑》把“文”与“化”合为一词：“凡武之兴，为不服也；文化不改，然后加诛。”意思是说，用武力征服那些不臣服的，并用文明来教化他们，如果再不改正，就加以诛灭。晋朝束皙《补亡诗》说：“文化内辑，武功外悠。”也是把“用武力征服”和“用文化教化”二者并举。所以，中国传统意义上“文化”，就是指“以文化之”，以文明教化之，是相对于武力与法律而言的精神层面的改变人、润泽人的途径与方法。

在西方，“文化”（culture）在拉丁文里包含几个语源学意义：（1）耕种；（2）练习；（3）居住；（4）留心和注意；（5）敬神。古希腊罗马时期，文化的意义丰富起来。古罗马著名演说家西塞罗的名言“智慧文化即哲学”，使文化具有了改造、完善人的内心世界的内容。这样，西方的文化概念，其初始意义大体上包含了对自然（耕种）和人自身（培养）的改造这两个方面的意义。它们都具有改变和摆脱自然（外在的自然和内在的自然）状态的意思。

17世纪，德国法学家S. 普芬多夫（1632－1694）首先独立使用“文化”概念。在以后的一段时期里，文化主要被理解为对身体、心灵和精神的培育。18世纪后期为欧洲思想界广泛接受。真正从文化学的学术意义上提出文化概念的，是英国文化人类学家泰勒。他在1871年出版的《原始文化》一书中给出了一个经典定义：“文化或文明，是作为一个社会的成员所获得的知识、信仰、艺术、法律、道德、习俗及其他能力与习惯的综合体。”以后，文化学说风起云涌，蔚为大观，但歧义众多，莫衷一是。

目前，文化概念的“群星灿烂”已经使众多文化概念构成了一个文化“家族”概念或“族概念”，它们相互对话、参照、补充，同时也集结在一起，汇合成一门综合性学科——文化人类学，它几乎成为一门关于人的全面研究的科学，正如美国文化人类学家罗杰·基辛所指出的那样，文化人类学“是唯一能够广泛透视种种文化经验的学问，又具备兼跨生物科学和社会科学的基础，因此有资格对人类、人性、人的生活方式提出问题并加以研究”。文化科学的这种综合趋势对人类文化的创造和整合也会产生深远的影响。

各种文化科学的概念对我们思考学校文化的建设当然都有重要的启迪作用。但我们不妨先看一下龙应台在就任台北市文化局长时，面对一位议员提出的究竟什么是文化的问题，曾经做出的解释：

文化，它是随便一个人迎面走来，他的举手投足，他的一颦一笑，他的整体气质。他走过一棵树，树枝低垂，他是随手把枝折断丢弃，还是弯身而过？一只满身是癣的流浪狗走近他，他是怜悯地避开，还是一脚踢过去……如果他在会议、教室、电视屏幕的公共领域里大谈民主人权和劳工权益，在自己家的私人领域里，他尊重自己的妻子和孩子吗？他对家里的保姆和工人以礼相待吗？……在没人看见的地方，他怎么样？……文化其实体现在一个人如何对待他人、对待自己，如何对待自己所处的自然环境……品位、道德、智能，是文化积累的总和……文化不过是代代累积沉淀的习惯和信念，渗透在生活的实践中。

可以看出，龙应台这里所说的文化，就是指通过人的行为表现出来的人的习惯、信念等精神气质。文化构成了一个人的基本风貌、基本特质，是一个人有别于其他个体的特点。也正是在这个意义上，康德等哲学家认为，文化是一种精神性的符号体系。

也正是在这个意义上，我们认为，文化其实就是指一个群体、组织在长久的共同生活中形成的生活方式，包括他们的思想、理念、行为、习俗、禁忌、传说、建筑、制度、一切作品……这个群体整体的一切活动，都将是这个方式的某种体现。

2. 什么是学校文化

教育本来就是一种文化活动。德国教育家斯普朗格早就说过："教育也是一种文化活动，这种文化活动指向不断发展着的主体的个性生命生成，它的最终目的，是把既有的客观精神（文化）的真正富有价值的内涵分娩于主体之中。"

学校文化具有文化的一般特质，又具有自身的规定性。它是一种特殊的组织文化，是学校精神的活生生的体现，是学校进而也是学生与教师生存与发展的根本之道。皮特森（Kent D. Peterson）指出："学校文化是一组规范、价值和信念、典礼和仪式、象征和事迹，这些因素构成了一所学校不同于其他学校的个性，正是这些不成文的因素随着时间的流逝促使教师、管理者、家长和学生一起工作，一起解决问题，共同迎接挑战和面对失败。"据此，我们认为，学校文化是学校组织成员的精神皈依，是他们认同的信念、观念、语言、礼仪和神话的聚合体。它决定着人们的使命担当、价值追求和发展目标，同时显现在学校的一切教育行为（学校的节日、仪式、庆典、教学，以及各种具体的行为规则等）、各种物质载体（建筑、Logo、色彩、绿化、教室、课桌、座椅、装饰、校服、网站，甚至校徽、纸杯等）和全部的符号体系（校训、校歌、校徽、学校吉祥物，以及校风、教风、学风的语言表达）之中。

学校文化是学校发展的一种“软实力”（Soft Power）。提出“软实力”概念的美国哈佛大学教授小约瑟夫·奈指出，一个国家的综合国力既包括由经济、科技、军事等表现出来的“硬实力”，也包括以文化吸引力体现出来的“软实力”。“硬实力固然重要，但是在信息时代，软实力正变得比以往更为突出。”学校文化软实力是与学校的物质条件、硬件设施、教育技术、制度规范等硬实力相辅相成的，它既以独特的风貌展现学校的精神魅力，又为学校各种物质、技术、制度等实体力量的增长提供强大的动力。学校文化软实力一旦与学校物质硬实力有机结合，将刚柔相济，形成强大的综合力量。

学校文化软实力的形成来源于学校师生的文化认同，它意味着学校师生接受、内化并归属学校的核心价值理念及其相应的文化样式。学校文化认同一旦形成，就会表现出强烈的稳定性、聚合性、亲和性，其精神结构、价值系统、心理特征和行为模式，具有极强的渗透力与吸引力，能够产生巨大的弥漫和辐射效应，会超越时空，持久地支配每个师生员工的思想和行为。学校文化认同是维系学校秩序的黏合剂，是培育师生员工学校意识的深层基础，是任何刚性的物质力量、制度力量都无法替代的。

因此，新教育认为，应当坚持学校文化建设的价值追求，以追求卓越之精神为动力，以富有最高价值指向的文化精神为引领，努力促进学校文化的国际性、现代性与民族性的高度协同，挖掘一切可以利用的文化资源，将它的精华融注到学校文化中来，建构一种积淀厚重、情理交融、充满活力、风貌独特的学校文化，为学生、教师和学校的长久发展打下坚实的精神底蕴。

二、学校文化建设的误区

1. 人类文化危机与学校文化缺失

我们之所以关注文化，不仅是新教育自身理论建设的需要，也是在全球化语境中文化的貌似繁荣而实质缺失的大背景下，新教育人的一种文化自觉。

在科技日益发达，人民生活水平日益提高的同时，人性的异化和精神的危机已经成为新的社会问题。物欲横流、价值幻灭、灵魂枯萎、情感沉沦、信仰丧失、精神荒芜，这仿佛是人类在现时代不可逃脱的宿命。马克思、恩格斯早就指出了现代文明进程的这一“二律背反”现象，西方许多学者也都清醒地看到，人性危机、精神危机、意义危机、价值危机，本质上都是文化的危机。胡塞尔提出科学危机时代命运攸关的“意义问题”，韦伯提出工具理性统制和价值理性失落的问题，福柯提出的“人之死”问题，斯宾格勒提出文化和文明誓不两立、缺少了文化内涵的西方文明已成一具僵尸的问题等，都是在提出警示：文化危机是人类危机中最可怕的危机，作为从根基上影响人类生活的力量，文化危机有可能导致人类精神世界的坍塌。

与文化的问题相似，形形色色的教育教学变革虽然创造和提供了令人炫目的新知识、新技术、新工具、新方法和一些似是而非的新观念等，但同样没有为教育灌注深刻而恒久的、能令学校里所有的个人安身立命的文化精神。

2. 学校文化建设的形式主义

在一些学校，我们还看到了一些虚假的、停留在口头和纸面上的“学校文化”。它主要表现为三个方面，即物表化、文本化和标语化。

（1）物表化。我们看到，许多学校的建筑非常豪华现代，富丽堂皇，与宾馆无异。但是，如果学校的建筑、走廊、墙壁、庭院、塔亭、钟楼、绿化等景物，没有真正成为文化标识，没有真正成为师生生命和记忆的组成部分，没有具备深刻的文化内涵和教育意蕴，它们就只是一个建筑、一个图案、一个景物或者只是一种装饰或摆设。

（2）文本化。我们还看到，许多学校在应付各种检查的时候能够拿出完完整整的台账、制度文本。但是，如果这些制度只停留在文本层面，只是供检查参观之用，只是纸上谈兵，没有真正地成为规范学校成员行动的力量，它们也只是没有灵魂的台账、纸张。

（3）标语化。我们也看到，许多学校努力让每一堵墙壁能够“说话”，写满了各种标语口号，琳琅满目。但是，如果这些标语只是挂在嘴上、贴在墙上、印在宣传册上，没有成为师生的自觉追求，甚至行动方向与标语内涵南辕北辙，就只能是游离于学校文化的外在之物。

这样就形成了当前学校文化的一种怪现象：有些学校向你介绍的，总是一套高尚、圣洁、似乎也有条有理的学校教育理念。这套理念从使命愿景到校风校训，无不生动深刻，里面可能有儒家思想，有道家思想，有共产主义精神，也有西方的人本主义、建构主义，可以说是琳琅满目。但是，它真的是这所学校据此而存在、而生活的根本吗？它真的是这所学校朝向所在，并且在每日的努力中，有所体现的吗？事实上，那些言说的东西从来就没有成为校长和教师、学生真正的信仰，只是为别人言说的。在这些学校，往往是应试利益高于心灵发育，功利目的大于理想追求。

还有一种值得注意的现象，有些学校虽然并不是言行不一，有两套话语体系，而且是在努力地通过一个个具体的社团、课程、活动来追求文化。在这样的学校里，我们可以看到各种兴趣小组，各种艺术、体育、科技的活动，热闹非常。我们甚至可以看到这个时代所倡导的一切，都刻在了学校生活中。但是，在各种令人眼花缭乱的教育碎片中，我们难以分辨出什么是他们所真正追求的，而学校也不能觉察出自己在这些多少有些盲目的追求中，所缺乏的一种统领性、一以贯之的内在精神与文化理想。

在文化危机的时代，在学校文化荒废的时代，如何坚守文化精神，如何建设真正意义上的学校文化，是摆在我们新教育人面前的一个非常重要的命题。

3. 拯救之路：学校文化的自觉

新教育认为，文化是当代社会和当代教育面临的重大而急迫的课题，拯救学校文化的危机，是我们责无旁贷的神圣使命。

学校文化的好与坏，与学校是否具有文化的自觉有很大的关系。我们想要评价一种学校文化是好或者不好，就必须运用某种价值标准。我们认为，那种能够促进教师与学生的生命在学校中得到舒展、成长的文化，就可以称之为是好的文化。反之，那种压抑个体生命，并使整体生命也处于平庸的文化氛围，就是坏的学校文化。

我们认为，缺乏文化自觉的学校永远沉湎于学校的事务怪圈，技术操作，规章制约，任务完成，而具有文化自觉的学校，则清楚地知道自己在秉承什么，知道自己想要用一种怎样的理念去贯彻到学校的方方面面，去影响全体师生的生活，它关注的是呼唤教育教学的精神追求和皈依，反对任何形式的精神奴役，拒斥心为物役的精神扭曲，崇尚扎根于心灵深处的对自由、尊严、纯真和诗意的精神祈望与眷注。

三、新教育学校文化的使命

凡致力于学校文化建设的校长和教师都知道，确立学校文化的核心理念，是学校文化建设中最为困难的一件事。因为它是最根本的，它的偏颇或者浅陋，将使得现任的校长和老师们辛辛苦苦的努力，在不久之后被斥为不合时宜或者目光短浅，或者因为没有个性，没有自己的特色而不得不全部抛弃。而对它的抛弃，将使得依附于它而得到阐释的全部学校生活失去存在的理由与证据，而被继任者全盘抛弃。

所以，确立作为学校文化的核心理念，确立作为学校文化之魂的使命、愿景和价值观，乃是新教育实验学校文化思考及建设的第一要义。

1. "过一种幸福完整的教育生活"——新教育学校文化之魂

新教育其实就是一种新文化。

对新教育实验而言，个体生命和共同体生命的良好状态，是一个绝对的原点。而倡导"过一种幸福完整的教育生活"，就是为了能够最大程度地实现这种良好的生命状态。我们把它作为新教育实验学校的立校之魂、兴校之本、强校之基。为此，新教育也努力为自己树立起一个绝对的标尺，一切其他的因素，都要以此为尺度，并从这里得以澄清与阐明。而这个标尺，就是作为新教育共同体成员必须共同遵守的学校使命。

在 2006 年 7 月新教育的北京会议上，我们正式提出了"过一种幸福完整的教育生活"的主张，并且从本体论、价值论和方法论三个方面初步阐释新教育的哲学主张。本体论反映人们对什么是教育的理解和认识。从本体论来说，我们认为教育是一种特殊的生活，这就是所谓的教育生活。价值论反映人们关于教育的功能与意义的认识。从价值论来说，我们认为新教育所追求的教育生活，应当是幸福而完整的。方法论反映人们对于如何实现教育的价值的对策。从方法论来说，我们主张通过营造书香校园等六大行动，以及"晨诵、午读、暮省""毛虫与蝴蝶"、教师专业发展等项目，来实现过一种幸福而完整的教育生活。

新教育认为，儿童的学习不应该只是"为将来的工作与生活做准备"，教育本该是生活的基本方式，儿童今天在学校里所接受的教育，在为长远的人生与社会理想服务的同时，本身就应该是幸福的生活。而今天的教育生活是否幸福，将影响今后的生活质量和幸福指数。

强调过一种幸福完整的教育生活，不仅仅有对教育终极意义的思考与追求，更有我们对当下某些教育问题的担忧与不满。应试教育是单向度的、是畸形的、是片面的、是唯分数的教育，其中最大的问题是缺乏作为人的教育，把人作为应试的机器，忽视了人的幸福感和完整性。

强调过一种幸福完整的教育生活，是因为教育生活的主体是人，而人的生活“是一个整体，一个总体”。人有多种需要：生存的需要、安全的需要、交往的需要、创造的需要、成就的需要等。随着人的需要不断发展，还会不断产生新的需要，满足这些需要，才能够有幸福感可言。

在“幸福”后面加上“完整”二字，主要指的是教育要促进受教育者“身、心、灵”的完整。新教育实验认为，过于偏重静态学科知识而忽略心灵与身体的教育是不完整的。即便在智育中，割裂的学科、分裂的知识本身也已经不再是完整的。新教育实验试图通过自己的努力，实现人的“全面和谐的成长”。

2. “信”：新教育实验学校的文化认同

我们坚信，新教育提出的“过一种幸福完整的教育生活”“促进个体生命和共同体生命的良好状态”，这个原点、使命是经得起时间考验的，是能够指导日常教育教学和教研生活的。而认同这个核心理念，坚守这个精神，把它作为学校的共同使命，是新教育共同体成员必须坚守的方向。

对于教育的信任、信心、信念、信仰，是新教育的根本概念，也是新教育文化的基本特征。一旦我们的教师拥有了这样的“信”，他就能够书写自己生命的传奇；我们的校长和师生拥有了这样的“信”，就能够真正让学校拥有灵魂。

这种“信”的建立过程，其实也就是学校文化的形成过程。而这种“信”一旦形成，成为学校血脉的一部分，那么它就会影响到学校生活的所有方面。而所有学校内生活的个体的一切行为，都与这个文化整体保持着一种张力：或者遵循它，或者对抗它，或者在与之对话，进行着一种不易察觉的改写。

3. 用新教育精神践行新教育学校的文化使命

在2006年新教育的海门会议上，我们正式提出了新教育人必须遵循的四种精神，即执着坚守的理想主义、深入现场的田野意识、共同生活的合作态度和悲天悯人的公益情怀。我们提出，新教育人是一群为了理想而活着的纯粹的人，是为了帮助他人不断地走向崇高从而也让自己不断走向崇高的人。

我们要求所有的新教育人，努力用新教育精神践行新教育的学校文化使命，以执着的理想、合作的态度，扎根于田野，做一番公益的事业；要求所有的新教育教师，努力成为一个所教学科的虔诚的传教士、一个卓越课程的开发者、一个完美教室与完美校园的缔造者。

新教育主张相信种子，相信岁月，执着是一颗神奇的种子，坚守是一株顽强的野百合，理想主义是一片丰沛的气候土壤，当执着坚守的理想主义汇合在一起，我们就可以看到妙不可言的教育的春天。

4. 月映千川：新教育学校文化的共性与个性

我们知道，对于每所学校文化建设的过程中，只有属于自己的，那么书写下来的，才是一个自己的故事，而作为这个故事的书写者兼主角，才有书写的激情和愿望。同时，只有属于真理的，那么书写才可能获得成功，才可能让自己的故事成为一个卓越的故事。

在明确了把“过一种幸福完整的教育生活”作为学校的使命以后，如何在坚持一种真理性的文化愿景和价值观之下，打造属于自身特色、彰显个性生命的学校文化，就成为我们需要思考的一个问题。

这同时也是一个哲学问题。佛教和儒家都喜欢用一个比喻“月映千川”，意思是说，月亮是只有一个，但是河流却有无数条。同一个月亮映在不同的河流上，会呈现出不同的风景。但明月毕竟还是这一轮明月，只是哪一处风景是完全相同的呢?

如果说“过一种幸福完整的教育生活”是这一轮高悬的明月的话，那么每一所学校就是一道河流。问题在于，这一轮明月在照亮具体一道河流的时候，它将呈现出怎样独特的教育风景来呢?

四、新教育学校文化的表征

文化既至高无上，微妙至深，又鲜活自然，无处不在。古人所谓“道不远人”，所谓“体用不二”……就是这个意思。新教育的学校文化也是如此，它需要把新教育之魂加以外化或对象化的表达，也就是说，要在学校的每个细微领域，如物质载体、制度规范、行为方式、符号表达等，氤氲新教育文化的生机，浸润新教育文化的精神，真正让新教育之魂在学校生活的方方面面体现出来，换而言之，学校的日常生活，应该努力把新教育之魂“活出来”。

1. 使命、愿景、价值观：新教育学校文化的核心

走进校园，首先看到的虽然不是使命、愿景、价值观，但是，它们却

是一所学校根本性的东西，学校的一切，都是建立在使命、愿景和价值观的基础之上的。

使命，就是学校的责任，或者学校为什么而存在。

愿景，就是学校的蓝图，或者学校在未来较远的时间里，要抵达到哪里，成为什么。

价值观，就是学校对于好坏、善恶、美丑、成败、是非的一种基本价值信仰和评价标准，对事物的意义、重要性的总评价和总看法。把学校中许多价值做一个清理，排一下顺序，确立一个优先原则，就是学校的价值观体系。

一所学校的使命、愿景和价值观，体现了新教育学校文化的理想追求和精神境界，它往往是学校经过长期追寻、苦苦思索，经由充分的酝酿讨论，然后由文本固定下来的。

包含使命、愿景、价值观的文件，应该是一个学校的“基本法”，是指导全校师生行为的根本大法。这个“基本法”是一所学校不可以轻易改动的。从某种意义上讲，更换了一个学校的使命、愿景、价值观，也就是更换了一所学校。纵然地点还在，建筑还在，名字还在，但是我们所面对的，却已经不再是文化意义上的那个学校了。

而且，这个学校的“基本法”，应该超越任何一任校长，它应当规定校长以何种程序，才能恰当地重新处理、阐释这些理念。而不至于任何一任校长走马上任，首先都是费尽心机另搞一套话语系统。

对于一所具体的新教育实验学校而言，认同并且自觉践行新教育实验的文化使命“过一种幸福完整的教育生活”，应该是加盟新教育的前提条件。需要的只是不断加深对于这一使命的解读、对话，从信任走向信仰。

在明确了使命以后，描绘愿景，是建设新教育学校文化的关键。一般而言，一个好的新教育学校的愿景，必须具有前瞻性，体现学校未来的发展目标；具有清晰性，如麦当劳的“成为全世界每一个社区的最佳雇主”，盛大的“网上迪斯尼”，长江商学院的“中国 CEO 的‘西点军校’”等，都是人们耳熟能详的愿景；具有激励性，让学校师生员工能够激情澎湃，愿意为之全力以赴。

如果说愿景描述的是我们要抵达哪里、成为什么，那么价值观要描述的就是如何抵达，靠什么来实现愿景和使命，它回答的是我们为什么只能这样做而不能那样做，哪些事情可以做，哪些事情坚决不能做。价值观是为实现使命、愿景而提炼出来，并予以倡导、指导师生员工共同行为的准则。

2008 年初，新教育研究院研究中心和翔宇教育集团合作，在宝应实验小学搞过校中校试验。当时他们曾经集体决议，拟定学校的使命、愿景和价值观。

其中的使命是这样表述的：在学校内实现“过一种幸福完整的教育生活”的教育理想。

其中的愿景有四个：一是在不采取应试教育（题海战术）的前提下，学生素质及成绩均居江苏省一流水平（并可对此进行质性及量化评估）；二是成为全国范围内的卓越的专业发展共同体；三是全方位领跑新教育实验，成为新教育实验的示范学校；四是成为新教育实验的培训基地、观摩基地。

而其中价值观（集体承诺）有五个方面：第一，不存在高于学生成就的教师荣誉和集体荣誉——把促进每个学生的进步，当成是教师的最高荣誉（一个孩子的进步，胜过教师或学校获一个全国一等奖）；第二，对每个学生怀着高度的成功期待，并悉心跟进对其学习的指导，了解每个学生的学习困难及潜能；第三，不采取题海战术，引导家长提高家庭教育品质，但不将教育责任推诿于家庭；第四，确保课堂教学的高效，呈现所教学科的丰富性与魅力，在各学科教学中，促进学生的理解力（在可理解的学科里，反对死记硬背）；第五，认同新教育实验理念，恪守新教育人的理想、公益、田野、合作精神。

在此基础上，这个文本还提出了学校的阶段目标、教师标准、学生标准、价值优先顺序等。

这一份文件是由执行校长起草，全体教师在阅读草稿并提出修改意见后，再由校长通读修改稿，全体教师举手表决通过的。

学校的管理层表示，自己的一切行政行为，都只是对这份文件的守护。即他们所做的，就是让这份文件的精神成为活生生的事实，而不成为一纸空文。

同时，任何教师都可以以这份文件为根据，批评任何一位管理人员和同行，不存在高过这份文件的个体意志。当然，这份文件不会逾越人道的边界、逾越法律和道德的边界，以致侵害到个人的利益，尤其是个人的自由意志。

尽管这个文本有许多不成熟之处，但是这份旨在实现和捍卫“过一种幸福完整的教育生活”的学校制度，仍然可以成为我们思考与行动的参照或者起点，尤其是学校的使命，应该成为所有新教育实验学校共同的追求。我们渴望，在这次会议以后，有更成熟的试验和文本，出现在新教育实验学校中。而即将诞生的芦滩小学，也将全面实践新教育学校的使命、愿景、价值观。

2. 校风、校训：新教育学校文化的精神之窗

与使命、愿景、价值观一样，学校的校风、校训，有时候也是看不见的（尽管我们可以用文字的形式在校园里呈现出来），但却是学校文化的精神性的纲领，是学校使命、愿景、价值观的一种诗意化、简约化表达。

一所学校的文化有两种来源：一种是学校优秀的历史积淀——一所好的学校，在它写下的自己的历史、自己的故事中，总有一些精彩的部分，有值得后人继承、发扬的东西存在；另一种是学校有意识的追求，即从某一任校长开始，学校把某个理念当成全校师生追求的梦想或标尺，然后大家朝着它不懈地努力。从这个意义上来看，我们所说的校风（学校风气），其实是从历史积淀下的文化的实然状态来说的；而我们所说的校训，其实是从学校应该朝向的理想境界，即学校文化的应然境界来说的。所以，校训应该秉承了学校的使命、愿景、价值观的基本精神。

我们重点考察一下校训。校训应该是学校提出的对全校成员具有规范、警策与导向作用的行动口号。一个好的校训，不仅能够体现一所学校的办学传统，也能够反映这所学校的价值追求。所以，它往往是我们打开一所学校历史文化之门的钥匙，是我们眺望一所学校精神家园的窗户。一个好的校训，同时能够成为师生共同遵守的基本行为准则与道德规范，成为激励师生积极向上的力量源泉。

我们都非常熟悉许多著名学校的校训。如清华大学的“自强不息，厚德载物”，复旦大学的“博学而笃志，切问而近思”，南京大学的“诚朴雄伟，励学敦行”，北京林业大学的“养青松正气，法竹梅风骨”，北京舞蹈学院“文舞相融，德艺双馨”，南开中学的“允公允能，日新月异”，郑州正始中学的“人生正始，伟业我待”等。

那么，一个好的新教育实验学校，应该具有怎样的校训（及其所象征的学校使命、愿景、价值观）呢？我们认为，它应该要具备以下几点：

第一，它应该从一个特定的角度，阐释“过一种幸福完整的教育生活”的新教育理念。或者说，它至少是和这个理念不相违背的。那种只要分数，认为有分数就有一切，另外的所有追求都无足轻重的教育观点，那

种为了明天的幸福可以牺牲今天的快乐的教育观点，以及体现这些观点的格言，显然是与新教育实验的宗旨南辕北辙、背道而驰的。

第二，它应该与中国文化的精神内涵相一致，尤其是和儒家自强不息、仁心充溢的精神高度一致。我们应该相信，我们的教育思考和教育叙事，是在这片土地上的教育思考和教育叙事，我们所用的语言和精神资源，首先是属于这片土地的。只要我们还守在这片精神文化的土地上，我们就必须从中汲取积极向上的能量，成为我们安身立命的根据。

第三，它应该具有独特的个性。一个好的校训，总是完全地属于自己的，甚至是只属于自己的——它越是只属于自己，也就越能够成为启迪其他学校，越能够完美地实现其教育理念。我曾经读书的苏州大学前身东吴大学，把“养天地之气，法古今完人”作为校训，以及本节开头引用的一些校训，都彰显了这些学校独特的文化历史、文化成就和文化个性。

第四，它应该富有诗意，言简意远。好的校训总是一种较诗意、较含蓄的表述，总是可以不断地阐发，不会停留在这个时代的局限里。同时好的校训要有充分的想象空间和展开的余地，不能只是对于某一个细微的局部的关注。譬如说，它可能用“端正”作为校训，因为“端正”作为一个尚未被阐发的价值，可以渗透到学校的一切生活中，但是如果把“字要写端正”作为学校的校训，就显得狭隘了。

第五，它应该有向上的力量。校训最好是一种积极、高远的表达，具有精神引领的作用。即它要具备激励人生出浩然之气，从而意识到生命的尊严，进而去为之努力的作用。如有些学校喜欢“草根精神”，但是让十来岁的处于花季的孩子们去像草根那样默默无闻，不求花开，这事实上是对生命发展阶段的误解。

作为校风校训的语言往往是格言式的，具有高度概括性与抽象性。所以，虽然它能够被无尽地阐发，却也同时因此而显得抽象、单调，尤其对学生而言，它有时似乎只是一个没有生机的教条。因此，校风、校训应该与特殊的学校文化象征物、学校文化的榜样人物完美地结合在一起，成为一组可触可摸，任何人都可以理解、感受到的文化表述。校风、校训揭示出文化象征物、历史榜样的精神内涵，文化象征物和历史榜样则演绎出校风、校训的具体精神，让它们不再抽象而变得具象，不再单调而变得有声有色、有血有肉。

浙江省平湖县的广陈镇广陈中学，在石明生校长领导下，学校文化的建设过程，可以给我们许多启发。

它的校训：广德陈善，端政致和。

广陈这个名字，最初是源于元朝时这里设立了广陈务和芦沥巡检司，“番舶列肆于此”，故名广陈。它的原意仅仅是许多船只陈列在这里的意思。但是学校非常有智慧地用“广德陈善”这四个字，赋予了“广陈”全新的含义。广德，培育扩充自己的德性、仁心；陈善，汇聚美好事物、书写自己美好的故事。这是一个相当具有文化意蕴，也与新教育理念高度吻合的表述方式。

这种赋予原本并无文化意蕴的旧校名以具有高度文化意蕴的新含义的方式，是值得借鉴与提倡的。在石家庄桥西区也有这样的案例。如位于城乡结合部的四维小学，四维的原来含义，就是四个村庄共同建造了这所学校。但在学校进行文化建设的过程中，他们把《道德经》中“道、天、地、人”四个元素和谐相处，共奏出生命之曲当成了四维的新含义，以进一步阐发学校原先确定的“和”的思想。

广陈中学把“天行健，君子以自强不息”和“地势坤，君子以厚德载物”这两句取自《易经》的名言刻在了墙上。这两句格言是对“广德陈善”的另一种表达。广德，就是要培植、扩充人内在的德性仁心，这不是“天行健，君子以自强不息”么？陈善，就是要汇聚美好，书写美好，这不就是“厚德以载物”么？

广陈中学的学校文化建设之妙，还在于该校善于利用当地文化资源来阐述学校文化。他们认为，南宋赵孟坚的人格与书画诗歌，正可以看成是“广德”“陈善”这四个字的具体体现。所以学校在校园里为赵孟坚塑像，这样，抽象高深的文化理念，就化为活生生的人物，化为活生生的故事，以及可欣赏可触摸的文化建筑了。

与此同时，他们选择了一个特别的学校文化吉祥物：稻草。学校的稻草艺术，原来只是一个课外兴趣活动，后来慢慢地被美术界欣赏，终于登上美学的殿堂。但是，当学校意识到稻草乃是稻的精魂，是稻奉献一生之遗骸最后一次升华的时候，稻草艺术于是就有了文化的意蕴，再一度成为阐释“广德陈善”的解释者了。

从种子到萌芽，到稻禾之美，到稻花之香，到洁白的稻米养育了一方人民，再到原本以为无用的稻草，成为脚下的草鞋，成为屋上遮蔽风雨的建筑材料，再成为可以挂在墙上的美学艺术品，或者成为灶中的火焰与灰烬，成为土地中的肥料，这一个完整的稻的形象，岂不正是“广德陈善”的最好诠释？

于是，从“广陈”这个原本没有深意的名字，到“广德陈善”的校训，再到它与效法上天的“自强不息”，与效法大地的“厚德载物”的文化阐释，再到与本乡本地的文化名人赵孟坚的联系，再到所有人可以欣赏、可以触摸、可以制作的稻草艺术……一个学校的文化理念，或者说校训以及文化象征系统，就明显起来了。

3. 制度：新教育学校文化的“契约”

为了保证学校的使命、愿景、价值观落到实处，需要制定一个规范和激励学校全体成员的制度。

制度是硬文化，文化是软制度。制度是文化的体现者和守护者，只有学校管理制度清楚地规定自己是文化的守护者，那么学校文化才能够得以保护、发展，而制度也同样会受到文化整体的保护与滋养。

新教育学校文化十分重视学校各种类型和层次的制度规范的建立与完善，更重视在学校制度规范中注入新教育的文化内涵。我们主张，学校制度规范的制定，应该是一个平等参与的过程，应该是学校管理者和师生共同遵守的“契约”，而不能把校长的意志强加给师生。制度规范一旦通过，就必须共同执行，没有例外。

在具体的制度运作过程中，新教育实验遵循的是“底线＋榜样”的管理原则。所谓底线，就是基本的要求。而管理的秘诀正在于，它总是表扬从这个底线中涌现出来的优秀者。这些优秀者，这些最大程度超越底线的人，就是我们新教育实验所说的榜样。新教育永不表扬达到了底线的人与事，它甚至极少直接批评没达到底线的人与事，因为它不会将目光与精力，耗费在消极的因素上，而只是毫不吝惜言辞与诚意，去表扬榜样，言说榜样。当然，是呈现榜样的故事、榜样的细节，而不是笼统地说某某是榜样。

新教育主张，应该用榜样激励新的榜样，以故事引发新的故事，让细节推动新的细节。只有用榜样的精致引来更多精致，用榜样的精彩引来更多精彩，用榜样的专注引来更多专注，新教育才会像滚雪球一样不断发展。

“底线＋榜样”是一个不可分拆的联合体，彼此依存，相互促进。如果没有底线，没有最起码最基本的要求，就没有基本的环境与氛围，也很难产生真正的榜样。即使出现了个别榜样，也会感到孤掌难鸣、孤立无援，甚至是墙里开花墙外香，不利于榜样自身的成长与发展。同样，如果没有榜样，只抓底线，有可能导致新教育实验失去方向，难以持久，甚至堕入形式主义。

底线一定要有检查与奖惩，否则就会流于形式。榜样一定要有扶持与展示，否则就会失去动力。底线一定要保证所有的人能够做到，要求太高就会负担太重，失去底线的意义，最后也保不住底线的最低要求。

同时，一定要关注榜样，倾听榜样的声音，让榜样及时言说，让榜样及时引路。不能让榜样孤立无援。从新教育实验区的经验来看，一个有效的方法是，将榜样组织起来，形成区域新教育实验的核心团队。一线的榜样教师以及有榜样潜质的教师，与教研室的联合行动，并与研究中心始终保持一定的联络，在合宜的情况下，将会爆发出巨大的能量。

4. 师生行为：新教育学校文化的气质

一个学校有没有文化，通过教师与学生的一举手一投足，通过教师与学生的各种行为表现，可以看出一个大概。如师生的笑容灿烂不灿烂，学生能不能主动与你打招呼，从中都可以看出学校的文化品位。

学校行为主要由两个相互关联、不可分割的领域，也即教师的教育行为和学生的学习行为构成，它们在日常道德实践、课堂教学、课外阅读、社团活动、社区与野外活动等时空中展开。

(1) 新教育学校的行为文化，体现在师生的道德水准上。

新教育，首先是心教育。美好的心灵是幸福完整的人生的前提。新教育倡导“师生与人类崇高精神对话”，倡导“理想的德育”，体现了我们的一种文化担当。因为文化是与道德的崇高内在关联的。康德认为，崇高道德才是文化的本质。他所谓“自然向人生成”，或作为自然最终目的的人，也就是“文化—道德的人”。他在《判断力批判》中指出：“善的意志是人的存在所能独有的绝对价值，只有与它联系，世界的存在才能有一最终目的。”文化人是摆脱了自然的欲望束缚，超然物外，按照自己的自由意志也即道德意志达到自我实现这一终极目的的人。因此，道德教育的文化视野和价值追求，必然是高扬道德的理性力量，并将培育具有崇高道德的文化人作为教育的最高使命。

(2) 新教育学校的行为文化，体现在课堂的境界上。

课堂是学校最重要的场所，教与学是师生最日常的活动。新教育实验认为，课程不是简单的一堂课，而是一段旅程，是教师带领学生一起去“吻醒”知识，把那些美好的事物真正契入教师和学生生命的过程。课堂、课程和教室文化是新教育学校文化的主要组成部分，这是学校每天最日常的生活。如果课程和课堂没有形成新教育学校的独特风景、独特追求，就永远不可能形成真正意义上的新教育学校文化。

新教育为什么要倡导“理想课堂”？就是为了不让课堂这个传承文化的重要殿堂失去“理想”；就是要“超越知识，走向智慧，激发创造，健全人格，为学生将来拥有终生幸福的精神生活打下坚实的知识基础”；就是要“使教学活动走出分数的误区，培养学生的科学精神和人文情怀，使学生成为人类文明之火的传薪者”；就是要“使学生关注窗外的世界，校外的天空”，获得心灵的“解放”；就是要让课堂“充满活力、情趣与智慧”，实现“知识、生活与生命的深刻共鸣”。在这个意义上说，“理想课堂”其实就是“文化课堂”。

这些年，我们倡导“教室文化”，它实际上是“理想课堂”的一个延伸。一个教师，转身进了教室，在师生共同组成的班级共同体中，那么他的角色就起了变化。他就是那个教室文化，班级共同体中的使命、愿景、价值观的倡导者和守护者。教室不能成为工厂，教师与学生不能是一位监工头和一群疲惫厌倦的工人的关系，他们生产的产品也不能只是分数的产品。

我们认为，一个教室，一个生活于同一个教室中的人，应该是一群有着共同梦想，遵守能够实现那个共同梦想的卓越标准的同志者。他们彼此为对方的生命祝福，彼此为生命中偶然的相遇而珍惜珍重，彼此做出承诺，共同创造一个完美的教室，共同书写一段生命的传奇。

理想的新教育实验的教室文化，就应该是这样的——在“芒眉”的教室里，在“小风习习”“桃花仙子”的教室里，我们已经阅读过这样的美妙；在雷夫“第 56 号教室”里，在克拉克的班级里，我们曾经眺望到与我们相似的理想……

（3）新教育学校的行为文化，体现在师生的阅读生活上。

一个人的精神发育史就是他的阅读史，一个民族的精神境界取决于国民的阅读水平，一个没有阅读的学校永远不可能有真正的教育，一个书香充盈的城市才会是美丽的城市。这是新教育关于阅读的主要主张。

一所学校有没有文化，首先看它有没有阅读。教育，首先就在于构建真正意义上的阅读生活。新教育为什么要倡导“书香校园”乃至“书香班级”“书香家庭”？同样也是基于提升个人、班级、学校乃至整个民族文化气质的战略考量。新教育实验通过改善阅读环境和物质条件、开展丰富多彩的阅读活动、正式或非正式的组织推动、阅读进课堂、评选“阅读之星”“书香班级”“书香家庭”等途径或策略建设书香校园，目前新教育实验已经形成了区域行政推广（江苏省海门市教育局等）、民间推广（新教育研究院“毛虫与蝴蝶”等）、学校推广（中央教育科学研究所南山附属学校“天堂鸟书林”等）、网络推广（“教育在线”）、班级推广（常丽华等“十佳教室”）等阅读推广模式。阅读改变人生，提炼人的精神气质与文化品位。新教育的“营造书香校园”，倡导的实际上是一种“文化阅读”，进而打造一种学校的“阅读文化”！

（4）新教育学校的行为文化，体现在教师的行为方式上。

在学校教师文化共同体中，如果校长的角色是唐僧，负责着使命、愿景、价值观的倡导与守护，那么一个教师的角色就是孙悟空（如果他同样足够忠诚于团队，但能力有限，那么他就相当于沙僧；或者他忠诚于团队，但不免偶有私心，那么他就相当于猪八戒），他们都是卓越标准的执行者，同时也是愿景的守护者与实施者，是共同梦想的实现者。

无论是兼任着班主任或者只是某个学科的学科教师，我们都知道这样一个事实：学校并不只是关系亲密的人生活在一起，它不是家庭，也不是心理治疗所，或者某个俱乐部。学校是学习的地方，学习是由教师作为指导者和监督者，年轻人学习人类发展进程中积淀下的人类知识的地方。最终，决定一所学校之卓越的，主要不是这所学校的人际关系有多亲密，而是这所学校在人格与知识的学习以及创造上，也就是说通过人格与知识的学习和创造，生活于其中的学生最终有多优秀，工作于其间的教师又有多卓越。

新教育人曾形象地把学校生活比喻成是一个汇聚在伟大事物的篝火旁边的特殊生活，在其中熊熊燃烧着的，应该是那人类在漫长历史进程中积淀下的知识。而生活于学校中的人，应该是沉睡了的知识的复活者和新的知识的创造者。所以，在理想的新教育学校文化中，教师应该成为某一门或者几门学科的“疯狂”的热爱者，成为所教学科的虔诚的“传教士”。在学校生活的这几年中，他们应该以此为乐，以此为世界赠予自己的一份厚礼，而废寝忘食，只恨岁月匆匆，自己还不能穷尽这个领域的全部奥秘。而不应该是知识的厌倦者、逃避者，而把兴趣转移到肤浅的领域，或者停留在人际关系的亲密上。

（5）新教育学校的行为文化，体现在教师的教研活动上。

任何一个群体要成为真正的文化共同体，就需要拥有共有的语言与密码，也就是有共同的使命、愿景、价值观，有共享的故事、榜样、活动与仪式。对于教师来说，成为真正的教研活动、真正的学习型组织的积极参与者，是成长的重要途径。新教育学校文化的一个理想目标，就是把所有身处其中的人，打造为终身学习者。不仅是进入学校的学生在校期间学习知识，而且还要把他们培养成终身学习者。

我们认为，一所学校的教研活动方式，以及有无教师文化共同体的专业学习，是决定身居其中的教师能不能成为终身学习者的关键。而除非身为教师的教育者自身成为真正的终身学习者，否则想要让学生成为终身学习者就不可能成为事实。那种满足于按机械的程式把课上好，按考试标准把知识传授完，按社会流行的方式进行教研活动，每个人心不在焉地总结三个优点两点不足的做法，将让教师丧失研究的兴趣，进而丧失终身求知、终身学习的动力。

有人说："平庸的教研造成教师的平庸，卓越的教研成就教师的卓越。"这话说得很简洁，它说出了一所学校的教研氛围对身处其中的每一个教师的影响。这种氛围就是一所学校的学校文化在教研生活中的体现。如果一所学校的教研活动是平庸的、走过场的，甚至是死气沉沉或者装模作样的，我们怎么能够相信，这所学校可能拥有真正优秀的教师文化呢？

所以，在理想的新教育实验学校的教师文化中，教研活动应当被视为教育教学活力的真正源泉而被高度重视，日常的教研生活应当就像是教师们的节日一样被热情地对待，而全校教师在每个学期中，将共同研读优秀的文学、教育学、心理学、管理学等方面的著作，不同的学科共同体，还将共同研读相关的本体性知识方面的专著，每一个学科始终能够追踪着本学科的研究前沿……除了少数滥竽充数于其中的南郭先生，身居其中的每一个人都致力于成为终身学习者，整个团队呈现出卓越的学习型组织的面貌。

在这里，我想介绍中央教育科学研究所南山附属学校的教师文化共同体的建设。加入新教育实验团队以来，他们不仅在生命教育、公民教育、书香校园、理想课堂、个性发展等方面进行了尝试和探索，而且卓有成效地开展了教师文化共同体的建设。他们根据"文化强师"的价值取向，依托学校的"教师文化中心"，全面改革传统的培训和科研管理方式，将校本研究、校本培训融入教师文化共同体的建设中，探索"以文化为本位"的文化研修与培训模式，通过大量的文化鉴赏、文化阅读、文化沙龙、文化考察、文化休闲等活动，与学者进行思想碰撞，跟大师徜徉艺术殿堂，随学者共涉人文境域，携手同行在对话中创生智慧。引导和鼓励老师追求高卓的人生情怀，涵育典雅的精神气质，生成鲜活的田野智慧，打造了独树一帜的以价值认同、信念共存、个性互补、经验分享为特质的教师文化共同体。他们根据新教育“理想教师”的理念开展的“燕晗山大讲堂”大师学术报告会、“相约星期二”教师文化沙龙、“周末佳片有约”影视欣赏，以及“田园撷英”的田野式教研活动，异彩纷呈，富有特色，教师受益很多，很值得新教育实验的兄弟学校借鉴。

当然，学生文化共同体和教师文化共同体，在很多时候并非各自独立的，而是彼此交叉、相互渗透、不可分割的。它们又事实上结成一个充满生命活力和张力的师生文化共同体。“教学相长”的古老信条在新教育的文化共同体中获得了新的意蕴。在这里，学生永远是自我发展的主体，而且是“成人之父”“教师之师”。教师不单单是学生成长的引领者、指导者，同时也是永怀童心的学习者、探索者。是学生对自我发展的渴望，让教师充满创造的欲望；是学生的学习过程，让教师不断审视内心，提升自我；是学生的热情参与，让教师对课程开发充满信心和期待；最终，是学生的巨大进步让教师看到了创造的喜乐和教育的意义，从而坚定了执着前行的勇气和信念。所以，这个过程是师生共同体验和相互扶持的过程，是师生对知识共同探索、质疑和分享的过程，是师生生命共同完美的过程，更是师生对教育真实诠释的过程。

5. 仪式、节日与庆典：新教育学校文化的“节气”

“郁郁乎文哉!”新教育学校文化一旦走向成熟完善，都会拥有美妙优雅的仪式、节日和庆典。它们是学校文化传统的活标本，也是学校生命中最值得关注的重要时刻。

在新教育学校，仪式、节日和庆典往往是这样一种时刻，它通过包容性强、极富意味的、有象征意义的程序和形式，使有意义的事情或者伟大的事物能够拥有一种伟大的时刻，获得神圣、庄严与尊重。仪式、节日、庆典作用于我们的心灵，它们唤起我们内心的神圣感，使我们的生命能够经常与伟大事物交汇在一起，从而形成长久的动力。简单地说，就是一定的文化通过一种固定的模式供大家演习重复。

通过仪式、节日和庆典，学校的文化、愿景被一次次强化、确认，形成了新教育学校文化特有的“节气”。像农历的二十四个节气对于农民的耕作的意义一样，仪式、节日、庆典对于学校师生的生活也具有特别的价值，通过它们，师生被联结在一个共同体中，凝聚成一股向上的力量，学校的日常生活也因此被赋予了意义和目的，而不仅仅是一系列时间的堆积。

所以，如何对待教育生活中的那些重大日子：开学典礼、开学日、毕业典礼、欢迎新教师参加工作岗位、欢送退休教师并感谢他们为学校所做出的贡献，以及那些标志出自己学校独特文化的特殊日子，这将是一所学校的文化是否成熟、成型的标志。

在苏霍姆林斯基的《帕夫雷什中学》一书中，我就看到了许多作为“我们的传统”的节日、庆典、仪式，如“首次铃声节”“最后铃声节”、母亲节、女孩节、歌节、花节、鸟节、无名英雄纪念日、堆砌雪城的冬节、首捆庄稼节、新粮面包节……所有这些节日，都是他们在漫长的历史中逐步创造并且固定下来的。我想，孩子们在毕业之后，无论走到天涯海角，将永远不会忘记在这所学校中度过的那些激动人心的时刻，以及那些激动过他灵魂的因素。

早在2007年8月下旬，新教育研究中心儿童课程项目组就通过论坛发出“写下明亮诗篇的第一行”的号召，希望每一位新教育教师、每一个新教育教室，能够从新学年的第一天开始，郑重其事地书写教育诗篇的第一行，并且把它书写得明亮、庄严。其中有这样一些文字：

每一个新的学年、新的学期，都是孩子们无可替代的人生中无可替代的一段岁月。它们将是明亮的诗篇，抑或沉闷的文章，这一切，首先取决于您写下的第一行。

一个生命的成长，就像是一棵橡树矗立在四季中，每一场风雨、每一缕阳光，最终都会以年轮的方式，铭刻在他的记忆里。而现在，这把岁月的刻刀，就掌握在您——一位老师的手上……

9月1日，对于中国的家长、孩子和老师来说，其实早已经成了一种仪式，它意味着新学期的开始，意味着在金色的秋天，我们将埋下一颗饱满的成熟的种子，并给它以期待，相信在岁月的沉淀中能开放巨形花的奇迹。

但是许多老师会说这几天实在太忙了，忙得我们只是在像应付一切生活中的琐事一样对待这个日子，而忘了它本该是我们生命中一个最重要的仪式了。现在，我们恳求您，为了教室里那几十双明亮的眼睛，在2007年9月1日这一天，新教育“毛虫与蝴蝶——儿童阶梯阅读”项目组向所有的老师们提出建议：

让您和孩子们、家长们一起重新拥有这朴素而热烈的仪式；

让9月1日的第一天对于您和孩子们、家长们都非同寻常；

选择一首别有意义的童诗，让它开启新的学习旅程的第一个黎明；

选择一个别有意义的故事，让它为孩子们带来对未来生活的满心期待；

选择一个别有意义的绘本，让故事与图画为孩子们展示另一个世界的神奇；

选择一本别有意义的童书，让老师和孩子怀揣着梦想一起上路；

同时，您要从这一天开始，在一年的时间里，隆重地对待每一个孩子的生日，并将每一个开始、每一个结束、每一次憧憬、每一次胜利与失败，精心地打造成一个个隽永的仪式，让它们换来一次次真正的心跳与微笑……

每一个开始都是永恒的，每一个9月1日都是永恒的。让我们一起，用激情点燃创造，写下我们明亮诗篇的第一行吧！

非常欣慰的是，当我们在今天重温这些文字中的时候，我们已经确确实实地看到：每年，有数万名孩子的9月1日，因为新教育实验，因为“毛虫与蝴蝶”项目，而成为一个终生值得珍惜的盛大的节日。

那么，一所学校可以有一个怎样生动隽永的开学典礼呢？美国电影《蒙娜丽莎的微笑》中有一个片段，那所女子学院的开学典礼，可以为我们借鉴：

教堂式的大厅大门紧闭，教师们身穿礼服肃立于前方的两边，正中站着校长。

一个女生走到紧闭的大门前，打开木盒，取出槌子敲击大门。

校长问：“谁在敲求知的大门？”

女生答：“我代表每一个女性。”

校长问：“你要寻找什么？”

女生答：“通过辛勤工作，唤醒我的心灵，并将我的生命，贡献给知识。”

校长说：“欢迎你，那些和她追求相同理想的都可以进来。”

于是，学生们涌进了会场。

校长说：“现在我宣布，新学年开始了！”这时，钟楼的钟声响起来了，被惊动的鸽子，扑棱棱地飞向了天空。

令人遗憾的是，在《蒙娜丽莎的微笑》中，虽然这所女子学院保留了这样神圣庄严的开学典礼，但是校长和大多数老师以及受她们影响的学生，却已经丧失了承诺中对知识的渴望，并没有能够遵守“通过辛勤工作，唤醒我的心灵，并将我的生命，贡献给知识”的承诺。仪式，如果没有了真正的日常生活，它就会沦为形式，成为形式主义的繁文缛节。

而与之相反，现在越来越多的新教育实验班级中，我们能够读到那种真正的心灵息息相通，生命彼此在庄重的仪式中相互镌刻出诗意的仪式——新教育实验特有的生日故事、生日赠诗。而且，在许多新教育实验学校和新教育实验班级，已经拥有了自己的节日，如“旺达节”“榴花节”“犟龟节”等这样一些源自自己环境和生活的独特节日。

在教育生涯中，最隆重的节日就是毕业典礼。毕业，对于一个成长中的生命是具有特别的意义的，它是一段旅程的结束，又是一段新的旅程的开始。所以，古今中外，都把毕业典礼当成学生生命成长的重要里程碑来郑重对待。

这里，我们介绍一下新教育的榜样教师——常丽华五（3）班 2009 年 7 月份的毕业典礼。

五年的时间，他们遇到过无数次或大或小的庆典。毕业典礼，无疑是最为隆重的一次。常老师邀请了所有家长参加，在两个多小时的毕业典礼上，他们真诚地诠释了“结束”和“开始”的含义。

孩子们用自己创作的毕业诗朗诵拉开了典礼的序幕——回忆、留恋、不舍，以及对未来的憧憬，浓缩在了十几分钟的朗诵中。为了这个朗诵，孩子们不知道悄悄排练了多少次。最后，当孩子们敬礼向老师表示感谢时，很多孩子泪流满面。

这是一个极为特殊的开启。孩子们的毕业诗，不过是一些断行的句子，却是五年岁月里开放出的极为绚丽的花朵，孩子们用这种方式告诉老师，也告诉自己：今天，我毕业了，我会继续写好我生命的每一首诗。

接下来，常老师则用了一个多小时的时间，慢慢地和大家回顾了五年的点点滴滴。从一年级开始，常老师用“成长”的长线，串起了散落在岁月里的一个个碎片。一年级的照片已经找不到了，孩子们纯真的笑脸，却一直留在她的心里。二年级，常老师带着孩子们开始班级共读，开始共写日记。三年级结束时，他们共读了两百多本经典童书，师生之间、亲子之间的共读共写已经成为他们的生活方式。四年级，他们的阅读添加了历史、科学、人物传记的内容。冬至那天，他们拉开了农历课程的序幕。五年级下学期，又开始了儒家课程的穿越。这是五年的历程，三百多张幻灯片，每个孩子的笑脸都在这一个多小时中闪现，很多已经被遗忘的成长瞬间也在这里铺开，有欢乐，也有伤痛。诗歌、故事、音乐、大自然，所有美好的事物都在常老师的讲述中再一次醒过来。

一个多小时的回顾，大家蓦然发现，生命的年轮就是在每一季的花开叶落中一圈圈沉淀下来的。回首之际，大家也都发现自己拥有了如此神奇珍贵的经历——未来的日子，常老师和孩子们彼此约定，要永远朝向伟大的知识，朝向明亮那方，朝向仁与恕，一天天地修炼自己。

然后是孩子们的毕业告别演出。这是孩子们的舞台，他们用诗、用歌、用音乐，诠释着成长的含义。常老师原打算用《青鸟》的演出作为告别，终究没有完成这个浩大的工程，这是她最大的遗憾。

最后是孩子们的郑重承诺。这也是常老师送给孩子们的毕业礼物——一个精美的相框里，是孩子们最后一天小学生活的合影，上面有这样一句话：作为五（3）班的一名学生，在小学毕业之际，我向老师和家长做出郑重承诺：将来，无论我在什么岗位，无论我从事什么职业，我都承诺自己成为一个幸福的人、一个卓越的人。

在常老师的引领下，孩子们把这句承诺说给老师听、说给父母听、说给自己听、说给未来听——一遍又一遍，孩子们的神情也越来越郑重严肃。这是一个朝向未来的承诺，是为他们五年，甚至十年，几十年之后相聚时做出的承诺。我们的教育，最终就是要让每一个走出校门的孩子，不但要成为一个幸福的人，还要成为一个卓越的人。

《放心去飞》的音乐响起来，常老师和五（3）班的每位老师一起，为孩子们献上这曲告别的歌。“放心去飞，勇敢地去追，说好了这一次不掉眼泪……”可是，歌声中，所有的人都掉泪了。好像有谁在无声地指挥，孩子们走到亲爱的老师面前，和老师一一拥抱告别。泣不成声的孩子，泪流满面的老师和家长，就这样告别过去，走向未来……

写下明亮诗句的第一行，写下明亮诗句的每一行，写下明亮诗句的最后一行……就这样，一个个节日、一个个郑重隆重的仪式，那些理想主义的新教育人，把教育写成精致动人的诗篇。而这，就是真正生活出来了的学校文化。

6. 建筑：新教育学校文化的物质载体

学校首先是一个器物化的环境。它的自然、设施、技术、建筑等并不是外在于人的，相反都打上了人的意志的烙印，折射着人的价值追求、审美趣味、思想方式，彰显出特定的文化意味。马克思曾经多次指出，人是环境的创造者，甚至是自然的建构者，通过创造和建构，人把自己的生命力量对象化到环境或自然中去，来确证自己，并直观自身。马克思把这种环境和自然称为“人化”的产物。所以，校园的一草一木、一池一塔、一砖一石、一器一物，莫不浸润人的情致，莫不濡染人的品格。这就是文化的力量。所以，我们说，改善学校环境设施，提高教育现代技术水平，自然无可厚非，但仅仅如此还远远不够，还应当在学校的这些器物世界里灌注一种精神的、人文的气息，它对师生才不是一堆外在的、冰冷的、陌生的物质，而成为学校的精神象征，焕发出无与伦比的教育魅力。

我们不妨以学校建筑为例。

丘吉尔曾经说过：“我们先是建造我们的房子，然后是我们的房子塑造我们。”学校的建筑传统，不仅是学校记忆的一个组成部分，也是学校教育的主要组成部分。

有时候，最好的教育，往往曾经发生在某棵大树之下、某间临时帐篷之中，或者在几间最朴素的土房里。在学校发展的历程中，我们应该尽可能保留这些记忆。我在主持苏州教育工作的期间，曾经面对苏州中学的扩建问题。这是一个千年府学的遗址，也是百年新学的见证。那些遗址是文物，当然不会轻易拆除。但是那些红色的20世纪四五十年代建设的小楼，要不要保存？我坚持，学校应该保留这些建筑。尽管拆除它们，建设更加现代更加宽敞的教学楼，无论是视觉效果还是经济效益都会更好，但是从学校的历史记忆、从学校的文化自觉来看，保存可能更有意义。因为，钱穆、钱伟长、胡绳、叶圣陶、孙起孟、陆文夫、吕叔湘等文化名家以及30多位院士，曾经在这些教室里学习、工作过。

我们对贵州石门坎有着特殊的感情。这里曾经创造过中国教育的奇迹。近一百年前，英国传教士柏格理等人，和中国的汉族、苗族等知识分子，在原来最贫困最落后的苗区，共同创造了教育的传奇。他们创造了苗文，编制了中国本土的教材，建设了游泳池和足球场，建立了足球队，把体育和卫生带进了还处于奴隶社会的落后山寨。几十年中，这个边远山区，走出了大学生，走出了博士生……

在贵州石门坎民族中学，我们看到，这里的每一棵树、每一幢楼、每一间房，甚至已经倒塌的土墙，都成了文化本身，成了神奇故事的活的见证。我们新教育团队应邀到这里工作了一段时间，我们也非常希望能够延续那个伟大的传统。

在浙江春晖中学，我们看到了一间普普通通的老房子。这间房子有什么价值呢？它是夏丏尊先生在白马湖教书时为自己建的。在那里，一些美丽的散文，同样美丽的教育思想曾经诞生。请问，有哪幢大楼能够比它拥有更高的价值？

所以，我们的学校究竟想要怎样的建筑？去追逐时髦与潮流吗？可是时髦与潮流永远比建筑要走得更快。而反之，如果任何一幢朴素的建筑，有我们的故事曾经在那里发生，有我们普通老师创造的动人故事流传，有我们的英雄甚至伟大的人物曾经在那里栖息，那么它就是最美丽的、最值得保留的。

那么，作为一所具体的新教育学校，它的物质层面的文化建设，应该如何进行呢？

第一，它应该处处散发着文化的气息。学校建筑确实应该是美的，但更应该是充满文化气息的。学校的教学楼、行政楼、食堂、庭院和道路等，都可以用具有文化意蕴的名字来命名。这些命名，要体现学校的文化追求、历史传统，与校训、学校愿景、价值观有内在的逻辑。它应该是我们社会主流的优秀文化，最好还同时是传统文化的体现。如我们在杭州萧山银河小学所看到的那样，学校的七幢楼宇以北斗七星命名，七颗星连缀成北斗，连同天文台，体现学校“让每一颗星星在银河中闪光”的愿景。

在学校环境布置方面，应该尽可能多地用作品和照片等本校有生命力的内容，而不只是用文字、标语来彰显文化。即使用文字，也应体现学校的核心理念，而不应该是没有灵魂的拼凑剪贴。所以，作品应定期更换，一般按照月份为宜，最低的频率是按季度，春夏秋冬更换。能有一些地方成为学校师生言说的平台，让学校管理者能够及时倾听学生和教师的声音，让参观者能够重现师生在校期间的生活场景与细节。最好有一些地方能够让学生涂鸦，让学生把意见贴在上面，学生与教师可以在这里对话、交流。

第二，它应该具有鲜明的个性。学校建筑是在属于自己的土地上“长”出来的。现在的学校，与宾馆已经非常相似，在一个大拆大建的时代，建筑设计师们根本无法定下心来，设计一些只属于一所学校的建筑。一张图纸稍加修改，就可以成批使用。许多农村的学校，不去寻求田园学校的境界，反而学起城市学校，搞起了水泥森林。所以，在学校建筑文化上，不能千校一面。

第三，它应该是由师生们共同完成的。学校是师生们共同筑居、点缀、生活的地方，它的设计、它的粉饰，甚至它的部分建造，更不必说它的绿化、美化，应该把师生的智慧与劳作融入其中。这本身就是一个教育过程，是学校生活中的大事，有意义与价值的事。现在许多学校把所有美工、装饰全部外包给装潢公司，我们踏进这样的学校，表面看起来很有文化，也很美，其实这里没有生机、没有活力。而真正美妙的教育场所，就是师生们亲自创造的空间，一棵树、一株草、一堵墙壁的粉刷、一个标志的设计，都是师生漫长生活的结果。

第四，它应该体现对生命的尊重。新教育让生命自由舒展的基本追求，应该体现在包括学校建筑在内的方方面面。所以，我们主张小学校园要有儿童化取向，符合儿童的认知特点和规律，体现对儿童生命的尊重。如一些学校把校训物化为一个孩子易于接受的形象。“力求进步”，在石家庄的一个学校里被物化成“脚丫”，而海门通源小学则以卡通形象“源源”作为学校大小活动的一个标志。再比如学校黑板使用时应以最后一排同学能看到的地方为书写的下限，学校的一些作品的悬挂高度，下框最好与本年级一般学生的视平线等高……这些对生命的尊重，其实都是新教育倡导的学校文化。

7. 故事：新教育学校文化的英雄叙事

文化，最终是以两种方式凝固起来的：文化中的英雄叙事和神圣性的建筑。故事和建筑，往往成为文化超越时间的见证。

一所学校中，谁是大家心目中的英雄？也就是说，在本校所有曾经生活过的人之中，谁是教师心目中的英雄？谁是学生心目中的英雄？换句话说，一所学校应树立怎样的英雄和榜样？

这个问题将是对学校文化真正的回复。因为这是新教育学校文化的一个方向性问题，也是根本性的问题，在一定程度上体现了学校的核心价值观。

那些如老黄牛般忠诚忠实的，确实曾是我们的英雄；那些冲破重重难关获得比赛荣誉的，也确实是学校的风采人物。但是，一所学校还应该有更伟大也更朴素的教育传奇：像雷夫的“第 56 号教室”，像爱林·格鲁威尔的“街头日记”，甚至像基丁老师那样“失败”而同样令人尊敬的教育改革。

是的，我们很多学校，可能什么都有，但就是没有真正的新教育英雄、新教育榜样、新教育故事。这也是我想追问所有实验学校的问题：你的学校有自己的新教育英雄吗？你的学校有自己的新教育榜样吗？你的学校有属于自己的新教育故事吗？我始终认为，从某种意义上来说，这是所有新教育实验学校，在学校文化建设中最应该努力的方向。

因为，我们认为，新教育的学校文化能否真正形成，新教育实验能否写在中国教育的历史上，取决于新教育的教师能否书写自己的生命传奇，能否拥有真正属于新教育的故事。

五、新教育学校文化建设中校长的角色

一个好校长，就是一所好学校。

校长是学校文化建设的灵魂。从某种意义上说，一个校长往往决定着一个学校的基本形象和办学品质。我们看到，一些校长陷入琐碎的行政杂务，而无暇问学致思，同时又掌握话语霸权，深陷“权力即知识”的迷误之中。在新教育学校组织的框架里，我们应该致力于新型校长的角色塑造，向人们展现全新的学校领导形象——文化型的校长，展现全新的学校管理模式——文化管理。

1. 校长应当有强烈的文化使命意识

优秀的校长能够认识学校的传统、资源，清晰地意识到学校的文化使命，能够把自己的梦想交给团队，让大家来决定它、培植它、哺育它、拥有它、共享它，成为师生的共同愿景与价值观，成为师生自觉追求的理想。

所以，在新教育学校文化建设的过程中，校长的作用有些像《夏洛的网》中的蜘蛛夏洛。最初，无论是蜘蛛夏洛，还是小猪威尔伯，或者是老鼠坦普尔顿，它们都没有自己的“叙事”。对一只蜘蛛而言，春天出生，夏秋织网捕虫，然后冬天来临时死亡，这就是它的一切。对猪来说，被养肥了之后，在圣诞节前做成腌肉火腿，似乎是它的宿命。而对自私的老鼠来说，吃饱喝足就是一切，另外的问题它一概不想关心也不想过问。

然后，夏洛突然发下誓言：要拯救威尔伯。于是故事开始了——由自己书写的生命叙事开始了。每一个人都在从中经历、从中穿越，并最终找到自己存在的意义。

拯救威尔伯，这就是它们的愿景。而正是愿景，使得它们相聚在一起不再成为散沙。也正是愿景，使得每个人开始去认识自己的使命，并真正地开始进行自己独特的生命叙事。

新教育学校的校长应该记住：也许，这个学校的愿景、价值观最初确实肇始于你，但是除非你把它奉献出来，让它成为超越自己的精神力量，而让自己成为它忠实的践行者、严格的守护者，并且让所有的师生认同和实践，这样才能够把一个人的灵感，最终化为学校的文化力量。

在明确了学校的愿景、价值观以后，如何带领学校走向卓越？美国企业管理的畅销书《从优秀到卓越》，讨论的就是这样一个问题。其中一条就是：那些能够使一个团队从优秀走向卓越，或者从危机中走到卓越境界，而且在他离任之后团队能够继续保持着那种卓越业绩的领导，应该是什么样的？

他们的研究成果令他们自己也大吃一惊：许多明星企业家纵然能够创造他在位时的辉煌，也不能让这个辉煌在他之后延续。而更多的情况是，在他成为明星的那一刻起，企业就停留在优秀甚至开始滑坡，而始终走不到卓越的境界。

他们勾勒出的那些能够让企业从优秀到卓越的"第五级管理人"，可以视为新教育学校文化理念中校长角色的一种理想描绘（正如作者所说，他们并不仅仅只是在研究企业，而是在研究一切团体的运营、发展的规律）：

比起表演的马，他们更像拉犁的牛。

当成绩优秀时，他们把成功归于别的因素，归于那些优秀的老师，而非他们自己。当情况不佳时，他们看着镜子责备自己，承担所有的责任。

他们表现出令人折服的谦虚，回避公众的恭维，从不自吹自擂。

他们冷静镇定，主要靠崇高的标准而不靠鼓舞人心的个人魅力来调动员工的积极性。

他们雄心勃勃，想把团队带到前所未有的境界，但从来不把个人的利益，尤其是自己的知名度放在第一位。

他们致力于发现和培养人才，努力为团队将来取得更大的成绩做好准备。

我们认为，这就是新教育实验学校文化建设的过程中，理想的校长角色：关注使命和愿景，而不是首先考虑自己的利益得失，谦逊的个性与坚强的意志，寻找比自己更加优秀的人才，推功揽过敢于承担责任等。

2. 校长应当是特立独行的教育家

文化型的校长应该代表学校和文明社会的良知，不惜为此而饱经艰辛、饱尝孤寂、饱受委屈。他超然物外，淡泊名利，敬畏神圣，崇尚人道，捍卫真理，刚正不阿，热爱公正与和平，并积极地传播它们；他保持独立思考的精神，坚持真理，敢于对貌似合理的现状进行质疑与批判，正如苏格拉底说过的那样："只要我的良心和我那微弱的心声还在让我继续向前，我就要把通向真理的真正道路指给人们，绝不顾虑后果。"在物欲横流、行政宰制、学校失语的境遇里，校长的独立精神、批判意识对学校的文化品格的塑造意义至为重要。它也是成就教育家的条件之一。原教育部副部长王湛曾经旗帜鲜明地倡导"教育家办学要敢于我行我'素'"，他说："他们敢于摆脱来自各方面窒息创新活力的束缚，把这种束缚的影响尽可能减弱到最小程度，在自己的办学空间里，坚持我行我'素'，坚定而且深入地实施素质教育，坚持自主创新，将国家的教育方针和对人才培养的要求，通过富有个性特色的教育实践活动得到充分有效的实现。这样，才能无愧于'教育家'的称号。我们期望在基础教育领域里，有愈来愈多的我行我'素'的教育家。地上本没有路，走的人多了，也就成了路。实施素质教育的宽广之路，应该是由愈来愈多的我行我'素'的教育家和教育工作者们走出来的。"

3. 校长应当是行走大地的思想者

一些校长沉湎于琐碎的行政事务，汲汲于行政管理的威权，却缺少对于教育之道的冥思、颖悟。这样的校长绝不可能领导员工建设真正的学校文化。学校的文化领导应当体现校长的哲人风范与气质。校长应当是思想者，有对教育未来乃至人类未来的终极关怀和形上思考，充任精神家园和教育乌托邦的守望者。思想不同于一般的思维，哲理不同于一般的道理，智慧不同于一般的智力，真正的思想就像诺瓦利斯说的那样，是"怀着乡愁的冲动去寻找家园"，因此它永难割舍乌托邦的情愫。当然，校长的思想不是纯粹理性的形而上的思辨，不是关在书斋式的抽象玄想和空洞观念，而是自觉地把自己的哲学思考融入教育实践，转变为教师的具体行动，成为学校"文明的活的灵魂"。新教育倡导"只要行动，就有收获"，倡导做扎根田野的"农夫"，校长应该信奉这样的"行动哲学"，切己体察，身体力行，和广大教师在既充满睿智又细致入微的日常对话中切磋琢磨。

4. 校长应当恪守“文化管理”之道

校长个人单纯具有上述的文化品格和气质是远远不够的，他应当把这种品格和气质融入学校的管理之中，这就是“文化管理”。任何管理本质上是人的管理。但对人的不同的理解会导致不同模式的管理。在古代社会，人有时被理解为一种“政治的动物”，他天生就有一种对团体、对组织的归属倾向，这种基于政治人假设的管理都是一种政治式的管理，或者突出政治的制度或行政管理功能，或者倚重管理者、领导者自身的人格权威。在近代社会，人有时被理解为一种“经济的动物”，人的行为都是为了最大限度地满足私利，他有一种趋乐避苦的倾向，工作是为了获得经济的报酬，建立在这种经济人假设基础上的管理，注重的是以经济手段，如奖惩来“购买”团体员工的劳动和服从，刺激他们的积极性。20世纪，进入了所谓“文化人”的时代，卡西尔关于“人是符号的动物”，而符号又是“通向文化之路”的观点向人们表达了一种全新的人性假设。“文化人”就是主张让人超越自己的自然本性，成为真正意义上的合乎人性的人。基于文化人假设的管理开启了一种全新的管理模式。学校作为天然的文化组织，作为传承人类文明与文化的地带，更应当奉行“文化管理”。

新教育学校文化建设需要以文化管理为前提。它首先把文化管理、“文化兴校”作为学校管理的第一原理。主张学校应当通过“文化植根”（哲学）、“文化塑形”（环境）、“文化育人”（学生）、“文化强师”（教师）、“文化立信”（领导）等方面，将文化的精神、理念、模式和方式渗透到学校管理的所有领域。

其次，新教育学校的文化管理主张一种整合的管理，它强调现代与传统、科学与人文、东方与西方管理精髓的整合，倡导应变的管理、创新的管理、整体的管理、和谐的管理。不为工具理性所拘检，充分体现国际性、现代性与民族性的融合，实现信念与智慧、情感与理性、科学与人文统一的积淀厚重、秩序和谐、自由开放、充满活力、风貌独特的新型学校。

再次，新教育学校的文化管理反对任何急功近利的文化建设观念与做法。强调学校文化建设的过程性、渐进性和历史性。正如荷兰文化学家皮尔森所说的那样：“‘文化’不是一个名词，而是一个动词。”文化本身的特殊性，决定了文化建设是一个从氤氲化生（建立与凝聚）、积淀流转（内化与传播）、革故鼎新（推陈出新）的漫长历练，文化影响（濡染、濡化或“文化化”，culturalization）更是一个潜移默化、由外而内的恒久过程，它最终表现为经典的东西活化在日常中，理性的东西凝结在感性中，历史的东西融会在心理中，社会的东西内蕴于个体中，学校、教师和学生的文化品位、文化气质或文化涵养就这样建构起来了。

最后，新教育学校的文化管理鼓励创新。学校文化建设的最大目的，在于文化的创造，即价值、精神的创造。这有两层意思：一是主张“月映千川”“一花一世界”式的多元创造。新教育学校文化建设以缔造“幸福完整的教育生活”为核心价值，同时竭力倡导每个地域、每所学校、每个教师根据自身的历史和现状，创造风格独特的学校文化，体现新教育学校文化的“具体的多样统一”。二是主张不主故常、推陈出新的自我超越。新教育本身绝对不是一个封闭自足的体系，它以开放的胸襟悦纳所有先进的理念、模式和方法，进行整合创新，同时不断开拓未知的疆域，获得新的发现、新的领悟、新的建树。我们相信，只有这样，新教育的学校文化才能保持它绵延不绝、生生不息的活力。

六、结语

2010 年 7 月，新教育人齐聚桥西，借“学校文化”这个概念，重新审视学校生活，阐明有哪些因素会让新教育共同体日渐变得黯淡，而又有哪些因素能使得这个共同体趋向明亮与辉煌。

我们看到——当下，缺失文化的教育已将儿童带入了一个他们倍感陌生、抽象、片面和异己的地带。精神的失落带来的是精神世界的浮躁、迷误、幽暗甚至荒芜，教出来的孩子可能是一些有知识没灵魂、有技艺没根底、有智力没情怀的“怪物”。而解决这一危机的关键，就是真正地让学校重新发现生命的意义、文化的价值。学校是有生命的，是由充满灵性的人所汇聚的。“教育”“文化”“生命”这三个词在其本质上意义相同，讨论学校文化，就是寻找一种培育年轻生命、塑造未来社会的最佳途径，让学校真正拥有灵魂。

我们认为——一种成熟的学校文化，总是有一个明确的理念统摄着学校生活的一切领域。这个明确的理念就像一轮太阳，照射到学校生活的每一个角落，无论是学校管理、班级文化、教研风气，乃至于各种活动，总是这个灵魂的体现与实现，是朝向这个灵魂的一种努力。没有这个统一的学校文化之魂，无论多丰富多彩的学校生活也都是一种华丽、零乱的碎片。对于新教育学校来说，应该对“我是谁”“我要抵达何处”等使命、愿景、价值观的问题有一种明晰的意识，而不应让自己处于一种文化的沉睡状态。只有这样的文化自觉，才能使学校共同体和其中每一个个体的生命都处于舒展的状态，趋向明亮与辉煌。

我们强调——校风是学校已经形成的文化；校训，是学校想要拥有的文化，是学校借一句警言，把自己带往一个理想之境。一个好的校风校训总是完全地属于一所学校自己的，甚至是只属于自己的——因为只有越属于自己，才能越鲜明地启迪其他学校，越能够完美地实现具有普遍意义的教育理念。教育的目的，首先就在于让每一个生命、每一个共同体成为他自己，实现在特定环境中的最大可能性，而不是简单复制别人的基因。所以，新教育实验，并不是千校一面的实验，而是共同理念下的百花齐放、百校争鸣。如果说“过一种幸福完整的教育生活”是一轮高悬的明月的话，那么每一所学校就是一道河流，它映照着这一轮明月于自身之中，而形成属于自己的独特风景。

我们发现——仪式、节日、庆典是新教育学校的文化“节气”。在每一个节日的背后，是这所学校的一个传统，是这所学校教育理念的一个侧面。而一年年、一代代师生们把这些重要的理念转化为行动、行动积淀为传统，再一次次地用节日、庆典的形式来加以复活。基于新教育理念，我们认为开学日、师生生日、毕业日、阅读节，以及学校自己的节日，才是教育生活中最重大的日子，郑重地对待这些日子，擦亮它们，装点它们，将使得教育生活不再平淡，而充满神奇。

我们希望——学校作为师生共同建筑、装点、生活的世界，它的设计，它的粉饰，它的绿化、美化，都应该由师生们来共同完成。真正美妙的教育场所，就是师生亲自创造的空间，一棵树、一株草、一堵墙壁的粉刷、一个标志的设计，都是师生漫长生活的结果。学校建筑，不应该是一次性完成的工程，而是一个不断雕塑、不断积淀的文化沉积岩层。走进学校，我们能够感受到历史的厚度、文化的厚度，以及活生生的生活气息。所以，新教育的学校应该同时是一个历史博物馆、一个珍品收藏所，是美好事物的集散地，是传奇故事曾经发生过的地点。民族文化的精华、当地文化的精髓、本校历史的叙事、脚下这片大地的特色，都应该在学校里被显现出来，成为学校文化活的语言。

我们期待——作为人类文明成果的传递之所，作为人类知识的创造之地，学校应该拥有这样一种氛围，它弥漫在整个校园，仿佛身居其中的每一个人，都渴望着去了解宇宙和人心的奥秘，去了解社会运行的规律，去明白道德和梦想在其中的价值。这种氛围应该浓郁到这样的程度：学校会为又一个新知识的发现、一个课程的创新、一次教研的突破而欢庆鼓舞，以至最平凡的日子里，也洋溢着一种节日的快乐。

我们相信——学校文化，就是讲述，和为了讲述一个关于我们自己的传奇故事。这是学校文化建设的关键。没有自己的英雄叙事，没有自己学校里值得流传的故事，没有这所学校里走出来的英雄，就是这所学校还没有自己成熟的文化。它的故事还没有真正开始。应该通过“底线＋榜样”的新教育管理方式，让那些优秀的师生个体，成为学校的英雄与榜样，成为最有力的教育力量，成为学校叙事中的绝对主角。

亲爱的新教育同仁，学校是一段旅程，建设新教育学校文化是一个艰辛而漫长的过程。我们把视野投向学校文化，标志着新教育正在向纵深发展，走上了一个新的高度、新的起点。让我们用文化的自觉，努力打造群星璀璨的学校文化景观，担当起“过一种幸福完整的教育生活”的使命！

（本文为新教育发起人朱永新教授在石家庄桥西新教育年会上的报告）

2　以人弘道：活出中国文化的根本精神

一、迷失了精神的中国人

在新教育实验第11届研讨会的“东胜新教育叙事”中，东胜四小的孩子们在诵出“当文化的晚潮开始催眠，诗歌以新的变音唱出，像一只夜航的鹰”之后，引用闻一多先生的《祈祷》诗句向全场教师追问：

请告诉我谁是中国人，
启示我，如何把记忆抱紧；
请告诉我这民族的伟大，
轻轻的告诉我，不要喧哗！

曾经，中国人是“东亚病夫”，几代人为了摆脱这顶帽子进行了不屈的抗争。今天我们开始强大与富裕，但是，我们可曾为自己是一个中国人而由衷地自豪？我们可曾真实地感受到今天这民族的伟大？

2010年7月，新教育人齐聚石家庄桥西区，讨论“文化，为学校立魂”的问题，我们达成了一个共识：只有文化，才能够让学校拥有灵魂。

在今天，我们再来思考“文化，为学校立魂”这个问题，则又有了新的问题产生：我们用来为校园立魂的文化，该是怎样的文化？

纵观时下学校，我们不无忧虑地发现，传统文化的缺失已将儿童带入了一个他们倍感陌生、抽象、片面和异己的地带。传统文化的失落带来的是精神世界的浮躁、迷误、幽暗甚至荒芜，教出来的孩子可能是一些有知识没灵魂、有技艺没根底、有智力没情怀的“怪物”。

学校传统文化的缺失，与全社会传统文化的缺失是有密切关系的。从国际的视野来看，我国虽然是一个传统文化积淀深厚的国家，是一个经济大国、文化大国，但不是文化强国。从量的角度来看，目前世界文化市场份额，美国占43%，欧盟占34%，亚太地区占19%，其中日本占10%，韩国占5%，中国和其他亚太国家加起来才占4%。从质的角度来看，我们文化对内的凝聚力不够强，对外的影响力不够强，各种文化相互对比中竟争力不够强。我们的文化“走出去”和经济“走出去”反差太大了，如果说经济还保持着“顺差”的话，文化的现状毫无疑问只能用“逆差”来描述。世界上“中国制造”已是非常流行，从衬衫到鞋子，从玩具到工艺品，几乎在世界上任何一个角落都可以看到。但是，我们的价值观、我们的文化有没有随之“走出去”？与中国对外贸易的“出超”相比，中国的对外文化交流严重“入超”。以图书为例，2007 年我国图书期刊进口 2 亿美元，但是我国的出口只有 3700 万美元；2008 年我国引进了图书版权 15776 种，而同期的输出图书版权只有 2440 种。2009 年，我国的版权进出口比为 3.4∶1，演艺产品的进出口收入比约为 10∶1。文化领域的贸易逆差和经济领域的贸易顺差形成鲜明对比。2009 年，一个小小的韩国，网络游戏出口额是中国的 10 倍，电影的出口额是中国的 7 倍，新闻出版、电子音像、艺术品产业的对外输出也走在中国前面。

过去的传统已经丢失，新的文化立于何处？无所着力与眼花缭乱并存，需要我们重新思考探索与重建精神家园的路径。

正是基于这样的考虑，也是在 2010 年的年会上，我们新教育同仁决定，把文化的视野从校园拓展出去，把 2011 年年会的主题定为“新教育与中国文化”。我们的基本信念是，作为龙的传人，我们不应该让中国文化在新教育的校园里消失，我们希望能够在新教育的教室里重新看到书写美丽的方正汉字，重新听见优美的唐诗宋词，希望通过我们的能力，能够重新找回我们的思想基础和精神家园。

文化虽然有多个层面，但是我们知道，文化的各层面是一个由浅而深、由表及里的关系，譬如当我们说古希腊文明、希伯来文化或者俄罗斯文化、法国文化，我们固然有时也会指这个文化中从物品器具到节日等外在事物的风格，但更多的时候，我们是在探讨这样一个问题：这个文化或文明的根本精神可以如何表达？

譬如人们会用谦卑、虔诚、敬畏、友爱来描述真正的基督徒，把它视为基督教文化的根本精神。同样，人们会用隐忍、凄美、精致、认真、民族性极强来描述日本人，把它视为日本民族甚至日本这个国家的根本精神。

同一种文化的根本精神，我们既可以用贬损的词语来描述，又可以用褒扬的词语来描述。譬如我们可以把敬畏改称为对神的无知的恐惧，把隐忍改称为对自己和他人的双重残忍等。但当我们在描述一种文化的根本精神时，一般来说，我们总是应该寻找让这个社群得以维系、得以显现的那个积极的作用力，而不是它在黯淡或者趋向消亡时的那些表现。与此相反，在进行文化批判时，往往会着眼于它在黯淡或者趋向消亡时的那些表现，有时甚至会无视它曾有过源源不断的创造时刻。

据此，我们就不应该只把盲目地服从、无知与自大等中华民族在19世纪和西方文明相冲撞时所暴露出来的某些表现，当成是中国文化的根本精神。在不否定这些事实的同时，我们还需要从历史中去寻找这个民族最根本的自我主张，以及这种自我主张所得以实现的程度。

如果仅从我们民族先知们（即民族文化的奠基人）的自我主张来看，那么我们无疑要把中华民族的根本精神，理解为：生生不息，仁义礼智信，道法自然，推己及人，重家重国重土与天下观念的并行不悖等。

但是从一个民族实际显现的文化面貌来说，我们可以说重孝悌、重等级、讲和谐、讲礼制、讲情面等，都是比上述民族先知们的倡导更为显而易见的事实。

那么我们讲中国文化，究竟指的是哪一部分？如果我们可以从中梳理、抉择，我们又该如何去芜存精、去伪存真、去掉那些文化的死皮而保留文化的真精神呢？

这事实上就牵涉到一个文化精神的真理问题了。

二、显现与遮蔽：文化中的真理问题

我们知道，一个事物或一个理论的真理性总是与具体的场景相结合的，脱离这一语境，抽象地谈放之四海而皆准的普遍真理，只是一种形而上的奢望。文化作为一种社群的生存模式，它的真理性同样与具体的历史场景、时代问题相关联。我们很容易分辨一个社群及其文化，它是处于一种真理状态，或者非真理状态。我们可以把前者描述为扎根的状态、欣欣向荣的状态、安适愉快的状态、创造不断的状态，而把与这些现象相反的表现，诸如混乱、没有创造力、自我否定与毁灭等，理解为非真理的状态。

但这样是不是说，一种文化处于真理状态或非真理状态，取决于环境，而并不是它本身？就像企鹅在海中成为适然者，而在陆地上成为臃肿的笨家伙一样？

显然并非如此，因为人类文化是一种应对困难的灵活机制。对人类来说，重要的不是环境有了什么变化，而是文化作为一种应对机制，有没有在更新的环境中实现自己的“复活”，通过自我创造，从而能够更好地把握环境，在新的环境中“适然”“欣然”“泰然”“自然”。

也就是说，对文化来说，变异的、变化的环境恰恰是有利的因素，它会促进文化精神的自我更新、自我成长，它会从原有的文化资源中汲取某些因素，把它扩展为一种新的程序、新的语言，从而完成环境所带来的挑战。文化精神，总是和困境并生的。就像孟子所说的那样：“生于忧患，死于安乐。”

我们不难看到，正是美丽的周朝礼制面临崩溃，才有了儒家文明创始人孔子以个人道德进业为根本的仁学的兴起；正是战国时期的动乱，才有了百家争鸣的思想繁荣；正是汉末佛学成为形式主义的遮蔽同时又遭遇魏晋时期的战乱，才有了魏晋玄学的兴盛；正因为面对外来佛教的影响力，才有了儒家传人的宋明理学和心学的兴起……

文化的真理，总是由少数文化先知在自己的处境中，创造性地实现与更新的。孔子名为继承周公旦，但他实际成为一个远远超越周礼的仁学的创始人。孟子名为继承与宣扬孔子之学，但他的恻隐之心、对正义的重视，使得他阐发了孔子所没有完整阐发过的某些民族文化的根本精神……庄子、老子、朱熹和王阳明，以及李白和杜甫、范仲淹或苏轼，都是我们民族文化的创造者，他们是“真理性”的存在，而我们则借他们所创造的语言而生存。

孔子对周公旦的诠释、孟子对孔子的诠释，都是一种忠诚的“误读”，表面上的语言有所改变，但其创造性实质却得到了真正的实现。这就是文化的真理性一次次得以实现的原理：它总是需要在新的环境中对真理以及万物进行重新命名。而相反，如果忠实地记诵格言，死搬语言，不理解文化模式如何在过去的时代里实现真理性，这样文化也就成了无法应对新环境的死物，以一种非真理的状态而存在了。

在孔乙己等人身上，文化就是以一种非真理的状态而存在着，虽然他的服饰是中国文化的，虽然他的书法在今天堪称为名家的，虽然他能够把全部四书五经背诵出来，但是，他压根没有领会文化的根本精神，无法在更新了的困境中，让文化成为一种创造的动力，创造出新的自我，亦即新的生命，以真理的状态而显现。

所以，同样是书法家，同样是能够写诗填词的人，同样读诵了四书五经和大量中国古典经典，作为中国文化批判者的鲁迅，倒恰恰是中国文化精神的真正的继承人，因为他把那种生于忧患、死于安乐的精神，把那种生生不息的精神，把那种对土地和人民的热爱，用一种新的批判的方式，活了出来，并创造了这个民族在新时期的新语言。

为了理解我们所继承的，与我们实则是同一的中国文化的根本精神，我们有必要对中国文化的历史作一简略的回顾。

三、中国文化的根本精神

回顾中国历史，一本历史书可以把全部历史描述为一部皇家姓名史，另一本历史可以描述为战争史，第三本历史可以描述为创造发明史……

历史是后人从某个自己选择的角度，对已经发生的往事，作一种过滤式的新描述。而我们如果从文化精神的角度来看待我们的历史，则它可以理解为一部精神的显现与遮蔽史、思想的碰撞和交融史，以及文化模式的成型、打碎又重组然后僵化的历史。

我们民族文化的精神，经过两次奠基：第一次奠基，我们可以通过孔子所尊奉的当时的经典（诗、易、礼、乐、书等），以及中国神话与传说中所讲述的文化创造者的故事来理解。

从盘古开天辟地、女娲炼石补天的神话里，从后羿射日和夸父逐日的神说里，我们可以窥见一个民族最初的精神：不惧任何生存困境的创造精神。这些神话可能在成书时代上是后期的，但是任何真正的神话总有更为原始的根源，它无非是在最初的时间里，对这一古老的根源做一梳理并加以记录。在这个意义上，我们完全可以把《西游记》的作为神话原型和结构的那部分，理解为这个民族远为更早的原始精神，以及儒释道三家相互影响的历史，而不仅仅是一部相对近代的后起神话。

关于中国最早的部落、帝国的故事，则和神话传说纠葛在一起，事实上，他们是真正的文化原初奠基者，也是各种事物的发明创造者。黄帝，车辆、历法、弓弩的发明部落；炎帝，把农业发明光大的部落；蚩尤，也许是中华青铜器的发明者……而鲧和大禹，则一败一胜，却都是治水的英雄。而已经在《尚书》和《论语》中有所记录的尧、舜、禹，则又是原始国家（部落联盟）的体制建立者，也就是最早的立法者。在那个时候，并没有“中国文化”或“中国精神”这些概念，甚至还没有中国具体的疆域边界，但事实上，那是个充满了原始创造精神的时期，是一个民族的第一次奠基：没有一种无畏的博大的创造精神，是不足以建立起一个可以传承数千年且屡有世界性建树的民族的。相比于这种混沌中的创造性，许多政治性的道德和法制是后起的，是在这种原始的创造过程中，为了维系和稳定的需要，为了结盟的需要，而逐渐形成的。这也就是夏礼、商礼、周礼的出现。在当初，礼是一个同时具有法制、宗教、道德意蕴的概念。

穿越对我们今天来说还在神话的烟雾中难以看清的夏朝，然后就有了商朝，一个文字得以创造和繁荣的时代，一个以商业为维系，空前繁荣的部落结盟时代。周朝，则是一个农业为主的大家族，把自身扩大成为帝国的模型。商朝和周朝，尤其是周朝，是我们历史政治和社会形态的重要奠基时期，虽然我们今天不难看到这种农业、家族模式的诸多弊端，但它也确实让中国文化在几千年的动荡中始终得以维系、继承。直到晚近在梁启超、牟宗三等人所回忆的中国乡村，一直靠这种源自商周的家族方式较良好地运转着。夏商时期的中国文化，以家族鬼神的神学政治为主，文化开始有一个以"天子"所在地为中心向四边逐渐淡化的结构。但随着《易经》《尚书》《诗经》等文字、书籍的普及，各个边缘诸侯小国在文化上的崛起以及形成的差异性，为文化思想的第一次大爆发奠定了基础。

然后在周王朝的"家天下"和"礼乐之美"的稳固政治遭受权力争夺、利益争夺的背景下，中国第一位伟大的思想家孔子应运而生。孔子的学问可以命名为"仁学"，是生命的学问，是以道德人格为主导的完整生命所需要的全部学问。

孔子有他意识里的保守一面，就是他对周礼、对家天下的留恋、维护，因为他的学问是在一个战乱即将来临的时代，作为疗治的药方而开出的，所以求稳定与和平，是与所治疗的社会问题相对而生的。但无论他本人有无清晰的意识，事实上他留给后人不是保守而是更新，他是显性的中国文化的第一奠基人。孔子把由姓氏血脉决定的"君子（君王之子孙，即贵族）"，完全地转化为了由人格道德决定的君子；他提出的"仁"（己所不欲，勿施于人；己立立人，己达达人），为消极的人际关系和积极的人际关系都立了法。

孔子的为己之学，把一个民族的目光，社会荣衰的责任，从关注他者、上位者转变到每个个体自己身上；孔子的仁学，把人的目光，从关注世界，转变到了关注自己的内心。然后再由内而外，从改造自身开始，来改变社会。这在社会政治学上也许是天真与不成熟的，但在教育和文化意义上，则是完全正确的。

孔子对社会责任性的过度强调，孔子对既定周礼的过度维护，容易使得他所强调的另一个方面——生动活泼的人的内在仁心——遭受损伤。所以在孔子的时代，道家就开始作为儒家思想的对立者出现了，他们强调个体生命的保全，强调自然生命高过社会体系、自然权利高过社会道德。显然，这是一个重要的、有益的补充，就像中国的阴阳太极一样，如果说孔子的思想是个包容黑白的大全，那么作为他继承人的弟子曾参等人，则更强调了白的维度，强调了“士不可以不弘毅，任重而道远。仁以为己任，不亦重乎？死而后已，不亦远乎？”（曾子语）的刚健精神，这确实也是孔子所极力倡导的刚毅木讷的精神。但是孔子及其优秀弟子颜回身上所体现出来的另外一面，即“乐”、从容、和谐的一面，却似乎在曾子等人那里已经被白的一面所遮蔽了。因此，道家的思想是从儒家自身被遮蔽的一面所生发出来的，它有力地补充了中国文化中个体、自然、诗意的维度，让几千年来的中国文化人，在疲惫的时候得以获得栖息的空灵之地。我们在后世的陶渊明、王维、苏东坡等人身上，可以看到这两种思想的交织，以及由儒至道的一种路径。

战国时期是中国思想最自由的繁荣时期，在各家激烈的争辩中，虽然有不少诡辩，有不少走了弯路的思想实验与思想探索，但是它却是后世中国文化取之不竭的思想宝库。如果我们今天细读那些经典，我们将会惊奇地发现，许多我们今天创造的、讨论的哲学概念，其实也正是几千前我们古人念兹在兹的概念——因为生命存在中的大问题，往往是超越时代永恒不变的。

战国，是中华民族遭遇到巨大的生存困境（因为还没有真正统一的思想让全部人成为一个社群），乃创造各种思想，以期待解决困境的时期。而历史的选择，让儒家成为了中国文化的主流，让道家成为此一主流的必要补充，让法家、墨家、阴阳家等，成为在不同的方面起着局部作用的思想流派。

当战乱逐渐过去，社会再度趋于稳定，于是便有了以上面的格局所塑造的，历史上空前繁荣，完全堪与孔子心仪的周王朝相媲美的汉朝。今天所谓汉族、汉人、汉服，其实都是对一个朝代的遥远回忆，事实上在中国文化历史上，至少从孔子时代开始，血统、族裔永远不是至高无上的区分，最重要的，乃是文化的认同。

汉朝是儒家的复兴与繁荣，是儒家思想第一次与政治合作的成果。汉朝的繁荣与强盛、稳定是谁也不能否认的事实，但是汉朝的儒家思想更多发展的是荀子一派的思路，重礼制、重教化，但对个体的灵性、内在道德性，也就是仁学，却领会不深。于是便渐渐地又沦到一种体制窒息灵性的道路上，存在的真理和文化的真理又一次被遮蔽。而它的兴起，却是以另外一种面目出现的：魏晋玄学和佛学的兴盛。

儒家作为社会的根基，自汉朝开始，就永久性地成为中国文化的事实，但是作为让一个社群成为创造者、成为命名者、成为歌唱者的思想精神，却并不一直是儒家思想来完成的。每次当儒家思想被体制异化或自我异化，总是由道家或中国化的佛教，成为中国人精神中性灵部分拯救者。

所以由孔子到庄子，是一次道的反动（《道德经》：反者道之动）；而到孟子、《道德经》、《易传》的作者（我们依据学术界而非传说，把《道德经》和《易大传》的出现放在战国时期，而不是孔子之前和孔子之作），则是一次思想碰撞之后吸收对方精华的整体性运动。

与此相类似，从以儒家思想为主导的汉朝，到魏晋玄学（道家）的兴起，到魏晋隋唐的佛教之兴盛，是道的又一次反动；而到唐朝的韩愈，宋朝的周敦颐、程颢、朱熹、陆象山，以及明朝的王阳明，则是又一次思想碰撞之后吸收对方精华的整体性运动。

同样我们可以看到，宋明清的儒教，在让中国文化社会得到持久维系的同时，却也因为过度自我维护的体制，导致了革新的困难，导致了新思想出现、碰撞的困难，所以中国自近四五百年起，开始远远地落后于西方文化了——西方文明因其多元碰撞更为激烈的特点，在最近的五百年中，有了突飞猛进，暂时地把包括中国文化、印度文化在内的东方文明远远地甩在了后面。

而这种对峙，其实就是道的又一次反动。我们需要这种反动，来看清我们以往如何走入了文化的遮蔽、沉沦时期，借着与异质声音的碰撞和相互融合，再度在新的时代，发出自己的声音，显现出道本真的创造精神。

借着“反（返）者道之动”的规律，依据各个时代的历史事实，我们可以简单地从文化精神的遮蔽与显现，重述我们的历史，也就是我们的“所来径”。“却顾所来径，苍苍横翠微”，这是一条曲折而辉煌的文化之道，犹如黄河般曲折，但无论何时，借着记诵的经典，借着民间的习俗和传统，借着古老的节日和传说，哪怕是中国历史中最黑暗的几个时期，这种文化精神也并没有完全、彻底地消失过。

而我们同样看到，我们今天所处的，正是历史的又一个反者道之动的中国文化的沦陷又回升的时期。关于中国文化的沦陷，自鸦片战争、甲午战争的失利，自打倒孔家店和“文化大革命”的激进的文化变革，从经济狂潮中社会秩序和人心道德的涣散，我们都已经看得十分清楚。但我们同样也必须看清，中国，无论是从经济、政治、文化还是文化本真的内在精神，也同时在经历一个更新、复苏的时期，在20世纪，我们的文化界出现了鲁迅、海子等许多原创性的大家，也出现了熊十力、牟宗三、杜维明等中国文化的重要的整理者，这些无不表明，文化精神已经开始在历史中再度醒来。

再度醒来的中国文化，它会是什么模样？它应该是什么模样？

回到我们前面所梳理的文化作为社群的存在样式，文化的四个层面，我们或许可以这样憧憬地描述复苏了的，或者说自我更新了的中国文化，它应该是：它让中国人拥有尊严，赢得在这个世界上的最新成就，赢得其他文化社群的尊重；它应该同时是文化各个层面的继承者和创造者，它不应该只是执守古老格言以自欺的鸵鸟，而应该同时在这个时代创造全新的文化器具（不应满足于把古老文化器物当成怀旧的点缀）；它应该创造新的文化节日和文化仪式，让名为中国人的社群和个体，拥有自己的日历与天空；它应该在各种艺术领域，让古老的技艺焕发出新的生命活力，像曾经拥有嵇康、王羲之、颜真卿、李白和杜甫那样，再度拥有我们民族的梵高、贝多芬、莎士比亚……它应该让孔子所倡导的仁学的十六字精神，孟子的“四心”和社会正义，庄子所倡导的逍遥精神，《道德经》所倡导的“道法自然”的社会政治原则，成为中国人的普遍内在道德词汇与信条……

显然，作为一个总体的中国文化精神的观照，我们不能无视历史事实。我们既不能无视儒家对于中国历史的纲领性作用、对中国社会的框架性作用，也不能无视道家思想、禅宗思想对中国文化精英的熏陶。我们不能不理解这些事实：我们所背诵的，我们所喜爱的大量的诗词，正是这几家思想的交集。只要我们衷心地喜欢王维的《山居秋暝》和孟浩然的《春晓》，我们就不能草率地认为禅宗是一个可以摒弃于中国文化精神之外的无足轻重的思想；而在李白、杜甫、苏东坡等更为复杂的诗人身上，我们更可以看到这些思想的重重交织，就像我们整个民族一样，我们无法在儒家、道家、佛教甚至另外几个思想中，人为地剔除其中某些部分，否定它们已经成为经典中的核心话语这一事实。如果这样做，我们就是把一个生机盎然的文化整体，人为地窄化为小小的局部。

因此，儒家的个体担当、事在人为、社会责任心，是我们民族精神的精华；而道家的玄思妙辩、个体逍遥和社会自治的思想，也是我们民族精神的精华；而以禅宗为代表的中国佛学，其思绪的精妙，其对超越性念兹在兹的追求，其对眼前物质社会的超越，其对先天灵性的呵护与唤醒，以及其中蕴含着的人类尊严与人类平等思想，都是我们民族精神中必不可少的有益补充。

当然，我们不得不承认，借着西方后来居上、在最近五百年中逐渐超越我们的文化，我们确实看到了我们文化中严重缺失的某些成分。谁想否定这一点，就是自大的夜郎，也是不顾历史事实，一头埋进自己文化沙丘中的鸵鸟。

因为历史的偶然，除古代希腊以外，没有民族独立地发展出体系严谨的数学、科学和哲学；因为地理与文化的距离，许多文化社群没有及时地从古希腊取得这些成果。而我们今天所说的欧洲文明，正是把希伯来宗教文化、古希腊的数学体系和各地的民族精神整合出的一个新的文明，这个最近五百年来突然发力猛进的文明，就是被我们称为现代性或现代化的文明，并在最近百年达到了空前的高峰，其代表成果，一是举世瞩目的科技，二是民主与自由的体制。

许多文化批判者无视欧洲文明和中国文化一样，是一个有自身根源但又不断融合的文明，草率地认为欧洲文化在其根源上具备了科学因素和民主体制的因素，因此是好的文化；而反之，中国等文化，在根本上并不具备科学因素和民主体制，因此是不好的文化。这样，就把历史中的偶然缺失，当成了致命与宿命的文化不足——如果把这种观点推到极点，甚至会认为除了古希腊文化，人类就不存在其他有价值的、可发展的文化，而西方文明，又是古希腊文化的唯一合法继承人，我们的文化必须彻底革掉自己的性命，接受一个既定的更为成功的文化。

但是这样革命的后果，就是我们要从根本上把我们及祖先所领会、所体悟的另外一些美好东西全部、彻底地否定掉。

由古希腊人创立并在西方发展起来的现代数学与自然科学，以及民主的社会政治体制，乃是我们所能够看到的美好事物，西方人可以享用，我们也同样可以享用，我们只是需要思考：我们的文化是否兼容这些美好事物？我们的文化资源，是会妨碍我们接受这一切，还是会促进我们接受这一切？

其实关于前者我们已经不必再讨论，过去的一百年，中国出现了不少伟大的数学家和科学家，而且这些数学家和科学家，往往同时是中国古典文学的继承者，他们对诸子思想和唐诗宋词，有着不俗的领会。中国文化能不能兼容数学与科学，这个曾经在百年之前被人们忧虑、探讨的问题，现在已经由历史事实做出肯定的回答，我们不必再加以讨论了。

现在人们普遍忧虑的，是民主自由的政治体制，能不能与中国文化的根本精神兼容？这个问题确实是悬而未决的，但是我们放眼望去，不难发现，同样曾是儒家文明圈中的新加坡、韩国、日本以及中国台湾地区，近半个世纪以来的经济发展与民主进程，似乎在作一种暗示：儒家文明并非与民主体制是不相兼容的，至少，它并不比基督教文明更与科学和民主不相兼容。

事实上，这完全取决于我们从自身的历史资源中，获取哪些因素来进行重新诠释和扩大扩充。如果我们僵死地执守周朝礼乐的外在形式，而没领会孔子“己所不欲，勿施于人”的仁学核心，没领会《道德经》作者“道法自然”（意谓道的运行法则是让万物以如其所是的方式显现自身）的精髓，那么我们确实无法把民主体制与我们的文化相兼容了，因为我们丢弃了文化的根本精神，而把历史与境域的某层已死之皮，当成了文化本身。甚至有人会把我们历史中遮蔽最深的时期，如明清的皇帝大臣制度、三从四德的封建礼教制度，当成我们的文化精神，那么我们确实是取其糟粕，弃其精华，而根本不配在新的历史境域中，成为有文化尊严的国家和民族。

所以，我们从自身的历史中，应该汲取的那些更为根本的精神，是孔子的仁学精华（己立立人，己达达人）以及：

《中庸》：“天命之谓性，率性之谓道，修道之谓教。道也者，不可须臾离也，可离非道也。是故君子戒慎乎其所不睹，恐惧乎其所不闻。莫见乎隐，莫显乎微，故君子慎其独也。喜怒哀乐之未发谓之中，发而皆中节谓之和。中也者，天下之大本也；和也者，天下之达道也。致中和，天地位焉，万物育焉。……唯天下至诚，为能尽其性；能尽其性，则能尽人之性；能尽人之性，则能尽物之性；能尽物之性，则可以赞天地之化育；可以赞天地之化育，则可以与天地参矣。”

《大学》：“古之欲明明德于天下者，先治其国；欲治其国者，先齐其家；欲齐其家者，先修其身；欲修其身者，先正其心；欲正其心者，先诚其意；欲诚其意者，先致其知；致知在格物。物格而后知至，知至而后意诚，意诚而后心正，心正而后身修，身修而后家齐，家齐而后国治，国治而后天下平。”

《易经》：“天行健，君子以自强不息；地势坤，君子以厚德载物。”

《孟子》：“恻隐之心，人皆有之；羞恶之心，人皆有之；恭敬之心，人皆有之；是非之心，人皆有之。恻隐之心，仁也；羞恶之心，义也；恭敬之心，礼也；是非之心，智也。仁义礼智，非由外铄我也，我固有之也，弗思耳矣。故曰：‘求则得之，舍则失之。’……人恒过然后能改。困于心，衡于虑，而后作；征于色，发于声，而后喻。入则无法家拂士，出则无敌国外患者，国恒亡。然后知生于忧患，而死于安乐也。”

《道德经》：“故道大，天大，地大，人亦大。域中有四大，而人居其一焉。人法地，地法天，天法道，道法自然。”

我们从这些经典的核心精神处，读不到任何与科学或民主思想的绝对冲突——当然必要的对峙是存在的，譬如道家思想对科学的警惕，不得不说是中国古老思想的一个智慧。但这并不是说，我们必须在二者之间，做出非此即彼的选择，恰恰是要让我们如何从自身的历史境域出发，把握住“道”体现于宇宙万物的生生不息的创造精神，道体现于人心的仁（麻木则不仁）的精神，创造出此时此刻的新的文化样式——宇宙万物，有待我们重新命名。

（本文为新教育发起人朱永新教授在鄂尔多斯东胜新教育年会上的报告）

二

学校文化建设的操作路径

新教育学校文化建设是新教育实验的一个重要命题，也是新教育实验的一个重要项目，更是新教育实验的一个重要行动策略。因为，新教育人深知，文化建设应该能够，而且必定能够引领新教育学校的内涵发展，让新教育共同体成员过上幸福完整的教育生活。按照学校文化建设的一般原理和方略，新教育实验学校已经或者正在形成基本的操作路径，即，首先，从实际出发，确定学校文化的主题；然后，从特色文化、环境文化、教室文化、课堂文化、课程文化、教师文化等视角，有条不紊地推进学校文化的建设。

1 学校文化，引领新教育学校内涵发展

“文化”是指人类在社会历史发展过程中创造的物质财富和精神财富的总和，特指精神财富。“文化”由“文”与“化”两字组成，意思就是“以文化人”。

如果说“文化”是名词的话，“建设”就是动词；如果“文化”是结果的话，“建设”就是一个过程，一个建立、设立和创立的过程。过程比结果更重要。学校文化重在建设，贵在建设。学校的文化建设就像一面旗帜，引领着新教育学校的内涵发展。

作为整个文化的一部分，“学校文化是一所学校内部所形成的为其成员共同遵循并得到同化的价值观体系、行为准则和共同作风的总和”。或者说，学校文化是经过长期发展、历史积淀而形成的全校师生的教育实践方式及其所创造的成果的总和。

发展是硬道理，硬发展没道理。学校发展必须走内涵发展之路。“内涵”就是内在的涵养，事物的本质属性。学校内涵发展不是单纯的考试数据，不是偶然的竞赛获奖，更不是简单的操场变大了、楼房变高了、教学设备变精变多了，而是学校和谐、自然、生态、可持续的发展，是指向师生生命质量的成长发展。用一句时髦的话说，就是学校发展的“新常态”，是面向全体、全面发展的素质教育。

就像 GPS 导航，学校内涵发展需要文化建设的引路、引航、引发、引导和引领。为什么说文化建设能引领新教育学校内涵发展呢?

一、文化建设，为新教育学校立身

校园环境具有巨大的教育作用。校园环境美丽不美丽、协调不协调，这是人们对一所学校最基本的感性认识。因此，学校文化建设务必重视校园物态环境的营造。其中，校门、校钟、校树、校徽、校歌、校旗、校史陈列室、学校雕塑、学校标识、学校吉祥物、学校建筑物，以及墙面色彩，甚至楼名等都应烙上文化的印迹，真正实现苏霍姆林斯基所倡导的

“让每一面墙壁都说话”的教育效应。

校门是学校的门面，也是学校的象征。透过校门可观学校内在的灵秀，可印证学校的精神。既古典又现代，既寓意深刻又简洁明快的校门，应成为学校文化建设的应有之义。

有学校就有校钟。有深厚底蕴的学校必定有厚重的古铜色的校钟，充溢现代气息的学校必定有多样多彩的时钟的点缀。杏坛风铃，钟声悠扬。新教育学校文化建设应该充分挖掘校钟的育人功能。

新教育人深知，一所学校不应该处于记忆的沉睡状态，而应该经常性地、有意识地、前瞻性地去开发学校物态环境这座富庶的金矿，从而达到使之立身立体、发光发热的功效，实现学校的内涵发展。

二、文化建设，为新教育学校造血

学校文化建设的主体、主人、主导应该是教师。教师文化就像是学校文化中流淌的血液，决定着学校发展的活力与动力、实力和魅力。新教育学校的教师文化是通过专业阅读、专业写作与专业交往的“三专模式”打造的。

专业阅读——站在大师的肩膀上前行。没有阅读，就没有教育。没有阅读，就没有学校。没有教师对于阅读的热爱，很难点燃学生的阅读热情。教师的教育智慧从哪里来？从一定意义上说，就是跨越由教育经典构成的桥梁。阅读教育经典，可以与过去的教育家对话，不仅可以寻求教育思想的营养、教育智慧的源头，而且可以吸收古今中外伟大教育家的人生理想与人格力量。

专业写作——站在自己的肩膀上攀升。一个人的专业写作史，就是他的教育史。通过教育日记、教育故事、教育案例分析等形式，记录、反思自己的日常教育教学生活，可以促进教师的专业发展。

专业交往——站在集体的肩膀上飞行。“三人行必有我师”，教师文化生长的生态环境非常重要，同一教研组、教学组等组成的专业发展共同体，可以让更多“尺码相同的人”在这种共同体中彼此激励和温暖，创造一个以快乐育人为精神食粮的生活空间。

基于“三专模式”的教师文化，其实是教师的一种文化自觉。这种文化自觉不仅体现在“能”为所专上、“学”为所长上，而且表现在“德”为世范上。因此，新教育学校的每一位教师都应该肩负文化使命，做一个有文化的人；应该坚持文化自觉，做一个善于以文化人的人；应该主动参与文化科研，做一个能够让学校文化润泽心灵的人；应该积极展示学校文化，做一个勤于宣传学校先进文化的行动中的人。

三、文化建设，为新教育学校强筋

制度是硬文化，文化是软制度。学校制度规范的制定应该是一个平等参与的过程，应该是学校管理者和师生共同遵守的“契约”，而不能把校长的意志强加给师生。在学校制度文化的建设过程中，新教育主要遵循了“底线＋榜样”的原则。

所谓“底线”，就是基本的要求；而“榜样”是从底线中涌现出来的优秀者。“底线＋榜样”是一个不可拆分的联合体，彼此依存，相互促进。如果没有底线，没有最基本的要求，就没有基本的环境与氛围，也很难产生真正的榜样。同样，如没有榜样，只抓底线，有可能导致学校文化失去方向。底线一定要有扶持与展示，否则就会失去动力。同时，一定要关注榜样，倾听榜样的声音，让榜样及时言说，让榜样及时引路。这种“底线＋榜样”的学校制度文化，让新教育学校内涵发展的筋络强固、强健和强壮起来。

四、文化建设，为新教育学校壮骨

建筑物建立起来之后，你看不到它的横梁与钢筋，但是少了它们，建筑物将会倒塌。课堂、课程和教室文化，就像是学校文化的柱子、横梁和钢筋。只有让课堂、课程和教室文化的“骨头”硬起来，新教育学校才能抬头挺胸，阔步前行。

海门市东洲中学紧抓“情感”和“智慧”两个基本点，精心打造情智课堂特色文化，取得了良好的效果。在情智课堂中，他们以情生情，以情启智，因智生性，追求情感与智慧的和谐共振，着力教学行为的转变，让情智课堂真正成为师生共生共长的精神栖息地。海门市东灶港初中（现为海门港新区实验学校）利用地处百年天然渔港——东灶港的地域优势，全校师生开发实施了海洋文化课程，不仅让学科教学丰富多彩，德育活动有效彰显，而且让校园环境呈现出高品位的海洋文化与审美格调，更让全校师生体验到宽广、渊博、深沉、热情和开拓进取的海洋精神。海门市王浩初中以“爱心”班级文化建设为抓手，各班级开展了一系列缔造完美教室活动。如制定含义深刻的班名、班徽、班歌、班风、班训、班规、班级名片、班级精神、班级愿景等，这些班级文化符号激励全校每一位师生比、学、赶、帮、追，使这所农村初中甩掉了薄弱的帽子，跻身全市先进学校行列。

五、文化建设，为新教育学校供氧

学校文化建设的出发点和落脚点是学生。新教育学校文化建设的目的就是让每一位学生成长成人。而一些学校往往忽略学生的需求、兴趣和爱好，热衷于文化建设中的一些花架子、空口号，缺少能让学生心田中开出鲜艳花朵、结出丰硕果实的文化种子。

怎样让文化建设给学生成长以阳光、雨露和清新的氧气呢？以下三点，新教育学校特别关注。

（1）节日仪式。仪式、节日和庆典是学校文化传统的活标本，也是学生生命中最值得关注的重要时刻，更是学生的精神典礼。在全国5200多所新教育实验学校，仪式、节日、庆典往往是这样一种时刻：通过包容性强、极富意味的、有象征意义的程序和形式，使有意义的事情或者伟大的事物能够有一种伟大的时刻，获得神圣、庄严与尊严。师生们永远不会忘记这些“节日”中激动人心的时刻，以及那些激动过他灵魂的因素，甚至一些班级中，我们也能够读到那种真正的心灵息息相通、生命彼此在庄重的仪式中相互镌刻出诗意的仪式——生日赠诗、生日故事，“旺达节”“榴花节”“微笑节”“犟龟节”等源自自己环境和生活的独特节日。

（2）社团活动。作为展示舞台的学生社团，应该成为新教育学校文化建设的一个重点。因为着力打造学生社团，让学生在社团活动中获得快乐的体验，将对他们的一生产生重要影响。

（3）特色项目。千校一面，是当前中小学办学中的通病。由特色项目而成学校特色，这是学校内涵发展的重要途径。因为特色项目可以为学生铺设一级级成长的阶梯。基于学校现实，立足学生成长，遵循教育规律的特色项目，不仅能为学生的特长发挥注入源头活水，而且也能为学校文化——其他学校无法复制的核心文化涂上浓墨重彩。

六、文化建设，为新教育学校铸魂

作为学校灵魂的文化，其核心是它的使命、愿景、价值观。使命就是学校的责任，愿景就是学校的发展蓝图，价值观就是学校对于好坏、善恶、美丑、成败、是非的一种基本价值信仰和评价标准。一所学校的使命、愿景和价值观，体现了学校文化的理想追求和精神境界，它往往是经过长期追寻，苦苦思索，经由充分的酝酿讨论，然后由文本固定下来的。南京市莲花实验学校虽然由三所学校整合而成，且成立不到两年，又地处城郊接合部，但校长带领全校师生寻找学校的根——共有的文化 DNA 因子，从校名中寻找到“教师如莲，学生如花”的内涵，从古今中外教育家的教诲中确立了“做有故事的教育，办有温度的学校”的核心办学理念。

学校文化作为一种精神文化形态，反映着学校发展的历史传统、文化品位、特征风貌，体现着全校师生的思想观念、价值取向和整体精神风貌。精神的东西往往是隐形的，就像弥漫于校园的空气，然而它却以物态的东西呈现于众。比如校风和校训就是学校文化的“精神之窗”。它们是学校文化的精神性纲领，是学校办学理念的一种诗意化、简约化的表达。校风其实是学校历史积淀下来的文化的实然状态；校训是学校应该朝向的理想境界，也是一所学校办学宗旨的概括。好的校训，深入人心，成为全校师生共同遵守的格言。像海门市东洲国际学校的校训“做最好的自己”，朗朗上口，言简意远，充满着向上的力量。

总之，新教育人，应该而且必须拥有一颗捕捉和寻找文化建设的敏感之心，拥有一颗唤醒和激活学校文化建设的责任之心，拥有一颗呈现和展示学校文化的智慧之心。因为，文化建设，能够引领新教育学校的内涵发展。

2 特色文化，一件学校文化的教育红衣

美国钢铁大王卡耐基小时候家里很穷。有一天，他放学回家，经过一个工地，看到一个老板模样的人正在指挥工人盖一幢摩天大楼。卡耐基走上前问："我长大后怎样才能成为像您这样的人呢?""第一要勤奋……""这我早就知道了，第二呢?""买件红衣服穿。"卡耐基满腹狐疑地问道："这与成功有关吗?"老板指着前面的工人说："你看他们都穿着清一色的蓝衣服，所以我一个都不认识。"说完他又指着旁边一个工人说："你看那个穿红衣服的，就是他穿得跟旁人不同，这才引起了我的注意，让我认识了他，发现了他的才能，这几天我会安排他一个职位。"

有关卡耐基的这个故事告诉我们：学校文化是能够统领学校发展的，而特色文化，就像在清一色的蓝衣服中穿上了红衣服，格外引人注目。特色，就是一件学校文化的教育红衣。

特色文化建设是新教育实验的一个重要命题，也是新教育实验的一个重要项目，更是新教育实验的一个重要行动策略。

朱永新教授曾指出："新教育实验崇尚的是个性，崇尚的是品牌，我们希望每所学校都办成特色，每一位老师都拥有自己的个性，都拥有自己的特长，让每一个人都成为他自己。"新教育实验一直认为："特色就是卓越。最好的就是最有特色的。"当前，千校一面的同质化倾向相当严重。建设学校特色和特色文化已经成为新教育实验学校的当务之急。因为，没有特色文化建设，新教育实验是不完整的。

这里不妨重温一下朱永新教授有关"特色"的论述：

"特色是在发展过程中逐步发展壮大起来的，特色是在学生与教师个性张扬下发展起来的，特色是在学校、社会共同呵护下发展起来的。""特色的构建与发展需要环境。""有了特色，我们的孩子就是一个大写的人。""特色是一种自然的形成与积淀，特色也是一种预设与生成。"从新教育学校的实践来看，从"特色项目"到"学校特色"再到"特色文化"，这是一条学校发展的必由之路。

这里特别要强调："特色项目""学校特色"和"特色文化"是三个不同含义的概念。但都涉及"特色"，特色应该是一种底色，是弥散在学校场域中且凝聚在人身上的、无形无象又真实可感的一种气质。"特色项目""学校特色""特色文化"都不是我们追求的目的，而是路径。

目的是什么？目的是"本色发展"。特色只是发展的一种表征、一种形态，因为学校作为教育的载体，其最本质、最本色的是育人，是为了人的发展。新教育一开始就倡导"为了一切的人，为了人的一切"，新教育的核心理念是"过一种幸福完整的教育生活"。

现在，许多学校都在创特色，很多地方都在努力争取形成"一校一品牌，校校有特色"的良好局面，这自然是非常可喜的。但很多人理解"特色"，就是搞一个具有什么特点的项目，像少年舞蹈、儿童书法之类，于是成立一个兴趣小组，安排一个辅导老师，开展一些特别活动，便以为是在打造特色了。这是一种误解。

新教育学校打造特色，就是要让学校拥有"自己的句子"。你有怎样的句子？就是只属于你，不属于他的东西，让人一看就能记住的东西。这就是"特色"。特色是不可复制的，是一所学校能够站立起来的力量。

其实，打造学校特色，或者说创造特色文化，意义非同一般。某种意义上说，创特色其实就是在做文化、做理念、做系统、做课程、做机制。

（1）创特色其实是在做文化。普遍意义上的学校文化，一方面是由该校的历代师生在长期的教育行为和实践过程中积淀而成并被普遍认同的思想观念和文化追求；另一方面是在办学过程中形成的行为准则、规章制度等显性的管理文本及其精神导向。一所学校办了许多年，总有许多的积淀，这种积淀往往折射出一代又一代人传承下来的精神。如果这种精神还不是太明显，或者比较零散，就需要我们去锻造。但不管怎么说，学校是需要精神支撑的，创特色就是为学校精神找一个载体。通过特色来彰显学校精神。新教育倡导的"文化，为学校立魂""以人弘道：活出中国文化的根本精神"，正是在学校特色文化建设中总结出的至理名言。

（2）创特色其实是在做理念。建设特色文化，指导思想很重要。用什么样的理念去指引，出于什么样的目的去创建，如果定位不准，很难创出好的品牌。如果有先进的理念来引领，那起点就高，也能做好。比如书香校园建设，我们为什么要让孩子们阅读？仅仅是为了确定一个项目去做，很可能会陷入形式主义的泥潭。而基于"学校建在图书馆，让阅读成为学生的生活方式，让阅读构建学生的精神家园"，我们就会做得很实，做得有品位。起点决定终点，即是这个道理。

（3）创特色其实是在做系统。从表面上看，特色只是学校风貌的一个方面，而事实上，它关乎整体，牵涉全局。虽然可能是从某一个角度切入，但操作起来，必须是一个大的系统，需要从不同的角度去打造，表现出来，就是学校的一个整体面貌。比如海门市六匡小学以乒乓球作为学校的特色项目。学校没有仅仅局限于打球、赛球，呈现出来的就不只是那么一支乒乓球队，不是这支乒乓球队怎样在有关比赛中获奖，而是从学校工作的整体出发在许多方面都有其体现特色的系统的“页面”：有关乒乓球的校本课程；学校工作安排中注意体现特色创建内容，且纳入了整体工作系列；有学生乒乓球活动的固定课时和专门时间，安排了专门的辅导老师；自创了乒乓操，设定了乒乓节；经常开展班级之间的乒乓球比赛；环境布置突出乒乓球的氛围，有乒乓球知识的陈述，乒乓球明星画廊等。有了这样一个系统去推进，该校的乒乓球特色文化自然就更加扎实，也更有成效。

（4）创特色其实是在做课程。学校的特色不能是表面的热闹，而应该丰实耐看，有内涵、有品位。怎样达到这个境界？需要我们从课程建设的视角去打造，做到特色创建课程化。具体地说，定好特色项目以后，首先要充分收集有关这一特色的资源，将这些资源进行充分的梳理。在此基础上认真制订学校特色文化建设计划。这个计划必须是很实在的，具有极强的可操作性。与之同步要做的是围绕特色，确立并申报学校的研究课题，按照课题研究计划，分阶段认真地去实施。实施研究的过程中，人员、设施等都必须到位，每一个环节都要按照要求，有步骤地去做，一件一件做实，不断积累巩固，认真建档，形成完整的资料。同时要建立检查监督机制，每一个步骤都要严格把关，有疑难及时攻克，有疑惑及时化解，有偏差及时纠正。一个阶段结束以后必须进行总结评比，并根据前期实施情况修订下一步的工作流程。这样，创特色就不是简单地做项目，而是去进行课程建设，创建的过程就是课程建设的过程，这样的特色文化建设档次就高了，也就能收到真正而实在的效果，会有力地推动教师素质的提高和学校办学品位的提升。

（5）创特色其实是在做机制。创特色不是短期行为，而是长期工程，一旦特色形成，它就成为学校永远的“招牌”。所谓百年老校，它的特色就是经历了百年的打磨，多少代人坚持不懈，薪火相传。为此，我们今天创建特色文化既要注意历史的传承，更要着眼长远的规划，一旦明确了方向就要长期坚持下去，不断用心、不断完善。经过多年的努力，海门实验区各个学校都有坚持不懈的特色品牌。像海门中学的人性教育、四甲中学的国防教育、东洲中学的情智文化、海南中学的生态文化、实验小学的能仁文化、海师附小的童话教育、育才小学的绿色教育、实验附小的阳光教育、三星小学的绣品文化、汤家小学的追景文化、麒麟小学的责任教育、刘浩小学的故事教育、四甲小学的少年军校、国强小学的强文化、德胜小学的德文化……从名称一看就很有味道，就是一项长效工程。这里一是要科学规划，既考虑近期，也要有中期和长期的规划，不能鼠目寸光，急功近利，而是有条不紊，持之以恒地去做，做实了，做厚了；二是要善于坚守，不要受环境和其他因素的影响，不要左右摇摆、举棋不定，特别不能因为校长的变换而对学校的传统轻易地否定，换一个校长就提一个特色是不能真正打造特色的。当然，时代在发展，社会在进步，创特色也应该与时俱进，但这种“进”只能是充实完善，不断精致，而不能擦掉底色。

学校特色文化建设的水平也反映了学校管理的水准，这样的高瞻远瞩、精致运作自然能打造学校的品牌，把学校带向自由的“彼岸”。

特色文化建设就好像为学校制作一件合身漂亮的衣服，应该抓住历史，给学校一块鲜艳的“布料”；应该基于现实，给学校挑一个不错的“剪裁”；应该放眼未来，给学校设计一个独特的“款式”。在这个建设的过程中，以下六点是必须关注的。

（1）立足点——遵循教育规律。就是从新教育理念出发，不断提高特色文化建设的科学性、教育性、时效性。以下认识应该明确：特色建设是学校教育的辅助，而不是学校教育的主体；是促进学生素质的个性化彰显，而不是同一目标的共同达成；是着眼于教师和学生的可持续发展，而不是为学校确立一个品牌标签；是追求让学生展现自我，激发兴趣，挖掘潜能，愉悦身心的过程，而不是求得一个技能高低、才艺多少或特长取得的结果；体现教育的均衡、公平和公正，让百姓满意，而不是成为学校之间相互攀比、非良性竞争的一种新的手段。特色文化建设如果违背规律，急功近利，那么获取的只是短线效益、泡沫品牌。

这里需处理好几个关系：

一是特色文化建设与常规教育的关系。美国《新闻周刊》评出的世界十所最好的学校中，新西兰特卡湖学校的特色是注重阅读，意大利迪亚丽学校的特色是注重个性培养，日本东京四谷第六小学的特色在于强调创造，这些都紧依于教育教学。特色教育是相对于常规教育而言的，是对常规教育的补充、协调、平衡和促进，实际上是学校教育的一种附加，二者应当和谐融合为一体。每所学校都应该在常规中抓好特色，在特色中巩固常规。一个学校如果不能保证基本的教育教学质量，任何工作老百姓都不会认可。因此，特色文化建设首先要严格执行国家课程计划，开全课程，上足课时，教好每一堂课。执行、开全、上足、教好，这也是新教育抓好特色文化建设的前提、基础和保证，每所学校都要永远坚守，丝毫不得懈怠。

二是特色文化建设与学科教学的关系。特色文化如果根植于学科和课堂，成长于教育教学，没有特别的老师，没有特殊的训练，不加班加点，不加重师生负担，不过度投入，从学校管理、教育教学中自然产生，顺势而成，那才值得提倡和追求。例如，配合语文教学的阅读欣赏、古诗文诵读；配合数学教学的社会调查、综合实践；配合科学教学的小发明、小制作、小创造、小论文；配合音、体、美教学的歌、唱、舞、琴、棋、书、画；配合品德教学的仁、义、礼、智、信等教育活动。基于学科教育和课堂教学的特色建设能让学生把知识与技能很好地结合起来，既深化了知识的学习，又能初步运用知识培养个体技能，使不同的学生获得不同的发展。有人说，搞特色建设会影响学生的应试成绩，那就是因为把特色建设与学校以教育教学为中心对立起来，割裂开来，没有找到一个科学的连接点。

三是特色文化建设与学生兴趣的关系。兴趣是最好的老师。教育的本质实际上就是激发学生学习的兴趣，如果以牺牲学生的兴趣爱好为代价来搞特色文化建设，是对教育的本末倒置。当然，兴趣可以通过培养而产生，问题是不能对不同的学生培养相同的兴趣，不能对有差别的学生进行无差别的教育。特色文化建设中，“一校一品”的提法和做法要慎重。“一品”就教育的群体而言，在满足了一部分学生兴趣的同时也损伤了另一部分学生兴趣；就教育的个体而言，过度加强一方面特长，其他方面则会受到抑制。基础教育是要面向全体学生，促进学生德、智、体、美、劳等素质的全面发展，为学生的终身发展奠基。学生的兴趣差异很大，教育的责任就在于创造与学生兴趣相符的条件，把兴趣变成特长，把潜能变成能力。学校如果基于“教学”，基于“兴趣”，开发第二课堂，成立各种兴趣小组，让学生自由选择，身心愉悦地投入，特色就会顺势而生。如果不是这样，学校的特色再明显，有时也不会被认同。

四是特色文化建设中“大”与“小”的关系。“人无我有，人有我优，人优我特”，这对绝大多数管理者、学校来说是很难做到的。学校常规教育、特色教育，其实大家之间并没有多大差别，都必须跟着基础教育这面大旗走，有的只是操作上的形态不同而已。真正体现差别的在于背后做法上的细微之处。“扫地也要扫个全国第一”“把简单的事情做好就是不简单”“细节决定成败”这些话告诉我们，特色文化建设也应当注重从细节抓起，从小做起，从简单做起，这样才能易于管理，易于坚持，才能保证学生的全员、全程、全身心参与，才能把特色落到实处。有些学校看上去并没有什么特色，但细看一下却发现它很有特色：学生自己主持升旗仪式，代校长写节日祝词，决定班级什么时候怎么开家长会，自己商量食堂一周菜谱，自己编辑班级日记，每天写五个好字，练习三道简算题等。追求大特色，不放过小特色，一个个草根式的小特色形成了，大特色自然就会应运而生。像上面所说的这些小特色，实际上就是“学生自主教育”这样的大特色。“特色”本质上是一种思想、一种理念，应该渗透到学校工作的方方面面、细微之处。

（2）着力点——提高教师素质。教师是学校之本，特色文化建设的主要力量是教师。如今的教师，普遍的水平有限，老办法不灵，新办法不会，只好采取硬办法。特色文化建设的着力点应该是提高教师素质，或者说以特色文化建设为平台，让学校的每一位教师都成为为师、为人、为学的楷模，都成为学校发展的生力军、排头兵。

（3）支撑点——提高教学质量。质量是学校的生命，无特色、无品牌，是以考试为办学导向的学校的共同弊端。但是建立在分数薄弱、质量低劣基础上的特色肯定是没有生命力的，也是不能让人信服的。我们理解的教学质量，不能只关注抽测、中考、高考时的一阵子痛快，更应关注孩子以后60年的可持续发展。

（4）契合点——开展教育科研。有这样一句话：“不搞教研的只能永远走在平地里，最多是一头能拉磨的驴。”而只有不懈地开展教育科研，特色文化才能柳暗花明，前程似锦。比如，通过教育科研，可以使我们的视点更加多样，视野更加开阔，不仅仰视而且俯视，不仅远视而且近视，通过生活、内心、智慧、审美等多种视角，从而使学校的特色文化更有张力、更有活力、更有魅力。海门实验区的许多学校都是通过课题来研究和探索、打磨和锤炼学校特色文化的。有的从社区文化中来提炼，有的从学校传统中来传承，有的从项目推进中来获取，有的从互动讨论中来提升，从而让学校特色更加靓丽，更富个性，更有文化品位。而这些特色文化都依托了省、市级教育科研规划课题的引领、支持和扶植。

（5）保证点——加强过程管理。从学校特色到特色文化的发展，不可能一蹴而就，其间需要从调查研究、愿景描述、方案设计、专家论证、组织实施、现场展示和包装宣传等一系列的推进过程。在这一过程中，每个环节、每个措施都不能草率马虎。在这一过程管理中，有三点特别要注意。一是阅读。没有阅读就没有教育。围绕特色，应该倡导师生的主题阅读，在主题引领下，既要拓展阅读的广度（量），更要拓展阅读的深度（质），从而增添阅读的厚度。二是课程。只有将特色上升到课程的层面，特色才真正成为学校的特色。课程是学校特色发展的高速公路，只有有了基于学校、为了学校、在学校中的特色课程，才是铺设了有利于高速前行的跑道。三是活动。活动是校本特色课程实施的舞台，只有通过活动这一多样化的舞台，才能展示学校特色文化所拥有的科学精神、人文情怀和美学趣味。现在已经不是“酒香不怕巷子深”的时代了，而是网络时代、数字时代、广告时代、读图时代了。因此，一定要勤于和善于运用报刊、网络等媒介，有效地打开阅读的窗口，提供课程的蓝本，展示活动的成果。

（6）发展点——促进学生健康。特色文化建设的根本目的是为了学生发展，让师生过上一种幸福完整的教育生活。特色文化建设无非是两个字“聚焦”。聚焦教育教学，而教育教学要聚焦课堂，而课堂要聚焦学生。比如我们初中学校的学生——14 至 16 岁的初中学生，作为青春期的初中生，就像秋天的柿子，看着成熟，内心还很稚嫩，渴望自由又难以独立，想完全自主却饱尝苦涩，但这是人成长必经的阶段。因此，初中学校的特色文化就必须走向、走近和走进初中生的世界。

一所学校有一所学校特定的现实，不可能拥有其他学校所有的美丽。但是，通过新教育，我们的学校一定能形成特色文化，一定能实现特色发展。因为，只要从“人”的角度来透视，以“人”的名义来演绎，为“人”的追求来保护，特色文化建设一定能春暖花开、秋果满枝！

3 环境文化，一股学校文化的教育清风

美丽的校园陶冶人，宜人的环境教育人。新教育学校都力求校园环境能充分体现学校文化的特色，赋予环境助推文化、支持文化的功能。这实际上就是建设环境文化。

环境文化，是学校的物态文化、形象文化。实质就是将环境转变为学生学习的“境”、实践的“场”、创造的“器”、体验的“坊”。环境文化需要追求天人合一的自然境界，需要追寻物我合一的精神品质，需要创生手脑合一的智慧教育，从而成为课堂的延续、补充、拓展和调试，以达成润物无声之功效。

环境文化建设，一定要根据学校的实际。虽然校园投资改造是政府行为，但学校应有规划设计的意图和意向，做好顶层设计，并分步实施，使学校环境，包括学校的门、学校的钟、学校的树、学校的楼和学校的人文景点，成为一股学校文化的教育清风，风清气正。

一是关于学校的门。

有学校就有校门。校门是学校的第一门面，也是学校的象征。透过校门可观学校内在的灵秀，可印证学校的精神。

江苏省海门中学是一所百年老校，也是一所新教育名校，不仅教育质量高，而且文化气息浓，凝视改造变迁后的海中校门，能让人感觉到浓浓的人文气、书卷气和生机勃勃的青春朝气。从校门向里望去，绿茵茵的草坪、亮灿灿的鲜花、青翠翠的雪松尽收眼帘。还有那办公楼、教学楼、行健楼、弘文楼、点津楼，还有那办公楼上著名书画家王个簃专门为海中师生题写的篆体匾额“学无止境”，让人们在审美愉悦中升华出对真和善的美好追求。匾额下方两侧柱子上刻写有颜体楹联：“不弄玄虚，不翻花样，辛苦干从头，看有什么成绩；也当徒弟，也算老师，呼应成一气，勉之这种精神。”显得古朴典雅，不由得使人对这所历史名校的优良教风、学风肃然起敬。而年轻的学生走进校门会是怎样的情形——匆忙者放慢了脚步，喧闹者安静了下来，焦虑者舒展了眉头，沉思者昂起了头颅。由窄变

宽、由高变矮的校门仿佛娓娓道来："一天的学习生活开始了，好好努力呀。"而每位经过海中校门的朋友会想些什么——在这儿读过的诗文依然还是那么美吗？这儿的学生依然是生龙活虎、攀登苦战吗？这儿的老师依然是满腹经纶、默默奉献吗？

二是关于学校的钟。

杏坛风铃、钟声悠扬。可以说，有学校就有钟，没有钟就不能成为学校。有深厚底蕴的学校必定有厚重的古铜色的校钟，充溢现代化气息的学校必定有多样多彩的时钟的点缀。

江苏海门实验区的好多所新教育学校建有钟楼，在颇有风韵、风格、风范和风度的建筑大楼里，镶嵌着大大的时钟，已成为学校一道亮丽的风景。特别是海门市正余初中，全校师生捐资建钟楼，国旗下讲话师生谈钟楼，班会、校会、家长会，在一个个围绕"钟"的主题活动中，师生们提炼出令人可赞可敬、可学可做的"钟"的品质——像钟那样，准确真实、不报假时；像钟那样，与时俱进、不停分秒；像钟那样，坚持规律、不缩不畏；像钟那样，埋头苦干、不事张扬；像钟那样，一如既往、不卑不亢……

能说学校的钟仅仅是一种响器吗？能说学校的钟仅仅是一种计时器吗？能说学校的钟楼仅仅是一种装饰吗？能说学校的钟楼仅仅是一种时尚吗？

三是关于学校的树。

在氤氲凝重而文化厚实的校园里，如果拥有或一棵、或几棵、或一片朝也向上暮也向上、根深叶茂的大树，这对生活在其中的师生而言是多么快乐而惬意啊。作为学校标志性的树种，可以是引凤筑巢的梧桐，可以是有色有香的桃林，可以是自由生长的槐树，可以是挺拔耸立的雪松，可以是寓意深刻的合欢，也可以是常年墨绿的冬青，更可以是枝繁叶茂的银杏。只要赋予意义，都将给师生以难忘的记忆。

江苏省新沂市八一实验学校发挥邻近驻军得天独厚之优势，将学校文化定位于"军人文化"，将校园打造成为师生"心中的橄榄绿"。在现有绿化的基础上，他们多植树、植寓意丰富的树，校园里有九棵高大的石榴树，每当石榴籽饱满成熟的时候，石榴树格外引人注目。他们就把石榴树作为校树，象征着军民团结像石榴籽一样，紧紧相拥相抱。

新沂市时集中心小学是乡村田野中矗立的新建学校，他们在校园中种上了银杏、国槐、法桐、翠竹、红枫、玉兰、桃树、梨树、桂花、香樟、香椽等数十种优质花木，形成片片绿洲、块块绿岛和层层绿瀑，并且把香椽作为校树。香椽，枝繁叶茂、郁郁葱葱。盛夏，花里白外淡紫，非常艳丽，形宜赏，色可餐；深秋，黄绿相间，果实累累，幽香阵阵，美轮美奂。香椽随新校落成而植根于学校土壤，新叶勃发，寄寓时集师生的成长果实累累。

海门市新教育小学，是全国唯一的以新教育命名的学校，他们以“榉树”做校树。榉树又名光叶树，是榆树榉属的落叶乔木树种，它可以生长到30米的高度，不仅有较高的观赏价值，而且有丰富的人文内涵，因“榉”与“举”谐音，寓意“一举高中”。以榉树为校树，可以对师生潜移默化地寄托以下理念——向上长，心有希望，仰望星空；向阳光，积极进取，持之以恒；专注力，心无旁骛，专心致志；固根基，学习借鉴，本立道生。

与校树相匹配的还有校花。新教育实验学校一年四季都应有鲜花盛开，选择一株寓意深远的鲜花作为校花，显得更有文化的气息。海门市开发区中学是全国学陶师陶先进学校。他们以“桃花”作为校花，因为“桃”与“陶”谐音，阳春三月，桃花盛开，那一株株桃花在春风中轻轻摇曳，即使花瓣乱落如红雨，那站立的桃花仍顽强地举起自己的美丽。桃花即“陶花”。面对一片桃花，自然想起了一片“陶花”，闻到了一园“陶香”。也许桃花不够潇洒、不够艳丽、不够帅气，但是，经过深深地扎根，满满地汲取，静静地蓄积，盛开的桃花一定会全心全意地绽放着，证明自己学陶价值的文化魅力。

四是关于学校的楼。

学校的楼包括色调、风格以及名称等物态环境，都需要我们以文化的视角用心策划、精心设计。

作为初中、高中学校，应该充分考虑到学校是充满年轻生命的空间，校舍颜色就应当体现并关怀这种生命活力，可以以淡紫色作为主色调，有一种明亮、欢乐、活泼的气氛氤氲其中，间以浅灰色来传达沉静的气息和高品位的追求，于凝重中透出浓浓的书卷气。

作为小学、幼儿园校舍颜色应该是活泼、灵动、欢快和五颜六色的，甚至配以卡通故事画面，从而更充满童真童趣。

楼名的设计应体现学校文化。新沂市桥口小学的学校文化是“桥”文化，他们将原1至6号楼分别命名为“高桥楼”“引桥楼”“天桥楼”“友桥楼”“心桥楼”和“神桥楼”，并且将“搭建幸福桥梁，播种成长希望”的办学目标高高挂在“天桥楼”楼顶。

海门市通源小学从校名的“源”字中得到启发，四幢主体大楼由南向北有天桥相通，分别被命名为“溯源”“汇源”“沁源”“润源”这四个楼名。从追溯历史传统、汇聚人文内核，到沁透诗文乐曲、滋润师生心灵，真正地让人翘首，引人注目，摄人心魄，使人难忘。

新沂市港头中心小学仅有南北两幢大楼，分别命名为“南大楼”“北大楼”，既简单又大气，更能激励孩子。

而与楼相关联的还有校园里的路。学校里四通八达的路，无论是主干道还是间隔道，都应该是宽敞通畅的，都应该是平坦平直的，更应该有叫得响且与学校文化相匹配的有寓意的路名。新沂市桥口小学校门往里大道两旁有十多棵银杏树，每当秋风起舞，金黄色的树叶纷纷落下洒满大道，这是学校独有的美景。此条大道被命名为“金桥大道”，这与学校的“桥文化”自然切合。而校门内侧向南的大道被命名为“银桥大道”，虽有少许弯曲，但此路西侧楼面上设计了一个“桥”字墙，上面布满了古今名人有关“桥”字的复印手稿，成了学校标志性景观；而在此路路面上又布置了“跳房”等游戏图案，引导学生课余走起来、动起来。

五是关于学校的人文景点。

人文景点是学校文化环境所必须和必要的。所有新教育实验学校的醒目处都有新教育的标识图案，都有朱永新教授亲笔题写的“过一种幸福完整的教育生活”。

人文景点是新教育学校独特的文化符号，也反映着学校文化的品位。人文景点可以是校园里的荷塘、凉亭、竹林；可以是校园里的雕塑、校训石、吉祥物图案；也可以是散落于校园角角落落的刻字石块。因为家无石不安，水无石不清，园无石不秀，一块好的石头切合地置于校内，能产生意想不到的效果。而从实际出发，建设与学校文化相得益彰的主题馆是很有教育意义的。

内蒙古巴彦淖尔市临河实验区在建设学校文化时，每所学校都十分注重建设主题文化教育馆，像临河八小的“白杨主题馆”就很有品位，很有特色。

新沂市桥口小学的“桥”文化主题馆独具魅力。该主题馆内有文字、图片和音像，包括古今中外著名桥梁、著名桥梁建筑师的介绍，还有实物模型，还有围绕“桥”的古诗词、优美散文以及与桥相关的成语、谚语、歇后语的赏析，特别是还有新沂境内的著名桥梁和“十人桥”的动人故事介绍。

而新教育研究院名誉院长卢志文校长执掌的浙江温州翔宇中学，花巨资建立的昆虫馆、贝壳馆、书法教育馆、中华灯谜馆、瓯江书院、创客中心等六大场馆，生动展示了新教育未来学校的一个发展方向。

当然，新教育学校环境文化建设的一个重头戏是建设和谐融洽的人际交往环境，旨在寻找“尺码相同的人”，共同过一种幸福完整的教育生活。

环境文化，就像在火热的酷暑吹来的一股凉爽清风，让人舒畅，倍感幸福！

4 教室文化，一座学校文化的教育宫殿

教室，一个书写传奇，创造奇迹，演绎故事的地方，更是一座学校文化的教育宫殿。文化，为学校立魂，而教室之魂，就是教室文化。

新教育实验学校都特别注重教室文化的营造，其主要的标志就是着力推进的行动项目——缔造完美教室。

朱永新教授指出："缔造完美教室，在新教育生命叙事和道德人格发展理论的指导下，利用新教育儿童课程的丰富营养，晨诵、午读、暮省，并以理想课堂的三重境界为所有学科的追求目标，师生共同书写一间教室的成长故事，形成有自己个性特质的教室文化。"儿童文学作家童喜喜则指出："教室是学校基本的组成单位，也是教育基础的场所。一间教室就像教育的一个细胞，在这个细胞里承载着教育的 DNA 所拥有的密码。"新教育研究院院长李镇西博士指出："完美教室有快乐、有收获、有故事、有成长。"

新教育理事会理事长许新海博士，则从完美教室的建设目标中创造性地提出了新教育教室文化的 6 个维度：

（1）把教室建成图书馆，是阅览室；

（2）把教室建成实践场，是探究室；

（3）把教室建成操作间，是展览室；

（4）把教室建成信息资源库，是教师的办公室；

（5）把教室建成习惯养成地，是人格的成长室；

（6）把教室建成共同生活所，是生命的栖居地。

梳理总结各实验学校缔造完美教室的成绩和经验，新教育教室文化包含以下内容：

一、教室文化的价值系统建设

1. 要有富有寓意的教室名称

每间教室都在全员参与的基础上，结合班级实际命名一个独特而富有

寓意的教室名称，而不是传统所说的几年级几班。而且要尽量选用与学校文化相关的人物、动物、植物等命名，这种命名蕴含的精神就是班级精神。

2. 要有简约美丽的教室标识

根据教室名称和班级精神设计出教室标识，也就是班徽，设计的标识要简约，而且让班级里的全体师生共同参与设计，再根据草稿进行适当的美化确定。

3. 要有一致认同的教室目标

每间教室都要有一个“我们的憧憬”，即完美教室缔造的目标，也就是大家共同的努力方向。

4. 要有催人奋进的班级歌曲

班级歌曲即班歌。班歌的旋律可选用适合学生朗朗上口的、健康的、优美的歌曲旋律；班歌的歌词，可由教师、学生创作，也可改换现有诗歌，成为符合班级精神的歌词。每当重大活动时，班歌作为全班师生必唱的歌曲。

5. 要有促进成长的班级公约

在全员参与讨论的基础上，在不违反《中小学生守则》和《小学生日常行为规范》等法律规章的基础上，制定出以人为本、促进成长的班级公约，并努力让遵守班规的行为体现在每一个细节中。提倡在班级中建立好习惯储蓄制，及时记载每一天学生在各方面的表现，最后根据得分评出先进，定期组织表彰。

二、教室文化的精神家园建设

要让教室成为师生的精神家园，应该建设好三个阵地。

1. 定期自编的班级刊物

班刊、班报要有一个别致的名字，内容可以是班级人物介绍、新闻广角、阅读故事、班级生活叙事等，在激发学生积极向上的同时，带给学生们无限的收获和喜悦，并以此作为家校联系的桥梁之一。每学期至少出刊两期，低年级可以发动学生家长参与，高年级学生可以尝试电子排版。而班刊、班报名和上述的教室名、教室标识、教室目标、班歌、班级公约等，要通过本班学生讨论、表决，让学生在全员参与的基础上共同命名。

2. 定期更换的展示平台

展示平台多种多样，比如，要定期更换室内外的展板，教师要舍得放手，努力做到让每一个孩子都亲自动手剪一剪、画一画、贴一贴，锻炼孩子的动手能力，更要让孩子在参与中获得为大家服务所带来的快乐。除此之外，要动员学生用自己的作品装饰教室，让每一面墙壁都会说话，让教室成为文化气息浓厚而又绿意盎然的场所。还比如，要创设多种活动平台，让孩子们在活动中展示特长，有手工制作、有书法绘画、有球类比赛、有歌曲演唱等。

3. 及时发布的班级博客、班级微信公众号、QQ 群等

让其成为班级师生及学生家长关注、关心、关爱的精神家园和美好记忆。

三、教室文化的班本课程建设

班本课程是教室文化的主要表现形式，也是教室文化建设的核心内容。

1. 书香班级课程建设

没有书香班级就不可能有书香校园。建设书香班级，首先要营造浓郁的班级书香氛围，既要让学生有书读，又要让学生读好书、会读书。其次要开展多样的阅读活动，如读书汇报会、读书故事会、诗文朗诵会等，特别要扎实开展学生共读、师生共读、亲子共读等活动。要遵循经典的、熟悉的、自己的、需要的原则，精心挑选共读书目，力争让共读书目作为一种阅读的引领，而不仅仅是迎合，要以课程的视野、课程的视角，把最美好最优秀最经典的东西带给学生。再次要形成基本生活方式，每天都开展晨诵、午读和暮省活动。晨诵的形式应多样，可以开展节气诵诗、情景诵诗、日常诵诗、生日诵诗等；午读的内容题材要广泛，阅读的内容不纯粹是优秀儿童文学作品，还要有数学、科普等方面的内容；暮省主要是以撰写博文、日记、读写绘等形式开展。

2. 每月一事课程建设

“给学生一生有用的东西”最主要的抓手是推进每月一事，而每月一事的落地生根，离不开每一个班级的教室文化。要坚持以“主题阅读—主题实践—主题展示—主题反思”的基本范式，精心设计、周密落实每月一次的主题活动，要在每次活动中时时处处渗透习惯养成教育；要坚持不仅是搞每月一事的活动，更要通过活动来培养学生良好的习惯、积极向上和有爱心的思想道德品质，从而擦亮每个日子，呵护每个生命。

3. 社团活动课程建设

在教室文化观照下，除了学生认真参加年级或校级社团活动以外，还要遵循学生兴趣，组织各种各样的、足以满足每个学生精神需要的班级社团活动。社团辅导人员可以是有一技之长的老师，也可以是社会上的专业人士、家长志愿者，甚至是学生们都公认的某一位同学。定时组织相关的活动，力争让学生在各个方面的能力都在社团活动课程中得到和谐发展。社团活动课程的丰富性决定了学生生命的丰富性。社团活动课程可以是专门研究动物、植物的，可以是专题探讨飞机、军舰的，可以是专心参与阅读、写作的，可以是专注田径、球类、游泳竞技的，甚至可以是关于琴棋书画的。

4. 节日仪式课程建设

教室文化一个显明的特点是教室里有自己特殊的节日、庆典和仪式。比如班上孩子的生日庆典，比如十岁成长仪式、新同学入班仪式、开学毕业仪式等，特别是只可意会不可言传的班级微笑节、戴帽节、梅花节、鸟巢节等，五花八门、五彩缤纷。在这样的节日仪式上，一定要有按照课程程序设计的生命叙事环节。

四、教室文化建设的力量聚集

1. 要有全力投入的教师

建设教室文化，缔造完美教室，创造生命奇迹，离不开真正觉醒的教师、离不开全力投入的教师，也离不开教师的深厚学养、离不开教师的心理修炼，更离不开教师的独特风格。也只有教师真正成为爱心的守护者、知识的传播者、课程的创造者、幸福生活的发掘者，教室文化才能真正释放教育的力量。

2. 要有心灵自由的学生

教室文化建设的主体是学生，目的也是为了学生。学生心灵自由，想象力丰富，沉浸在知识的乐园，敬畏和爱护自然，尊重自我和他人，善于发现生活的美，具有多元的思维，教室文化建设就有了根本保证，就会呈现“一间小教室，多个大行动”。

3. 要有大力支持的家长

家长父母的参与度反映了他们对孩子教育的重视度、对教室和老师的认可度，家长应自觉和孩子共读共写，主动帮助老师排忧解难，积极参与教室文化建设。

4. 要有积极参与的社会力量

《克雷洛夫寓言》里有一个《天鹅、梭子鱼和虾》的故事。梭子鱼、虾和天鹅三个不知什么时候成了好朋友。一天，它们同时发现一辆车，车上有许多好吃的东西。于是就想把车子从路上拖下来，三个家伙一起负起沉重的担子，它们铆足了狠劲，身上青筋暴露，使出了平身的力气，可是，无论它们怎样拖呀、拉呀、推呀，小车还是在老地方，一步也动不了。原来，天鹅使劲往天上提，虾一步步向后倒拖，梭子鱼又朝着池塘拉去，究竟谁对谁错？反正，它们都使劲了。这个故事告诉我们，教室文化的建设，必须要有多方面的力量，而各方面的力量必定是和谐统一的，才能形成教育合力：老师和老师之间形成专业和生活共同体，老师和学生结成新家庭同盟，学生与学生互助式成长，家长和社会积极参与和支持。

教室是什么？教室是宫殿。教室有了文化，就是一座学校文化的教育宫殿。在这座宫殿里有无数金光闪闪的珍宝，而教师、学生、家长和各方面社会力量都是这宫殿的主人！

5　课堂文化，一道学校文化的教育风景

课堂是传播文化的地方，理应充满文化的色彩与氛围，应该让师生在每一节课堂上充盈文化的流动，更感受文化魅力的影响。文化是课堂的养分，也是最好的老师，只有充满文化品格的课堂，才能充满生命的活力。

一、课堂文化，一道不容被忽视的教育风景

1. 课堂文化是学校文化的价值归宿

很多学校的校长们所宣称和炫耀的学校文化，观其场所基本是在课堂之外，看其内容多是发生在课堂之外的活动，其实教育改革最终发生在课堂上，一个学生从小学到高中，需经历9500多节课堂学习，如果一所学校的文化建设不关注学生每天在学校生活80％以上时光的课堂，必将是失衡、失缺、失败的学校文化。因此，新教育学校文化建设必须特别注重课堂文化。

2. 课堂文化是学生成长的精神原点

课堂文化体现了课堂教学的内核，它包括支撑着教学活动的根本理念、价值诉求、展开教学活动的基本思维方式，以及维系师生交往活动的人际氛围和精神氛围等。学生在这样的文化氛围熏陶下，学科素养必将得到最大的发展。随着他们的不断成长，这种精神终将跳出学科学习的领域，成为他们整个生命的精神特质。

3. 课堂文化是理想课堂的成功保障

新教育的理想课堂包括“六度”和“三重境界”。“六度”是从学生的学习过程评测课堂，包括参与度、亲和度、自由度、整合度、练习度和延展度。“三重境界”侧重于从教师的教学过程反思课堂：第一重境界，即如何为课堂奠定坚实的基础，真正落实有效教学框架；第二重境界，即发

掘知识内在的魅力；第三重境界，即知识、社会生活与师生生命的深刻共鸣。要成功构建理想课堂，必须以课堂文化做保障。记得杰克·韦尔奇曾说过："如果你想让列车再快 10 千米，只需加一马力；而要使列车速度增加一倍，你就必须更换铁轨了。"课堂教学的成功，不是教师一味的付出就能得到的，它必须依赖于学生内心的想法和实际的行动。拥有一个好的课堂文化，使教师教学充满凝聚力，促使学生积极的学习情感、思想品质和行为习惯，积极进取，友爱互助，合作竞争等，当这些闪耀着理性光辉的东西成为师生日常的一种精神生活方式，课堂又何尝不趋向理想状态呢?

二、课堂文化，一股充盈向上力量的文化气息

1. 重视习惯的力量

有一则哲学故事，说一位先哲考他的学生："谁能坚持每天甩手臂 100 次?"学生们不以为然，认为太简单了。一天过去了，只有一两位没做到；三天过去了，有一半学生不做了；一个月下来，做到的微乎其微；三个月后，只有苏格拉底还在坚持。

故事也许属于虚构，但习惯真的可以影响一个人的一生。所以新教育课堂文化，首先是重视习惯的力量，将习惯作为第一位的教学目标。以小学三年级数学教学为例，教师要求学生做到：课前做好准备，课上学会听讲和发言，课后认真作业。特别是课堂中，应该注重检查，促进习惯的养成。上一节课结束，班长和课代表大声提醒同学准备好下一节课的学习用品；上课时，教师特别注意抓住学生的目光，该看教师时看教师，该看黑板时看黑板，该看书本时看书本，课堂上只要有一位学生的目光没有和大家同步，必定"指出"，或"旁敲侧击"提醒。养成良好的学习习惯，对学生来说确实是受益终身的。

2. 注重意趣的激发

无趣则无味。兴趣是最好的老师。求趣是学生的天性。课堂教学需要情趣，需要意趣。所谓"意趣"就是在趣味上增加了意味，也就是学生在有趣的学习体验中，要改造原有的学习经验，生成新的学习经验，且增加指导和控制后来经验的能力。意趣哪儿来？紧密结合学生的生活实际，这是趣味生发的源泉。一堂生动有趣、充满情趣、充满意味的课堂，犹如一

篇佳作。一篇佳作可有“凤头、猪肚、豹尾”三部分构成，以此类比课堂中的“开始、新授、结尾”，探究在这三部分如何激发学生意趣。

“凤头式”的开始——上课伊始，可以利用引人入胜的故事、提出造成悬念的问题、愉快的游戏、轻松的音乐、益智的谜语、欢快的知识竞赛等，创设愉快的环境，激发学习兴趣。

“猪肚式”的新授——新授是课堂的主要过程，这一过程中的意趣激发更加重要，应该讲究教学方法，因材而异，精心设计，学会调剂学生的学习“胃口”；应该通过教学挂图、多媒体课件等直观演示方法，加深学生学习的印象；应该让学生动手操作获取知识，尤其是低年级的课堂教学，语文课上，让学生谈谈、想想、写写、画画，数学课上，让学生数一数，分一分，摆一摆，拼一拼；应该适当开展一些竞赛活动，并且特别注重让学生能产生身临其境的感觉，让每位学生都能体验到成功的喜悦。

“豹尾式”的结尾——小结评价要简洁有度，既不夸大其词也不一带而过，针对课堂进程中的学生表现，适度鼓励自信、勉励成功，亦可稍作鞭策之辞，指出不足。另外也要精心设计少量的练习作业和适量的课外阅读。

总之，通过激发，让学生学习的“意趣之花”时时绽放。

3. 彰显思维的价值

如果不能有效激活学生思维的课堂，肯定不是有效高效的理想课堂。现在时尚“快乐学习”强调“轻负担”，但轻负担不等于没有负担，快乐学习不等于降低思维水平，恰当地引导学生思考体验和彰显思维的价值与力量，是最好的课堂文化的体现。比如，带有游戏色彩的学习活动，课堂上常常笑声阵阵，学生的思维自觉或不自觉地被吸引；比如，带有竞争色彩的学习活动，课堂上往往唇枪舌剑，学生绞尽脑汁想战胜对手（包括自己）赢得胜利；比如，带有体验色彩的学习活动，课堂上每每声情并茂，学生活灵活现地再现特色角色的特征和情感。学生是好奇的探索者、优秀的合作者和伟大的创造者，打开他们的思维闸门，是教师孜孜以求的课堂文化。课堂中，教师要千方百计营造一个宽松愉快的学习场域，哪怕是等待的微笑、赞许的目光和激励的语言，都可以让忐忑不安的学生鼓足勇气，让初获体验的学生充满自信，让徘徊不前的学生大胆尝试。

4. 触动心灵的体悟

富有文化气息的课堂，应当是一种心灵的感悟。要拨动学生心灵深处的那一根琴弦，让学生和教师产生共鸣，这样的课堂教学才是科学和有效的。而喋喋不休的灌输、唠唠叨叨的说教、无休无止的题海战术，都是与新教育倡导的课堂文化格格不入的。在新教育实验学校的课堂中，新教育人时常通过小故事的形式来阐述一个个做事以及学习的道理，而不囿于学科知识的传授。因为新教育人深知，课堂总是存在着某种文化，学生都在进行某种“文化适应”，主动构建一种先进的课堂文化，让文化充盈课堂，正成为新教育人的共同追求。

6 课程文化，一方学校文化的教育沃土

在2013年新教育萧山年会上，朱永新教授指出：“课程的丰富性决定了生命的丰富性，课程的卓越性决定着生命的卓越性。”因此，建设新教育学校文化，应该而且必须建设新教育的课程文化。新教育的课程文化是以“研发卓越课程”作为目标、任务和方法方略的。

新教育研发的卓越课程有哪些基本特征呢？

第一，应该实现“过一种幸福完整的教育生活”的使命。

第二，应该尊重学生的身心发展规律，以学生的生命发展为本位。

第三，应该经历浪漫、精确、综合三个阶段。

第四，应该充满惊奇、触及灵魂、生命在场。

第五，应该实现知识与生活、生命的深刻共鸣。

这五大特征，决定了新教育的课程文化是学校文化的一方教育沃土。这方教育沃土蕴含着一种追求，即追求一种自然和谐、自由灵动、情理交融的状态。这种状态可以用一个“润”字来概括。

润之以水。水，自然之物，它的灵动，给我们带来美丽的遐想。课程之水即指师生思维——教师的智慧思维与学生的学习思维交织、交融与发展，让课程产生灵动感，给师生以美的享受。有人说，课程是“跑道”，是教育的内容，而新教育人更相信“教室是河道，课程是水流，两者相得益彰，才会涌现教育精彩”。每个学生都有独特的认知方式和思维方式，在教师的引领下，沿着课程结构和学习内容本身蕴含的逻辑，自然会产生涓涓流淌的思维之溪，长流不断，时聚时散，流向知识的海洋。

润之以色。色，三元调和，它的丰富让我们生活在绚丽的世界。课程之色即是知识本身，知识本身蕴藏的学科内涵和指向育人的独特价值，让课程产生至圣感，不断满足和激发学生强烈的求知欲望，课程内容与自然、社会、生活有机联系在一起，调和成了一个丰富多彩的知识世界，知识蕴含的科学理性精神的客观公正和人文关照情怀下的温柔敦厚，让课程充满着育人的价值。如是，课程不仅仅是知识的传递，也不仅仅是让学生

学会学习。

润之以情。情，发自于心，它的真挚让我们有着充满情怀的人生。课程之情不仅仅是师生、生生之间的情感，更是师生对知识产生的情感。课程就是要保护、培育、激发这种人类特有的情感，同时关照学生在学习过程中的情绪体验。孩子的学习需要机会，土壤、种子是机会，阳光、雨露是机会，热爱、呵护是机会，绘本、游戏、教室是机会，新教育的卓越课程更是实实在在、可遇可创的伟大的机会。新教育之所以有活力、有张力、有魅力，就是它能给孩子伟大的机会。

新教育萧山年会上，朱永新教授把新教育的卓越课程体系作了这样的设计：以生命课程为基础，以德育课程（善）、艺术课程（美）、智识课程（真）作为主干，并以“特色课程”（个性）作为必要补充。在新教育学校的课程文化实践中，各实验学校基本上都按照这一总体设计，构建了包括基础课程、拓展课程和特色课程三类课程的框架。

基础课程，即国家规定的课程，它集中体现了国家在教育教学方面的基本要求，是提高公民基本素养和体现国家意志的基本保障。国家课程是学校课程体系中必学的基础课程，是实现学生全面发展的核心。这是每所学校都必须开齐开足和上好的课程。

拓展课程，即教师在实施国家课程的过程中，结合本校的传统和优势，以及自身的特长和条件，以国家课程为基础，根据学生的成长规律，结合自己的经验和理念，对国家课程进行“二次开发”，使国家课程个性化实施，满足学生学习个性化要求。开发主体可以是教研组，也可以是个人，还可以是行政管理部门。实践主体可以是班级，也可以是年级，还可以是部分学生群体。

特色课程，即以拓展课程为基础，教师遵循学生的成长规律，根据学生需求，对优质拓展课程进行精品打造，可以是学校自主研发，也可以是学校和校外机构合作开发，实践主体是年级或社团。

注重特色课程的研发与实施是新教育学校课程文化的一大特征。一般都以学生展示为着力点，以学生社团为生长点，以教师研发为突破点，而且在以下几个特色课程中呈现鲜明亮点。

一是主题阅读课程。学校的教育使命，在于与学生一起，共同培育一种富有意趣的阅读文化，建设一种享用性的阅读生活。新教育与阅读是可以画等号的。因为相信阅读的极端重要性，新教育实验的重要工作是推动阅读。为此，新教育不仅研制了中国人基础阅读书目、中国中小学学科阅读书目，而且在行动实践中，把营造书香校园居于首位。而在阅读推广中，新教育学校往往都紧紧围绕一个主题而开展。首先，学校结合师生实际，认真编写一本或一套图文并茂、融思想教育与文学趣味于一体的主题校本教材，这样的校本阅读教材，既凝聚了智慧与心血，又拓展了师生的阅读资源。其次，也是最主要的，是开展一系列主题读书活动，包括读书知识竞答、经典素材展示，并且将阅读与表演、阅读与感悟有机结合起来，激励孩子们以自己喜欢的方式快乐阅读。

二是仪式庆典课程。仪式庆典往往是学生的最爱，最能让学生留下美好而神圣的记忆。山西绛县实验区是最早研发仪式庆典课程且卓有成效的。之后全国各新教育实验区（校）都积极有效地研发和实施仪式庆典课程，并且初步形成了独具魅力的课程文化。以初中实验校为例，初中三年，让每个学生在校都能经历体育节、艺术节、科技节、阅读节和校庆节日的活动，都能经历开学典礼、毕业典礼的神圣洗礼。学生们可以参加大合唱、诗歌诵读、课本剧表演，可以参加小制作、小歌手、小乐手等比赛，可以参加演讲、主持以及体育项目的比赛等，从而在仪式庆典的参与中积累舞台经验，打下自信长进的精神底子，让他们在兴奋中、经历中更好地成长自我，锻炼进取意志，展示成长才能。

三是社团活动课程。新教育实验学校都十分重视学生社团活动：一方面学生社团多种多样，学生的选择性强；另一方面都普遍地以课程视角，有目的、有计划地开设社团活动课程。都能在艺术欣赏、体育锻炼、技能发展和学科拓展等多方面，开设丰富的学生社团活动课程，让全校每一个学生在歌舞琴韵中领略艺术悦动，在巧手制作中阐释心灵手巧，在灌篮踢球中享受运动激情，在楚河汉界中演绎运筹谋略，在翰墨飘香中展示书画魅力，在绿色田园中体味耕耘收获……通过这些社团活动课程，让学生在主动参与、自主探索的氛围中丰富内涵、开拓视野，实现学生核心素养的全面提升。

四是本土文化课程。本土文化就是把孩子们能接触到的、有利于他们成长的环境，作为他们最好的重要课程资源加以利用，让它成为孩子学习的一部分。本土文化课程是以学校周围自然和人文景点为课堂，以当地优秀的特色文化底蕴作为课程的背景，结合汉字、诗歌、历史故事、地理人文、动植物知识，走进大自然、走进博物馆、走进工厂、走进历史文化，并开展与之相关的一系列实践活动，使孩子们亲近自然，感受历史，释放天性，获得成长。

在每年评选表彰的新教育十大卓越课程和提名奖中，我们可以梳理出作为一方学校文化的教育沃土，新教育课程文化建设的共性特点：

（1）建设课程文化已成为新教育人的“天命”。这些年来，新教育开展实施的读写绘、晨诵、每月一事、生命叙事剧等项目和常丽华开发的“在农历的天空下”、萧山银河实验小学的“十品性编织润童年”、海门证大小学的“地球村野孩子、雅孩子”等一系列课程探索，已经成为新教育人的行动自觉。

（2）无论是集体协作还是单打独斗的研发，无论是自主研发还是跟从榜样教师的“跟帖”“临帖”，新教育人都具有强烈的课程意识。

（3）无论是城市还是农村，无论是小学还是初中、幼儿园，都有研发课程的优势，都有可能成为卓越课程的创造者。小小的你都有大大的能量。

（4）新教育的课程文化特别注重与孩子的生命进行编织，而且更加注重与完美教室的缔造相结合。

三

学校文化建设的展示解读

学校文化建设需要展示，展示办学的理念、目标和思路；也需要展示的底蕴、实力和功力；更需要为师生成长搭建展示的展台、赛台和平台。从某种意义上说，学校文化应该是一种生活，而生活的真相就是一步步把美化的东西撕碎了给你看。“展示”就是舒展与展露，就是施展与展现，就是伸展与展望。在展示中解读、解构、解析学校文化，是新教育人的文化自觉，也是新教育学校文化建设的应有之义。

1　源流通畅

海门市通源小学，即将迎来 20 周年校庆！

今天，作为见证人，我为通源小学深情点燃 20 支喜庆的蜡烛。

烛光摇曳中，我看见了通源小学从幼苗新绿到繁花满枝；我听到了通源小学从清音破晓到凯歌飞旋！

1997 年，那是一个春光明媚的早晨。作为教育局教科室的教科员，我欣喜地目睹了气球高悬下打下的通源小学的第一根钢钻。

2007 年，那是一个秋果满枝的中午。作为教育局教科室的主任，我自豪地聆听了通源小学的孩子们稚气未脱的诗朗诵。

2017 年，又是一个秋高气爽的日子。作为新教育培训中心的主任，我骄傲地告诉世人：通江达海、源远流长的海门市通源小学经过 20 年的历练已铸就了属于自己的荣光和辉煌。纵然是不经意的回首，也必定会激起胸中久久不散的涟漪。

一、新生命教育，在行走中积累感受

我对通源小学情有独钟，是因为通源小学独一无二的校名。

之所以取“通源小学”校名，是因为学校建在海门城东一个曾经称作“通源”的小镇边上。

“通”，动词，通过、通畅、通顺、通达、通彻、通融、通晓、通窍、通情达理、通力合作、通权达变、通江达海……

“源”，名词，水流起头的地方，如源头、源泉、源流、源远流长、“问渠哪得清如许，为有源头活水来”。引申义：生活是创作的源头，知识是力量的源泉，师生生命成长是学校发展的源流。

我对“通源”的“源”尤其喜欢。“源”字偏旁是三点水。水是流动的，水是灵动的，水是动态的，水是变化的，水在永恒的流动中毫无阻隔地进入任何一个缝隙，它是真正的勇敢者、开拓者。遇到万丈深渊，它也义无反顾、勇往直前；遇到沟壑、坑洼，它会蓄势待发，迂回前进，目标始终瞄准前方那宽阔无边、浩瀚无际的海洋。

“水”与“人”是紧密相连的。水是生命之源，水也是一种精神、一种文化。因此，当年陈瑜校长让我参与学校楼名的设计，我就建议，学校四幢楼名中一定要有“源”字，而且连接四幢楼的天桥暗喻为“通”，这就巧妙地将校名“通源”蕴含其中了。后来，四幢学校主体大楼由南向北分别被高挂上了草绿色的雅称：“溯源”“汇源”“沁源”“润源”。从追溯历史传统、汇聚人文内核，到沁渗清新爽朗、滋润师生心灵，真是让人翘首、引人注目、摄人心魄。

学校北侧后来建了一幢楼，楼名为“滋源”，这当然是受前面楼名的启发而取的。我曾多次在省内外做学校文化的专题讲座，介绍通源小学这一世界上独一无二的楼名。这也是我的得意之作。

校名、楼名的独一无二，也许是偶然。但由“水”引发的学校文化策划与设计则是必然。早在“十五”期间，学校就承担了南通市教育科学规划课题《校园教育文化建设个案研究》，围绕“源流通畅”的“通源”二字，展开了校徽、校歌、校旗、校训、校风、办学理念等的征集活动，这一活动如春风化雨、润物无声，感染、熏陶、影响、同化着全校每一位教师和学生。

比如，办学理念。核心理念的表述是这样的，“朝向幸福的生命姿态”。这既和新教育“过一种幸福完整的教育生活”一脉相承，又体现了学校的办学特色和发展方向。善待每一个生命个体、关注每一个生命价值、开启每一个生命智慧、成就每一个生命梦想，这是学校矢志不渝的追求。

又比如，校训：“真知真爱，通济通才”。就是教师应关注所有学生，关注学生的所有方面，用自己的学识和智慧帮助学生获取真才实学；教师用发自内心的无私的爱关注每一位学生的身心发展，既努力挖掘孩子的优势潜能，又尽力弥补孩子的缺陷和劣势，促进他们健康、快乐、全面地成长。而学生也真心诚意地热爱老师，爱师及长，爱己及人，从小树立济世之心，历练济世之才。

其实，核心理念也好，学校校训也好，都是学校的文化。是怎样的一种学校文化呢？是“新生命教育”的文化表述——以尊重生命为根本，重视过程的幸福与完整；以身心舒展为前提，吻合生命节律，凸显个性发展；以生命共同体为基础，强调师生共同成长，用真知唤真爱，用真爱润真才。

值得欣慰的是，20 年来，从陈瑜到吴建英，再到如今的黄辉，三任校长都高举起“新生命教育”的大旗，让这一学校文化闪耀着独特的光彩。

二、新生命教育，在感受中萃取思想

我对通源小学的情有独钟，还是20 年来通源小学三任校长与我的特殊感情。

精明干练的陈瑜，与我一样都是60 后，都是恢复高考后甩掉玉米袋子而进入教师岗位的。他好像比我年长一岁，比我早一年进教育局的。他先在职教科，后到小教科，我们常常一起讨论教育教学工作。我特别羡慕他能够主政一方，成为直属小学的校长，而我连校长助理的头衔都没有。因此，他执掌通源小学的帅印，似乎成了我模拟当校长的一个样本。无论是上文提到的学校楼名的设计，还是一系列省市级课题的策划，无论是通源小学课堂教学的诊断，还是管理经验的总结推广，我都是尽心尽力。毫不夸张地说，在陈瑜校长任上，我几乎每年都要为通源小学撰写文章，有的还刊登在《江苏教育报》等省级报刊上，这些文章也大多收集在我出版的几本教育专著中。比如，《构筑一道通往心灵的彩虹——通源小学开展心理教育纪实》就收录在我的《培桃育李霞满天——教育新闻作品集》中。比如，《为学生的幸福人生奠基——海门市通源小学陈瑜校长访谈录》就收录在我的《以专业的情怀办教育》一书中，而且是首篇。比如，《源流通畅》就收录在我的《学校文化的展示与解读》一书中，也是首篇。如今，再次阅读这些文章，感到特别亲切。

下面摘录文章中的一则案例：

一年级有位孩子平时不愿与人交往，常常一个人发呆，原来她生活在父母离异家庭，害怕后母，忧心忡忡。有一次，竟半夜悄悄去敲祖母的门，说是肚子饿得发慌。班主任了解这一情况后，及时创造条件专门召开了家庭心理沟通会，讨论“怎样做一个好母亲”“怎样做一个好孩子”，初步拆除了这对母女间的心理屏障，让其家庭成员进行情感交流。在学校里，老师和同学们给她以特别的关心和爱护，弥补了她心里那份欠缺的爱。渐渐地，那孩子变得乐观开朗起来，开始投入到各项集体活动中去了。

其实，现在想想，在对通源小学的调研中，还有许多的故事和细节，我未能及时采写发表。利用这次写作的机会，简要再叙述一例：

一次数学考试，毛毛有一道题做错了，老师就在旁边扣了一分。这是一道连线题，左边是“一车土、一块砖、一张纸”，右边是“1 吨、2 千克、3 克”。毛毛在“一块砖”和“3 克”之间画了连线，自然就扣了一分。为了培养学生的语言表达能力，老师还要求学生在试卷上写一段话，这段话是不算分的。毛毛写了这样的句子：“我爸爸是个泥瓦工，我希望所有的砖头不要太重，只有 3 克就好了。爸爸太累了、太辛苦了，我爱我的爸爸。”老师看后，又用红笔在旁边加了一分，还写了一段话：“爱心加一分，你得了满分，祝贺你！”

从这个例子，我们不难发现，通源小学“新生命教育”的文化因子是无时不有，无处不在的。

聪慧精干的吴建英，是我们吴家小妹，也是我们吴家骄傲；她不仅是省特级教师，而且是江苏人民教育家培训对象。作为通东女孩和通师才女，她的教育生涯起点于被誉为“江苏教育一枝花”的木桩港村小，成长于追求卓越的东洲小学，成熟于源流通畅的通源小学。

2013 年春天，吴建英接过了通源小学“新生命教育”的接力棒。她一上任就抓了教师两件事。一是写论文，二是搞课题。我当时已经由市中小学教师研修中心副主任公开竞选而任新教育培训中心主任了。她让我为教师的论文面批面改，为教师设计的研究课题方案面批面改。整整一天时间，我一直处于兴奋状态。因为教师们的论文和课题，观点新颖、视角独到，而且都是紧紧围绕童心、童趣、童真等生命主题，让我不自觉地想到了《圣经》里的话语，“你们如果不回转，变成小孩子的样子，就一定不得进天国”；想到了孟子所说的“大人者不失其赤子之心”；想到了新教育重量级人物李镇西博士所说的“只有童心能够唤醒爱心，只有爱心能够滋润童心”。功夫不负有心人。正是这次面批面改之后，通源小学的老师在省级报刊接二连三地发表了论文，或者在“教海探航”等省级论文评比中摘金夺银，而且在“十二五”教育科学规划 2013 年度课题评审中，有 2 项省级课题和十多项南通市、海门市级课题榜上有名。

这件事让我对吴建英校长刮目相看。她不仅是小学语文教学的行家里手，而且是学校管理的“温情杀手”——她深知新生命教育的关键，是教师生命的绽放，是教师生命传奇的书写！

在短短的三年多主政期间，吴建英校长苦苦寻找着属于新生命教育的哲学表达句子，在学校文化、新艺术教育、卓越课程、阅读推广、教学变革、每月一事、家校合作等领域创新超越，促进了学校更上层楼！

我记得，每次全国新教育实验海门开放周，吴建英的校长报告总是立意高远、石破天惊；每次省内外新教育人来海门考察培训，吴建英的专题讲座总是掌声如雷、好评如潮。

在2016年4月的海门开放周上，吴建英代表通源小学做了《“新生命习惯养成教育”思与行》的报告，她的这一报告是唯一一篇没有让我修改一处就全文刊载于我主编的《每月一事的海门实践》一书中的。通源小学新生命习惯养成教育是如何实施的呢？单看吴建英报告的小标题就让人耳目一新了——

（1）阶梯推进：契合不同的学生特点

（2）阅读引领：奠定扎实的知识背景

（3）活动实践：获得积极的发展体验

（4）家校合作：打造强大的文化场域

（5）反思坚持：让好习惯扎根绽放

这样的谋篇布局，这样的条分缕析，还需要我修改吗？

如今，吴建英又去东洲小学履新了，但带不走她为通源小学新生命教育而呕心沥血的矫健与沉稳，积淀与创造！

敦厚朴实的黄辉，与我相识已20余载。他是一位“年轻的老校长”。早在20世纪90年代，他就是海门镇中心小学的一把手。记得是他亲手向我颁发了海门镇小青年教师指导老师的证书，好几个双休日，我与镇小的青年教师研讨“展示教育”，成功申报了南通市级教育科学规划课题《小学“展示教育”研究》，并且将“在成长中展示，在展示中成长”的校训高高悬挂于教学楼上。后来，黄辉调任海师附小校长，在这所百年老校，他又致力于“童话教育”研究，并且将童话教育研究得风生水起，享誉省内外。就在来通源小学赴任之前，他出版了专著《童话的跑道》，我还应邀为该专著撰写了序言。

在通源小学，黄辉校长虽只主政了一年有余，但他对“新生命教育”如痴如醉。他说，生命是大自然最为神奇的创造。每一个生命都奇迹般地存在，每一个人的生命，因独特而弥足珍贵，因自主而积极发展，因超越而幸福完整。生命是一粒无法预测的种子，当不同天赋的孩子来到通源小学，我在思考，应该为他们建立怎样的生长通道？

是的，黄辉在思考，而且通源小学“新生命教育”的超越蓝图已经绘就。

近日，黄辉校长摊开笔记本，在我办公室侃侃而谈——

教师只有对工作不感到身心疲倦，才能充满热情地教育学生、做好工作；学生只有对学习不感到身心疲倦，才能充满热情地投入学习，提升生命的幸福指数。要做到身心不疲倦，关键是管理水平的不断提升。为此，设想从管理质量和教师生活两方面超越。

我深以为然！

随后，黄辉向我陈述了他的两个“超越”。

关于管理质量的超越。具体有三大举措：提升道德领导力；倡导雷厉风行的工作作风；塑造严明规范、独特美丽的精神风貌。

关于教师生活的超越。具体有五大举措：

一是合作的生活。在同年级或同年段班级之间建立班主任师徒结对和教学能力师徒结对，将青年教师分层次、分梯队进行培养。同时，推动完美办公室建设，做到环境整洁美观，人际关系民主和谐，人人具有良好的习惯、儒雅的素养和高尚的师德。

二是研究的生活。集中力量在班主任研究、学科教学研究方面进行课题群建设，100％的教师参与课题活动，促使教师在研究中实践，在实践中反思，在反思中成长。

三是规范的生活。推进教学常规“精细化”，成立质量监督与评价团队。

四是阅读的生活。要求教师每日静读30分钟，每周摘抄不少于2000字，每月撰写1篇教育随笔，每学期撰写发表1篇教育论文。

五是道德的生活。重视教师职业道德和教育理想的教育，克服职业倦怠，抵制不良社会风气，以德立身、以德施教，做有理想信念、有道德情操、有扎实学识、有仁爱之心的好老师。

话语朴实，举措扎实，我不得不从心底里油然而生敬佩！

黄辉的这一超越蓝图给通源小学新生命教育提供了发展的愿景，厘定了实践的规范，同时具备可操作性。我对通源小学的新生命教育充满了期待，也充满了信心！

三、新生命教育，在思想中引领行走

我对通源小学情有独特，还因为通源小学紧跟新教育的步伐，一直健康地成长着、生长着！

成长演绎着跃动的旋律，流淌成四季风景。

记得新世纪初始，我曾与通源小学的老师们进行了一场沙龙研讨，沙龙的主题是“怎样的课才是好课”。因为我学习了朱永新教授的《新教育之梦》，将其中理想课堂的“六度”进行了阐发，大家茅塞顿开，纷纷从不同角度、不同层面发言讨论。好像是年轻教师徐勇将沙龙过程进行了录音，随后又将录音整理成文，投寄《成才导报》（即《江苏教育报》），《成才导报》居然以一个板面刊登了这一沙龙实录，江苏教育报刊总社丁昌桂副总编还亲自撰写了编者按。

“六度”就是理想课堂的六个维度：参与度、亲和度、自由度、整合度、延展度、练习度。课堂是学校最重要的舞台，是师生生命展现最重要的一个场所。也许是尝到了此次沙龙研讨的甜头，通源小学于是经常举行教师沙龙，而且在我担任执行主编的《海门教育研究》杂志上也经常刊登他们的沙龙实录。

新教育并不神秘，它其实就是学校生活的常态。而新生命教育其实就是实实在在的新教育。

如果说“关注儿童生命成长”是通源小学新生命教育的“一个中心”的话，理想课堂和卓越课程就是通源小学新生命教育的“两个基本点”。这里有必要将通源小学的“两个基本点”作一个浓墨重彩的描述。

近年来，通源小学聚焦生命化的课堂体系，牢固树立“以生为本”的思想，坚守课堂教学的底线要求，按照“限时讲授、合作学习、踊跃展示”的改革原则，依照新教育理想课堂“三重境界”的模型，致力于知识、生活与生命的深刻共鸣，积极开展“学程导航”的校本化实践，初步形成了新生命理想课堂的教学模式和教学文化。

教学模式是：提示目标，问题导学，自主探究，合作互教，点评提升，当堂展示。这一模式，通过问题导学，“逼”出了学习动力；通过自主探究，“激”发了学习活力；通过合作互教，“聚”起了向心力；通过点评提升，“赛”出了竞争力。总之是焕发了课堂的生命活力。

一次，我在通源小学经过一间教室走廊时无意中听到了美术老师正在讲课：

“昨天的写生画，刘丽同学交上来的是一个方苹果。我问她为什么画成了方形。她说，有一次家里来了客人，她拿苹果招待，谁知把苹果往桌上一放，苹果就滚到了地上，她为待客失礼难过了好几天。接下来她想，如果苹果是方形的该多好。于是就画出了方苹果。我听了高兴极了，其实号称‘欧洲菜篮子’的以色列为了储存和运输的方便，早就生产出了方西瓜、方西红柿。刘丽同学就有这种创造精神，是一个发明家的苗子。现在我们为刘丽同学鼓掌……”

在沸腾的掌声中，我的瞳孔闪烁出喜悦和慰藉。

我一直都在追寻通源小学新生命教育理想课堂的成功足迹，试图破解他们课堂文化的密码。黄辉校长在2017年1月的校刊《新生命教育》上做了课堂教学文化的介绍——教学观：以生为本，以学定教，先生后师，先学后教；分层要求，因材施教，面向全体，合作互教。学习观：会学、学会、乐学；学习形式是自主学习，合作学习，探究学习。学生观：面向全体，平等对待每一位学生。质量观：促进学生身心健康，提高学生综合素养。

他们还用朗朗上口的歌谣对新生命理想课堂的操作概念进行了规定：

建小组，细思量，同组异质搭配当；小组内，职明确，互助协作情谊长。

依学单，先独学，自主能力要培养；阅教材，记端详，书内课外广联想。

有疑难，同伴帮，巧思妙想记心上；同学间，耐心讲，同伴互助共成长。

勤探究，善合作，积极参与不观望；讨论时，有主张，争辩思考多处想。

发言时，声洪亮，直抒己见不慌张；组展示，静听讲，高明见解倍赞赏。

师点评，记方法，总结反思不能忘；当堂练，思路广，活学活用能力强。

这样的歌谣，多么亲切自然，多么接地气，绝对是原汁原味的创作！

课程是育人的核心与关键，学校文化的生命力必然根植于课程。因为，课程的丰富性，决定了师生生命的丰富性。“在学校层面的课程权责中，最为核心的就是学校课程规划。”学校课程规划是对学校实施的所有课程，即国家课程、地方课程以及校本课程进行统筹设计，也就是“顶层设计”。

通源小学以“为学生设计什么样的课程，就是为学生创造什么样的生命”为理念，根据多元智能理论和学生未来发展需要的关键能力、核心素养以及基础性、综合性、选择性的特点，通过对国家课程、地方课程、校本课程深度统筹，全面系统地规划与设计，将“新生命教育”分为人格课程、智识课程、艺术课程、运动课程、实践课程等五大课程群。

1. 人格课程：旨在让师生生命高贵起来，打造“高贵品行学校”。从生命成长的高度出发，通过实施以“高贵做人”为终极关怀，以“有教养”为底线，研发了“有教养”生命礼仪课程。

2. 智识课程：旨在让师生生命智慧起来，打造“智慧品质学校”。这里的智识课程，主要指执行规定的国家课程、地方课程内容的同时，开发一些弥补性课程，如“民族风、母语情”课程、读写绘课程、数学游戏阶梯课程、“迪斯尼动漫英语”课程、“科学游戏”阶梯课程等。学校专门建立了“儿童生命阅读馆”，有关于生命的绘本、电子书等供学生阅读。

3. 艺术课程：旨在让师生生命美丽起来，打造“高雅品位学校”。主要以中国传统文化“非遗”为抓手，开设、优化地方民间艺术课程。研发了“海门山歌”阶梯课程、“唱唐诗”阶梯课程、风筝课程等，让学生感受到优秀传统文化的魅力，增强了民族认同感，激发了热爱民族艺术、热爱家乡的感情。同时，还开设名曲欣赏、名画欣赏、名影片欣赏课程，培养孩子高雅的审美情趣。另外，新生命儿童剧课程也很有特色。

4. 运动课程：旨在让师生生命健康起来，打造“强健品格学校”。以“健康快乐每一天”为目标，开发了“我们跳起来”律动课程。这里，特别要介绍一下他们的“新生命体验馆”，包括体育监测，让学生随时可以看到自己有没有长高一点，称一称体重，拉一拉手臂，力量是不是大了一点，看一看韧带怎么样，抓一抓手上的握力怎么样。还有“安全体验馆”，包括红十字会人工急救、民防知识、家居案例、消防安全、电气安全、交通安全、公共安全、自然灾害预防等。

5. 实践课程：旨在让师生生命丰富起来，打造“勤创品性学校”。主要开发了“绿意种植”课程、“舌尖上的传统美食”课程、“春日寻芳”课程、“科技嘉年华”课程、“美葫芦”课程等。

课程的开发与实施是很重要的一方面，而课程的评价又是不容忽视的另一方面。通源小学以教师评价、学生相互评价、自我评价和家长评价的相互合作为策略，创生了以下两种评价方式：

一是“争卡”行动。即“七彩源源卡”激励评价。制作精美的赤、橙、黄、绿、青、蓝、紫七色卡片，每一种颜色代表不同的教育内涵，激励评价的内容涵盖德、智、体、美、劳、心理健康等诸多方面。收齐七色卡片，就可获得“卓越源源之星”。同时，还设计了“课程结业卡”，学生每参加一门课程，年终评定合格，便获得一张“课程结业卡”，确保每个学生每学期至少获得 2～3 张。此外，各课程还评出“课程优秀卡”，在全校展示。

二是期末庆典。期末庆典的基本范式为：课程叙事＋生命表彰＋素养展示，其基本内涵要求为：庆祝成长、仪式庄重、展示素养、面向全体、班级为本、家长参与。

“关注儿童生命成长”是“新生命教育”的核心理念，构建“新生命教育”校本课程体系，就是要使学校教育真正以生命为出发点，遵循生命的本质属性，帮助儿童认识生命的美丽与宝贵，探索生命的方向与意义，提升生命的质量与品位，使儿童生命成长变得更加美好、更有力量，也更有意思、更有意义。

新生命教育是一种创新，激发了通源小学的活力。20 年前，海门市区东郊一片沟壑不平的农田中拔地而起的通源小学，如今以内外兼修的美丽容颜展现在人们面前，靠的就是不断创新，靠的就是新生命教育的生机活力！

新生命教育是一种跨越，增添了通源小学的动力。20 年来，通源小学由弱变强，不断跨越，从当初的艰难起步到今日的羽翼渐丰，一路走来，是因为新生命教育让通源人相信：人生并不是一个人的简单旅程，而是人类的一种使命。

新生命教育是一种文化，迸发了通源小学的潜力。20 年来，通源小学坚信新生命教育不能急于求成，需要广泛认同，应该成为师生永恒的信念，进而成为一生的滋养，并且避免同质化，实现学校的特色发展！

滚滚扬子江，滔滔南黄海，共同孕育了我们脚下这片神奇的江海大地。通江达海的通源小学，一个蹒跚学步的孩童，始现少年意气、青春芬芳。源远流长的通源小学，一所让我 20 年始终魂牵梦绕、牵肠挂肚的学校，一所与新教育同气相求、同声相应的新生命学校。

20 岁，于一个人而言是青年了，能够健壮地远行了；而 20 岁，于一所学校而言，尚属童年，还是童趣横生，还是天真烂漫，还是向着朝阳呼喊的年龄。在 20 周年校庆来临之际，让我们共同祝福通源小学的下一个 20 年、下一个 200 年，更加通达，更加美好！

（本文原刊于通源小学校刊《新生命教育》2017 年第 4 期）

2 百炼课堂

文化是课堂的养分，课堂是文化的沃野。南京市栖霞区实验初中南炼校区的学校文化是“炼文化”——百炼致远，追求卓越。在“炼文化”的观照下，南炼校区致力于打造以学定教、问题导学的“百炼课堂”。

课堂是学校文化的价值归宿，更是学生成长的精神原点。“百炼课堂”之所以定位于“以学定教、问题导学”，是因为不仅仅是为了创生一个空洞泛化的概念，更是要明晰一个课堂教学改革蓝图，锋芒指向的是当下初中课堂“丢魂失魄”的顽症，真正让学生在课堂中动起来、活起来、亮起来。

“动起来”，就是力图扭转“传授——记背”恶性循环的颓势，教师的教学重心由关注教转向关注学，设计和运用有教育价值、有思维含量的问题，以此来撬动课堂，调动学生。

“活起来”，就是力图克服“静态”与“平面”的学科弊端，以多问激思、巧问善思切入形式多样的课堂教学环节，以角色扮演、小组合作等手段使课堂臻于“动态”，以现代信息技术与学科教学融合，使课堂臻于“立体”，以此来激活课堂，激活学生。

“亮起来”，就是力图走出“育分”不“育人”的误区，摒弃“目中无人”“心中无人”，以价值元素释放出课堂育人的功能，让价值元素照亮课堂，照亮学生。

什么是“以学定教”？这里的“学”既指学习，更指学生。即依据学生的实际情况，依据学习的基本内容确定教学的目标、方式和方法。也就是以学生为主体，从学情出发，根据学情合理有效地进行教学设计，采取灵活多变的教学方法。

什么是“问题导学”？就是课堂教学活动始终围绕问题而展开，由问题开始，以问题结束，提出问题，探究问题，解决问题，生成问题，“问题”贯穿课堂的始终。

如此看来，“以学定教”是原则，是理念；“问题导学”是方法，是策略。关键是“问题”。没有问题是最大的问题。通过“问题”来“导学”。以学定教、问题导学的“百炼课堂”的实质还是“学生为主体，教师为主导，探究为主线”的“三主教学”。主体、主导、主线都离不开“问题”。通过“问题”，让学生的学习产生豁然开朗的感觉、前后连贯的兴奋和还想探究的冲动；通过“问题”，让学生或茅塞顿开，或感慨万千，或柳暗花明，或大感意外。

问题设计是“百炼课堂”的关键。这就要求教师在设计问题时，必须具有“四性”——

问题具有针对性：紧扣教学目标，对口学生“知”味。在充分钻研课标、教材和学生当下的认知、情感状态的基础上，合理制定教学目标，确定教学的重点难点，根据学生的认知起点、趣点和盲点研究学生的“最近发展区”，从而将教学目标转化为能够让学生“跳一跳，摘得到”的问题。

问题具有层次性：设问有序递进，思维逐次深入。注意前后问题的层次性、连续性、合理性、渗透性，让学生感到问题合情合理，层次递进，环环相扣，深入浅出，而不会让学生感到莫名其妙，不可思议。

问题具有挑战性：暴露思维过程，引起认知冲突。只有设计的问题引起学生的思维冲突，让他们感到惊异，才能让新的思维结构带来成功，才可能被接受。

问题具有开放性：解答思路多元，思维活跃开放。问题的开放性，包括教师预先设置问题的开放性、学生回答问题的开放性、学生实验操作的开放性等，有利于培养学生的形象思维和抽象思维。问题的开放性，还体现在课堂上不只是学生一直顺着教师的思路，被教师牵着思维走的问题，还应该出现在教师随着学生走的问题。

“以学定教、问题导学”是从提出问题开始，围绕问题展开的教学活动。其课堂结构主要有以下四大板块：

（1）问题导入，自主学习。即学生根据教师出示的预习思考题进行自学。预习思考题包括本节课的教学目标、教学内容，不是将课前预习代替课上的自主学习，不是增加学生的课外负担，而是真正把学习的主动权还给学生，学生自己能完成的，放手让学生自己解决。教师的任务是精心设计学生自主学习指导中的思考题，观察学生的自主学习状态，适时引导，鼓励学生大胆质疑。

（2）问题追问，合作探究。通过学生互惠学习小组的合作、探究，初步解决自主学习过程中出现的疑难，同时提出新的问题。新的问题的提出，就是追问。追问包括教师的追问和学生间的追问。这一环节特别强调要在自主学习的基础上进行合作交流，避免学生滋长惰性与依赖性。

（3）问题解决，知识生成。怎样了解预习思考题已基本解决？可以倡导和鼓励多样表达充分展示。主要的是学习小组间的交流研讨，小组交流时，轮流发言，遇到不能解决的问题互相讨论解决，从而补充、完善、更正，以生成知识。在学生的展示中，教师引导学生归纳，提炼教学内容的重点、规律和解题思路、方式、技巧等，突出易错、易混、易漏的知识薄弱点，引导学生延伸扩展，促进学生生成知识，更促进学科素养的形成。

（4）问题反馈，巩固练习。反馈主要是问题检测反馈，既要确保检测反馈的时间，避免假学、假合作等现象，更要通过检测反馈，及时调适教学行为。主要方式是提出新的思考问题，以练习来巩固学习效果。

以学定教、问题导学的“百炼课堂”最鲜明的特征是减少教师无意义的讲授，增加学生参与学习的主动性和问题思维的深刻性。减少与增加都必须依赖、依靠、依存于教师。课堂是学生出发的地方，教师将学生引入课堂，就像引导学生进入了高速公路入口处，教师自己也在“百炼课堂”中进入专业成长的高速公路。

“百炼课堂”是“百炼”的课堂，以学定教，问题导学，将使南炼校区真正成为“炼文化”的快乐学园、理想乐园和精神家园！

（本文原刊于 2019 年 5 月 29 日《江苏教育报》）

3 充满魅力

“让儿童的世界充满魅力”，这是海门市东洲小学开发区校区新任校长施健斌提出的办学理念。诚如施健斌敦实而不无机敏的脾气率性，这一办学理念既实在实际，又充满着吸引人的力量。因为，这是施健斌对开发区校区多年办学历史的传承与创新，也是对他在汤家小学成功办学经验的提炼与移植。

教育的最高境界就是让儿童的世界充满魅力。因为儿童本身就是一个五彩斑斓的世界，作为生命体的儿童，他们的世界原本就积蓄着巨大的力量，充溢着悦人和迷人的神秘品质，教育的真正要义就是让这一巨大的力量释放与展示出来，就是让这种神秘的品质光明灿烂、经久不灭！

我曾经分别以《快乐童谣》和《一路追景》为题，对开发区小学（东洲小学开发区校区的前身）和汤家小学做过文化解读。还是在李文彪主政时，学校就开展了一系列快乐童谣活动，我坚信：选择童谣，就是选择了儿童，就是选择了对儿童的生命关爱；选择童谣，就是选择了文化，就是选择了贴近儿童心灵的文化滋养。就在升格为省实验小学不久，开发区小学成为东洲小学的一个校区，成为市区中的乡镇小学，乡镇中的市区小学，年轻而富有品格的特级教师卞惠石挑起了校区重担，他深知科研兴校的无穷力量，主持承担了《“新生活教育”视野下的“魅力教育”研究》这一江苏省教育科学“十一五”规划课题，并且成功实现了既定目标。而今，一路追景一路歌的施健斌履新仅半年，就带领开发区校区全体师生，开辟了一个“风景这边独好”的魅力教育文化校园。

走向开发区校区，暖色调的多彩建筑外墙，全然消退了寂寞冷峻，更多的是一种温馨与灵动。

走进开发区校园，琴瑟钟磬，隐隐齐鸣着天籁之音；棋盘地砖，娓娓诉说着博弈哲理；书画长廊，缓缓流泻着中华文化的独有光彩；而“迷你生态苑”“青春小世界”更像一首无声的诗、一幅立体的画……

每天早晨，学校的每一位孩子哪一个不愿意走进这样的校园呢？——

这一校园文化的营造，已经让每一处景致充满了儿童道德升华的阳光；学校的每一间教室充溢着书卷气、花草香、艺术味和愉悦感，成了儿童智慧勃发的隧道；学校每月、每周开展的丰富多彩的德育活动，又成为了儿童生命成长的驿站！

要让儿童的世界充满魅力，一个基本要求就是拥有书伴四季、香泽一生的魅力课程。开发区校区正是以书香文化建设为重点，营造了独具魅力的“香”溢时空、“香”漫生活、“香”润成长的“书香”课程——

学校独创了充满童真、童趣的“儿童之家”，在这个儿童自由成长的温馨港湾里，围棋吧、创意吧、纸艺吧、瓷艺吧、信心吧、珠算吧、阅读吧、书画吧……孩子们的天性得以释放，潜能得以激活，沉睡中的力量得以唤醒。学校还定期举行阅读节、游戏节、艺术节、英语节、科技节、数学文化节……这一个个缤纷节日，让每一位儿童赢得了创造的掌声，绽放着生命的精彩。

要让儿童的世界充满魅力，就需要学校的每一位教师在每一节课堂里都能像磁铁一样吸引学生。生态心理学家提醒我们，课堂不是“均匀的水滴”，而是由不同的“小环境”组成。于是，开发区校区将“每课 5 问”作为“魅力课堂”的核心指标，使课堂的每个“小环境”都得到优化。“每课 5 问”，即教师自己问自己：每一位学生都倾听了吗？每一位学生都思考了吗？每一位学生都展示了吗？每一位学生都进步了吗？每一位学生都微笑了吗？这样的问，有效地激励和鞭策着每一位教师在每一节课堂中都自觉地洋溢着人格的魅力、科学的魅力和艺术的魅力，都自信地创设着引人入胜的情景，调适着合理合情的课堂节奏，生成着互动对话的和谐生态。有“爱”的流淌、有“美”的呈现、有“心”的共鸣、有“效”的落实，何愁课堂没有活力、内聚力和爆发力！

要让儿童的世界充满魅力，一个必备条件就是需要学校的校长、行政人员、后勤人员和每一位教师，时时、事事、处处都散发出服务的魅力。施健斌响亮地提出：服务是魅力教育的主产品！没有服务的魅力，哪有教育的魅力！他认为校长的服务主要体现在一个“宽”字，宽和、宽松、宽阔，即心胸是宽和的、工作环境是宽松的、管理的视野是宽阔的。仇汉江、仇丽君两位副校长则将服务的理念定位在“尽职”“尽责”“尽心”上，即有职要尽职，有责要尽责，尽职尽责更要尽心。正是在校长们亲力亲为的魅力服务感召下，全体行政人员实在、实干、有实力，全体后勤人员自觉做到先思、先研、先行。而全校教师则始终以学生为中心，自觉地

“加、减、乘、除”，即为学生加希望，为学生减负担，为学生乘爱心，为学生除烦恼……

魅力校园、魅力课程、魅力课堂、魅力服务，还有魅力教师和魅力学生，诸多的元素构成了“魅力教育”的学校文化基因。东洲小学开发区校区这所年轻而又浪漫的美丽学校，宛如华美的翡翠镶嵌在海门经济技术开发区，魅力四射，绰约多姿，仿佛始终涌动着豪迈的激情和创新的魅力。解读“让儿童的世界充满魅力”可以给我们获得许多的体验：首先，回应世界潮流，重心应放在儿童；其次，每个儿童都是一个世界，一个本应充满生活、生命魅力的世界；再次，我们应该努力让儿童的世界充满魅力。开发区校区以“让儿童的世界充满魅力”为办学理念，实践并探索着“魅力教育”的学校文化，更给我们这样一个深刻的启示：对于学校文化建设而言，如果用心传承、用心打造，必然会在无意间生成、在无意间超越！

（本文选自吴勇著《学校文化的展示与解读》）

4　学做真人

“学做真人”是海门市东洲中学开发区校区徐智潭校长和他的同事们新近提出的学校校训。我以为“学做真人”是属于开发区校区“自己的句子”。“找到属于自己的句子”是海明威的名句。其用意是，文章要有自己的个性，自己的个性必须有个性化的表达。“学做真人”，其实是开发区校区对办学目标、办学理想和办学要求的个性化表达。

首先，“学做真人”这一个性化表达是对学校特定的办学历史和独特的文化传统的追忆、传承与弘扬。东洲中学开发区校区的前身是开发区中学和江滨中学，无论是陆瑞杰校长主政时的开发区中学，还是沈永平校长掌舵时的江滨中学，学校都有属于自己的骄傲；不论是高质量的中考成绩，还是有特色的学陶师陶，学校都曾作为一面旗帜在海门初中教育第一方阵中迎风招展。特别是经过十多年的研究和践行，陶行知教育思想已深入人心，“千教万教教人求真”的教风和“千学万学学做真人”的学风已成为学校文化中扣人心弦的主旋律，学校也荣登“全国学陶师陶先进学校”的领奖台。因此，将“学做真人”作为开发区校区的校训，不仅贴切真切，而且是水到渠成的。正如著名作家曹文轩所言：“财富不在远方，财富就在我们自己的脚下。”

其次，“学做真人”是时代的呼唤，也是教育的本真追求。在新的历史时期，面对人生旅途上诸多迷惘和困惑，人们在寻求一种精神上的寄托和砥砺，在呼唤一种精神的重现和回归。“学做真人”无疑是和谐社会构建的一个内核元素。文字如同开满小花的青青草地，总吸引着人在上面奔跑、跳跃、翻跟斗。要领略“学做真人”四个字的绝美风光，必须对“学做真人”做一番研读与阐释。我以为校训“学做真人”就是要让学生（当然也包括教师）在校期间常常自觉地以此比照、要求自己的言行，甚至离开学校、走向社会多年以后，还铭记着母校的这一校训。

“学做真人”其实包含了至少三方面的含义：一是做真我；二是信真理；三是求真美。用徐智潭校长的话来说就是：“做真我”是自我的觉醒，是自我的审思，看清自己，接纳自己，发展自己，圆满自己的人生；“信真理”是求学的法则，是生活的姿态，与真理同行，方能辨真伪、识善恶、品美丑；“求真美”是人生的目标，是幸福的要义，摒弃虚伪，拒绝矫饰，厚实为学，坦荡做人。

“学做真人”好就好在将教育目标锁定在“人”字上，一切教育教学活动的目标指向都是为了人，应该而且必须将冷冰冰的分数、名次转向火热的人格、人品和人性。“学做真人”难就难在一个“真”字。何谓“真人”？还是用徐智潭校长的话语做解释——“学做真人”就是做一个志存高远的人，做一个诚实守信的人，做一个勤学睿智的人，做一个持之以恒的人，做一个自立自强的人，做一个豁达大度的人，做一个脚踏实地的人。一句话，就是做一个大写的人！

最后，“学做真人”既是学校教育的目标，更是师生成长的过程。“人”字书写很简单，一撇一捺，但教育的方法和过程是复杂的、艰巨的，更是多样的、多彩的。“学做真人”的落脚点应该是在“学”和“做”字上。“学”与“做”谈何容易！值得欣慰与欣喜的是徐智潭任东洲中学开发区校区校长以来的三年中，与团队成员学习借鉴东洲中学张炳华校长智慧管理的先进理念，探索研究陶行知生活教育的真知真谛，已经绽放了独具光彩的“学”“做”魅力！

在“学做”中，他们把握了一种“平衡”——与学校历史传统的无缝对接，与开发区社区资源的和谐链接，与东洲中学优质管理的合理嫁接。应该说徐智潭在把握平衡中是聪明智慧的。

在“学做”中，他们寻觅了一种“感动”——因为教学质量的持续过硬而让学生和家长感动；因为人本管理的坦诚与友善而让全校教师感动；因为校长以及全体行政管理人员的带头奉献而让上级领导们感动。

在“学做”中，他们实现了一种“提升”——“提升”不仅表现在学生生命成长的拔节与升高，而且表现在教师专业发展的加速与递进。全校教师由“不思”向“愿思”转变，由“无思”向“有思”转变，由“浅思”向“深思”转变！

“平衡”也好，“感动”也好，“提升”也好，“学”与“做”的得心应手不外乎一个“真”字，认真加顶真，学做见真效。进一步分析与梳理，我以为开发区校区这几年之所以风正气顺一帆悬，是因为教师将“学做真人”这一健康而有效的价值观念作为了学校文化建设的出发点。正是在这一学校文化价值观的引导下，他们致力于文化的涵养、机会的锻造和人本的润泽。因为，尊重生命是学做真人的逻辑起点，关注个性是学做真人的重要内容，善待差异是“学做真人”的自然要求。

校训是一种酵母，把它用到学校生活中会产生一种奇特的效果。学校文化是一种常态，一种下意识，一种自动化，一种经过长期培养历练而形成的自然而然的状态，一种无需思考即可再现的回忆。其程序好像早已置于大脑和肌肉中，成为一种特殊的记忆。“学做真人”是开发区校区的校训，更是其学校文化。套用一句诗人的话：“学做真人”是开发区校区全体师生的“通行证”！

（本文选自吴勇著《学校文化的展示与解读》）

5 “扶海”“探源”

沐浴着明媚的春光，走进海门乡镇的第一所省级实验小学——三厂镇中心小学，扑面而来的是浓郁宜人的文化气息。它不仅让我们感受到了充满无限生机的新教育的生命脉动，而且让我们领略到了唤醒、享受、成就新生命的教育精彩。

比别人高出一点点会让人嫉妒，比别人高出一大截会让人羡慕。三厂镇中心小学的学校文化无疑会让人惊叹、惊奇与惊羡。

首先，三厂镇中心小学厚重的历史文化，不得不让人刮目相看。三厂镇中心小学的前身是清末状元张謇生前筹备创立的扶海小学。扶海扶海，扶持江海。这里的“扶”是动词，有扶持、扶助、扶植、扶养的意思；这里的“海”是名词，可以理解为海门、江海，也可以引申为国家、江山。不难看出，张謇老先生对这所学校寄予了多大希望。在我们脚下这片广袤的江海平原上，张謇创办了300多所大、中、小学，而扶海小学是唯一一所由张謇筹办，且在他辞世之后才建成的小学。如果说张謇有什么遗憾的话，也许就是没有亲自为扶海小学的落成之喜剪彩，没有亲手为扶海小学敲响第一声上课的铃声。但是，80多年来，一代又一代的厂小人秉承张謇“父实业，母教育”的宏伟志向，高擎“学海探源”的生命教育大旗，让师生的“生命在场”。作为三厂镇中心小学发展的见证人，我们可以告慰张謇老先生：您不会也不可能有什么遗憾了！

其次，三厂镇中心小学关于“意义追寻”“榜样引领”“故事言说”“环境激励”的学校文化建设策略，不得不让人心悦诚服。学校文化建设是冷水泡茶慢慢浓，来不得半点的虚伪、浅薄和浮躁。在当下风生水起、如火如荼的学校文化建设中，难免有不科学、不恰当的思路与举措，难免有格式化、模式化的倾向与误区。其实，教育的真正使命是引领学生的健康人生。学校文化建设的真正目的是以先进的文化、正确的价值观引领全校师生的文化自觉、文化自主与文化生态。值得赞赏的是，在三厂镇中心小学，文化自觉、文化自主、文化生态已成为了师生发展的自育机制。

比如，三厂小学“智如泉涌，行可以为仪表者”的榜样教师已经不是一个、两个，而是一群、一批。2008年底，我生病住院，同病房里有一对80多岁的老夫妇，经常来照料服侍他们的儿媳妇，比亲生女儿还好，细心地喂药、耐心地按摩，让我也很感动。后来了解到，这位憨厚豁达的好儿媳就是三厂镇中心小学的体育老师张群娣。做人做事做学问，做人是第一位的，只有是好媳妇，才能是好教师。再后来我在《厂小之声》中看到张老师还是南通市体育工作先进个人。可见学校文化的力量有多么巨大，多么神奇。没有长期的文化熏陶，哪有出类拔萃的榜样教师！

再比如，三厂小学注重“三个聚焦”：学校工作向教育教学聚焦，教育教学向课堂聚焦，课堂教学向学生聚焦。随时随地，三厂小学的课堂教学都是那么精致，那么生动，那么让人难以忘怀。早在40多年前的一个星期天，还是小学生的我，跟随做小学校长的父亲第一次到三厂小学，大人们在进行教研活动，我也旁听了一节语文课，到现在我还清晰地记得上课的题目是《我的伯父鲁迅先生》。那位女教师的板书是那样工整漂亮、有板有眼，讲课的音质是那样敲骨入髓、富有磁性，分析的过程是那样入情入理、扣人心弦。最近十年，我几乎每个学期都有机会走进三厂小学的课堂，多姿多彩、有滋有味的课堂总让我激动不已。三厂小学持续高效的教学质量是与他们长期以来打造教师文化、打磨课堂文化分不开的！

最后，三厂镇中心小学喜人、骄人的办学业绩不得不让人钦佩赞赏。毫不夸张地说，在减负“迷阵”难以冲破，增效“秘籍”尚在探索的当下，三厂小学是海门素质教育的一面旗帜。无论是悦耳动听的千人口琴，还是力透纸背的书法作品，无论是摘金夺银的体育比赛，还是精彩纷呈的文艺汇演，也无论是走向国际的神奇珠心算，还是“额外奖赏”的文化分数，三厂小学都给我们以满意、以惊喜、以佩服！为什么三厂小学能技压群雄、高人一筹？原因很简单，源于学校文化的穿透力、感染力、影响力，学校始终以生命的姿态在前行，体现在对培育师生自觉这一价值取向的自觉体认，体现在对教育外在环境的自觉体察，体现在对生命教育的自觉实践。

自觉是文化的内核。管理有三重境界：第一重是人格管理，所谓“有一位好校长就有一所好学校”；第二重是制度管理，所谓“没有规矩不成方圆”；第三重就是文化管理。三厂小学已经或者说正在实现着文化管理。应该说三厂小学是幸运的，幸运的是教育局给他们派来了一位有文化的校长。这几年来，许卫国校长带领全体教师，承前启后，学海探源，他们静静地思考着，默默地耕耘着，甜甜地收获着。今天又让我们美美地分享着属于（也只能属于）三厂镇中心小学的生命教育文化。

三厂镇中心小学的前任校长，如今实验小学的校长顾云辉曾告诉我一个秘密。三厂镇中心小学有一件镇校之宝，就是已故著名金石书画家王个簃曾为该校题写的一句条幅“学海探源”，有文物贩子想以高价购买，但被他断然拒绝。是的，“扶海”和“探源”是张謇和王个簃这两位不同时期的大名人对三厂小学的期盼与激励，这是无价之宝，怎能流失他处呢?好在宝贝还在，文化还在，学校文化的根基还在，而且孜孜以求，不断地探索生命教育的源泉，“老树春深更著花”，而使人们刮目相看、心悦诚服、钦佩赞赏。

在这个春暖花开的时节，在海门一年365天中最舒爽的日子——金花节开幕之际，我们相会在这里。衷心祝愿三厂镇中心小学继续以生命的姿态前行，也愿你、我、他都能发现、体会、感受和传递三厂小学厚重而浓郁的学校文化，共同拥有一段温暖的教育人生旅程!

（本文系作者2011年4月15日在海门市三厂镇中心小学学校文化展示活动中的即兴点评）

6 墨香化纤

南京市栖霞区化纤小学是一所独特有趣的学校。这是我心仪已久的学校，今天终于第一次走进了这所精致、美丽的学校。

为什么说她独特有趣呢？因为，已有半个世纪办学历史的化纤小学，原是南京化纤厂职工子弟学校。化纤是什么？化纤就是化学纤维，是一种经过化学作用而生产出来的纤维材料，化纤实际是高分子化合物制成的合成纤维，在我们的生活中已不能缺失。

化纤物质有哪些特征呢？状态是纤小细丝状的，性能是纤长韧劲足的，手感是纤柔光滑的。以现代工业术语中的“化纤”作为校名可能是全世界所特有的。

顺着“化纤”的某些特征来解读，来破译学校特色的传承和学校文化的基因，别有一番意思。

化纤的特征是纤小、纤长、纤柔，它的生成是按化学作用的科学规律推进的。一所学校要生存发展，应该而且必须按照规律科学推进。而从特色项目到学校特色再到特色学校就是一条科学的必由之路。因此，化纤小学长期致力于“写字教育”特色项目的研究和实践不失为明智之举。

今天，当我们徜徉于墨香浸润的化纤校园，无论是婀娜的墨香课堂，还是多彩的墨香课程，无论是生动的墨香课题研究，还是满目的墨香作品展示，表达惊喜、惊讶的所有形容词的堆砌或者修饰语的富丽堂皇都是苍白无力的，唯有细细品味。

首先，作为一所小学，写字教育是一门不可或缺的课程。从某种意义上说，一所学校写字教育的缺失，是对小学课程标准的误读，是对汉字文化传承的割裂。中国人区别于蓝眼睛、红头发、白皮肤等外国人的一个重要特征是中国人的汉字。方方正正的汉字是中华民族优秀文化的重要特征。就像最能代表西方艺术的是建筑，最能代表中国艺术的是汉字。重视写字教育，实际就是重视中国文化。在一位不愿透露姓名的苹果芯片工程师看来，苹果的两大成功之处：一是清楚地知道什么产品能赢得市场；二是能够做出这一产品。同样道理，化纤小学清楚地知道写字教育的重要，并且坚信不疑、坚定不移致力于写字教育。写字教育已成为化纤小学一道亮丽的风景，一个属于最起码在栖霞只属于化纤小学的名片符号！

其次，“书写好字，人生大事”“人能写字，字能写人”“端端正正写字，堂堂正正做人”。值得欣慰的是化纤小学已从“写字教学”上升为“写字教育”，把“写字”这一特色项目上升到“育人”的高度。曾记得一位作家这样说过：“人的成长是一种奢侈的事。在所有的动物中，人是孕育期最长的一种，人学习生存技能的时间也最长。”实实在在的写字要领和指导经验，来自于教学、研究、展示和总结。从写字起步，化纤小学的孩子们在潜移默化中增强了耐得住寂寞、严格认真、勤勉向上等良好的意志品质。这正是写字教育最令人赞叹之处。

最后，也是我想与化纤小学老师们共同探讨的一个问题，就是如何将写字教育进一步深化、激化、美化、纯化和出神入化的问题。如果仅仅将写字作为必学课程列入课表，人人都能写一手漂亮的钢笔字、铅笔字、毛笔字，如果仅仅是有多少孩子在各级各类书法作品比赛中获奖，这样的写字教育特色是走不远的。这里我想与大家交流这样几个基本观点：

（1）只把写字技巧的掌握作为写字教学的目的是导向上的错误。即便是有了娴熟的技巧，若无精神上的自由、文化上的积淀，写字是不足以达到“技进乎道”的境界的。

（2）写字教育其实质是艺术教育，是推进素质教育的有效手段之一，要让学生从艺术、审美的角度来审视它、思考它、感悟它。美是具体的，表现在个性之中，写字教育应重视学生的个性培养。用一支笔、一张纸、些许墨水，去开启学生认识之路的旅程，领略、欣赏途中的好风景。

（3）学校的特色在于课程，课程的本质在于文化。我们应该从适应儿童多样化的需求出发，打破年级界限，跨越学科课程，创设化纤小学特有的校本课程。因为，写字是一门综合性课程，而不是单一的教学课程；是一种学习领域，而不是简单的学科领域；是一种融活动、知识、能力、文化于一体的跨学科课程。课程的功能是育人。比如领导带头、教师全员参与，拿起“三笔”，苦练“三字”，每一位教师都是学生写字的榜样。比如通过写字教育，让学生更有灵气、更有文化气息，是否可以有一种可以检测令人信服的统计数据？

谢谢化纤小学！引发了我对写字教育的思考，当然还不很成熟。谢谢写字教育！让我走向、走近、走进了化纤小学。

如果时间被折了几叠，翻开又倒转过去，我想我的记忆中将依然有化纤小学！

（本文系作者 2012 年 10 月 31 日在南京市栖霞区化纤小学“特色项目”展示会上的即兴点评）

7　尚美问学

迈皋桥的由来有一个美丽的传说。

所谓“皋”，就是水边的高地；所谓“迈”，就是迈步、迈进、迈越的意思。迈皋桥是一座迈向高位、迈进高地的桥，更是一座通向光明、通向幸福的桥。

迈皋桥中心小学是迈皋桥的教育高地，也是栖霞教育的一方高地。在栖霞教育中，迈皋桥小学有着重要地位，不仅办学目标高远，教育效率高效，而且发展高速，教育品味高尚。尤其是学校的每一位孩子在新教育的引领和感召下，正高情雅意，高视阔步！

今天我是今年以来第三次迈进迈皋桥小学的大门。第一次是跟着吴兴局长和迈小中层以上领导一起探讨“尚美问学”的学校文化。“以美育人”的办学理念和“让每一个生命尽情绽放”的核心价值观给我留下了深刻的印象。第二次是与徐观林局长以及海门栖霞14所联盟学校的校长在这里一起对联盟活动进行总结。迈皋桥小学，第一次给我的是惊讶，第二次给我的是惊奇。说实在的，今天给我的是惊喜。

因为前两次来都是双休日，学校里没有见到孩子，而孩子才是学校旺盛的生命体征。学校所有的教育活动都是为了孩子的成长，都是为了孩子将来能成为合格的公民、有用的人才。校园是谁的？是学生的！是孩子的！今天我看到迈小的孩子们，在自然、自由的空气中，正按照自身的生长节律，做着自己生命的主人。言谈举止是文明高雅的，待人接物是彬彬有礼的，上课展示是积极活跃的，课外表演是生龙活虎的。让我惊喜的，正是孩子们健康的体魄、高举的小手和发光的眼神。这样的喜人景象得益于什么呢？我以为就是得益于他们的“人人尚美”“人人问学”。再说得直白些，就是他们找到了、找对了、找准了一个支点——新教育，特别是新教育的实践活动。为什么这么说呢？理由有三：

（1）从对象上来看，新教育是面向全体的教育。陶行知先生说得好：“今日的学生就是将来的公民，将来所需要的公民，即今日所应当养成的学生。”教育的目的不仅是为了儿童人生的此岸，同时也是为了彼岸。教育带给儿童的幸福，其意义不仅在未来，同时也在当下。长期以来，学校德育说起来重要，做起来次要，缺少针对性、有效性。如今，为了破除假大空的德育，大家都在追求感染力、吸引力。而迈小的新教育，注重营造浓郁氛围，注重搭建有效平台，不是说教，不是灌输，而是强调每一位、针对每一位、吸引每一位、感染每一位，每一位孩子都在开花，开出鲜艳的德育之花。这为我们的小学德育开辟了一条新路。

（2）从内容上来看，新教育是适合儿童的教育。把孩子教育培养成合格公民，不能站在高高的云端里，用施舍的态度来给予，而是爱儿童所爱、憎儿童所憎、乐儿童所乐、忧儿童所忧。迈小从儿童的需要出发，整合品社课、综研课等相关学科，整合校园和班级文化。特别是将小公民教育与学生良好习惯养成教育相整合。在晨诵午读中、在书香班级中、在少年警校中，孩子们的良好行为习惯和创新意识、创造能力得到了培养和提高。

（3）从方式上来看，新教育是润泽生命的教育。著名作家孙犁曾言：“美育废弛，必然影响德育。”林语堂先生也说过：“学校应如同一片森林，学生应犹如猴子一般在其间自由跳跃，任意摘吃各种营养丰富的坚果。”迈小新教育的方式方法始终遵循儿童好动、好玩、好奇的“三好”天性。在“善美问学”的引领下，以美冶德、以美启智、以美健体，校园是善美的，活动是善美的，在问老师、问社会、问父母、问课前、问课堂、问同伴、问自己的多彩活动中，潜移默化地植入了公民的意识、公民的情怀、公民的道德和公民的素养。最让我感动的是迈小的新教育实践活动非常注重细节、注重内化、注重具象。儿童不太容易理解什么是“公民”，就像有首歌中所唱的：“爸爸妈妈很爱我，我却不知道爱是什么。爱我你就陪陪我，爱我你就抱抱我，爱我你就亲亲我，爱我你就夸夸我。”陪陪、抱抱、亲亲、夸夸，非常具体、具象。人生许多大道理，其实都是在一些小事情中。比如“让我们不闯红灯”“让我们去踏青”“让我们去玩球”等，这每一件事情后面都是一个重要的主题，如关于规则、关于人与自然、关于运动与健康等。学生受教育的过程，其实是一种公民人格完善的过程，这在很大程度上取决于教育者本身人格力量所施加的影响。因此，迈小的新教育，还有一个鲜明的特点就是教师的师德、师能、师识也在教育活动中得到了升华。

“尚美问学”的新教育实践活动是迈皋桥小学的一个特色项目。特色不是目标，而是一个过程、一种价值。特色的本真是本色。栖霞教育局此次“特色学校（项目）”的现场评审及展示，最大意义在于让广大的学校和老师通过活动，更深刻地理解什么是教育，我们应该怎样进行教育。从今天化纤小学、迈皋桥小学的展示中，我感到栖霞教育是鲜活的、灵动的、轻盈的、诗意的，栖霞教育就像栖霞山上秋后的红枫，既真、又善、更美！

（本文系作者2012年10月31日在南京市迈皋桥中心小学“特色项目”展示会上的即兴点评）

8 诗意王浩

今天是王浩中心小学的百年华诞。今天又是王浩小学学校文化的全面展示。

把学校文化展示作为百年校庆的一部分，富有新意、富有创意；把百年校庆作为学校文化展示活动的重头戏，很有雅意、很有诗意。

百年，对于人类历史漫漫的岁月只是短短的一瞬间；百年，对于中国的近代史和现代史是重要的历史时刻。百年的王浩小学见证着历史变幻的风云，王浩小学的百年倾注着志士仁人的心血。一百年前，在南通东乡范公堤南，辛亥风云激荡催生了开化文明的被称为汤家苴小学的神圣学府。新中国诞生，使这所小学注入了文化的内涵，以王浩烈士命名的这所小学，成了通东地区文化建设的高地。

今天这个特殊的时间节点，开启了我的记忆闸门。自从我懂事起，王浩小学就与我、与我们的家庭紧紧相连。那是 20 世纪 60 年代中期，我的父亲由新建中心小学调任王浩中心小学校长。这一调动改变了我们整个家庭的命运。因为调到了新的地方，新建小学的造反派没有宜将剩勇追穷寇到王浩来揪斗我的父亲。还因为新到王浩小学，又因为当时王浩小学就在汤家苴地主庄园里，而这个庄园原本就是我舅公家的，从那时起一直到现在，我的父亲总是很低调，不愿出头露面，只知道老老实实过好每一天。因此，我们全家对王浩小学总是心怀感激的，就是现在我父亲瘫痪在床，他与人回忆，最难忘的就是王浩小学的那些日日夜夜。

就是在那个时候，尚未启蒙上学的我就跟着父亲到了王浩小学。到现在我还清晰地记得，那是个四关厢的校园，校园里有一棵参天银杏树，校园里还有供小孩爬上滑下的滑梯。我还跟着父亲到过王浩的好多村小，像爱民校、前进校、得利校、红星校等。也就是在那个时候，我就知道要做一个好小孩，要认真读书。我后来求学能够成功，为人老实，工作踏实，也许在王浩小学所经历的孩童时代影响了我。我不知道历史是不是文化，经历是不是文化，我也不知道这是不是学校文化的力量。

王浩小学是有历史的，是有文化的，它的学校文化是什么呢？从刚才的校长讲述、班级展示和沙龙研讨中，我们知道王浩小学是“诗意文化”。

所谓“诗意”就是诗情画意，就是浪漫快乐幸福。

即使是在20世纪60年代，王浩小学也有诗情与画意。比如，40多年前，我的父亲就在王浩小学推行“三算”结合的教改试验，这个“三算”实际就是现今火爆的珠心算；又比如，我父亲注重培养数学尖子，像现今教坛比较活跃的张华、王猛、潘鸣、俞晓等都是他的高足。在王浩小学还有过一个美丽的故事。当时的王浩小学西边有一条很宽阔的河。一天清晨，河西的百姓发现东边的王浩小学不见了，河面上升腾起无数的高楼大厦，车水马龙，人流熙熙。这其实就是传说中的海市蜃楼。后来，冲高沙土将那条大河填平了，王浩小学也搬迁到了通吕运河南岸。再后来，20世纪末，建筑老板江伟民出资，王浩小学搬迁到了现在的地方。

就在新楼落成之际，王浩小学在季玉生校长的带领下，致力于书香校园建设，并着力于儿童诗的教学与教育。十多年来，王浩小学的学校文化建设经历了三个“飞跃”：

第一个飞跃是从儿童诗教学到儿童诗教育。如诗如画般的童诗氛围营造，如痴如醉般的童诗诵读和创作，如火如荼般的童诗课程研发，奠定了王浩小学“童诗教育特色学校”的坚实根基。还清晰地记得，在达标创特评估现场，操场上我以“冬天里的太阳”为题，让孩子们现场作诗，一刻钟不到交上来的近百篇同题诗作，让我惊喜、惊讶，几乎不要修改都可在《海门日报·教育周刊》发表！

第二个飞跃是从童诗教育到诗意教育。江建平校长主政王浩小学以后，没有也不敢抛弃学校童诗教育的特色，而是高举童诗大旗再出发。他们借鉴平山小学童诗教育的经验，描绘童诗校园的美好愿景，实施童诗教育的课题研究，提炼了“编织诗意生活”的校训。并且通过每月一事、完美教室、学程导航、青青草诗社等诗意的教育平台，使学校迈上了全市百分考核一等奖的领奖台。

第三个飞跃是从诗意教育到诗意文化。“童诗”是名词，“诗意”是形容词，而“文化”更是一个看不见的“魔杖”。我一直以为用形容词与文化组合，比较空泛，比较虚拟，不像与名词组合那样实在、具象、落地生根。因此诗意文化是一个内在的很难说清楚讲明白的东西。

我的理解，诗意文化的建设需要把握以下三点：

（1）以诗助德，拥有儿童对诗的敬意。之所以称为童诗，是因为为了儿童、依靠儿童和从儿童出发。儿童有其固有的天性，即天然的本性，比如儿童天生是“三好”——好动、好奇、好玩。用苏霍姆林斯基的话说：“儿童天生是诗人。”有这样一首小朋友所写的童诗——“天为什么下雨/太阳流眼泪了/太阳为什么流泪/有人欺负他了/谁欺负他了/月亮姐姐不理他了。”多么富有童趣、童真。所以，只有从儿童的立场出发，按照儿童的视角，才能读懂儿童的诗。没有对儿童生命的敬畏、敬仰，没有儿童对诗的敬意、雅意，是不可能以诗树德、以诗助德，建设真正的诗意校园、诗意德育、诗意课堂和诗意生活的。

（2）以诗怡情，拥有绿叶对根的情意。情感的丰沛是广义上诗意形成的要素，但这种丰沛的情感的抒发必须由另外的形式的力量来控制支配。自由精神是诗意文化的必然追求。孩子生来就是自由的，是无拘无束的。但随着年龄的增长，他们经过由教师、长辈等的教导或在自身与他人的交往过程中逐渐习得某些规范，并遵从之。然而过度的遵从就会发展成盲从。我们诗意文化的最大任务就是铲除这种盲从的障碍。因此，诗意文化要追求儿童的自由精神，在对诗律、诗韵和诗情画意的探索中，让他们独立思考、谋求创新、不怕失败，让他们关心细节、关注观察、关怀自然，从而感受生命的神奇、敏察生命的本质、体悟生命的可贵。

（3）以诗启智，拥有童年对诗的写意。儿童的诗意是一座金矿，诗意文化的使命就是让儿童拥有开矿的快意和写意。只有诗意的校长和诗意的教师，才能在孩子的童年埋下一粒诗意的种子，儿童的生命里才会长出诗意的嫩芽，开出诗意的花蕾。

著名作家沈从文曾说，我的心总为一种新鲜的声音、新鲜的颜色、新鲜的气味而跳动。每一次走进诗意的王浩校园，与诗意的校长、教师和学生交流，我的心跳就会加快，为王浩小学写下诗行的冲动就会涌现。

借此机会，我想与王浩小学的师生们共勉：在诗意文化幸福又艰难的建设征途中，我们不仅要有“而今迈步从头越”的决心、“直挂云帆济沧海”的雄心，而且要有“会当击水三千里”的信心和“吹尽黄沙始得金”的恒心。唯有如此，我们才能真正地生活在诗意中，在诗意中生活。

王浩作为行政建制，即将画上句号，但王浩小学的“诗意文化”则永远是逗号。

（本文系作者2012年12月12日在海门市王浩中心小学建校100周年庆典暨学校文化展示活动中的即兴点评）

9　海洪三益

我是非常乐意点评海门市海洪小学学校文化的。这是因为——

（1）海洪小学的校名很特别。它是海门市内唯一一所与海门的“海”共有，且两个字都带三点水的校名。“海洪”带有三点水有怎样美好的含义呢？水是一种美，更是一种力量。有一年江苏省高考作文题是“山的沉稳、水的灵动”，水滴石穿，百川归海，滚滚洪流奔大海，这是多么壮观、多么雄健的气魄气概！所以来到海洪小学，我们似乎有一种豪情，有一种震颤，更有一种不由自主的教益。

（2）海洪小学是地处海门最东边的学校，向东不远就是启东市了，再向东就是大海了。最东是什么概念呢？就是全海门市最早见到太阳的是海洪小学的师生。所以来到海洪小学，我们仿佛有一种温暖，有一种温度，更有一种不假思索的补益。

（3）海洪小学对我的人生历程有一种不离不弃的滋益。海洪是革命老区，我的叔祖父就是从这里走上革命道路、成为新四军战士的，他的初中时代就是在海洪小学的前身三益中学度过。查《海门志》可知，海洪境内的江家镇曾是共产党抗日民主政府所在地，三益中学就是共产党领导的一所红色学校。在我小学二三年级的时候，我父亲将叔祖父当年的作文本让我欣赏，那几本作文本都是用小楷毛笔抄写的，既工整又飘逸的毛笔字简直和字帖差不多，作文中状物抒情的句子已记不清了，但密密麻麻的红色水浪花批注以及“甲”“优”等次和赞美批语尚清晰地记得。这也在我幼小的心中深深烙下了喜爱书法、写好作文的印记。也许这就是潜移默化、潜意识影响这一文化的力量。

因此，当陈占兵校长与我商讨海洪小学学校文化的概念和定位时，我顽固地坚持，就是顽强、固执地坚持，还是叫三益文化。一方面，海洪小学源于三益中学，是一种历史的传承、继承和回归；另一方面，三益文化有更多的内涵和更丰富的解读。我的解读是：

首先，三益是指真、善、美。我以为，“真”是海洪小学师生的典型特征，偏远农村的师生是那么纯朴、纯粹、纯洁，认真、顶真、天真。可以举一个例子，十多年前，老校长郁永新参加全市校长课改培训，培训后要考试，我是监考者，当时，只有郁校长一人不抄袭、不偷看，一直考到最后一个交卷。虽然考试分数不高，但他的认真劲儿给我留下了深刻的记忆。而“善”更是海洪小学师生的良好品质。记得我编《海门教育》的时候，在中缝里刊发了海洪小学的一则消息，全校师生是那样地眉飞色舞、兴高采烈，他们将这条中缝的消息拍照制成喷绘在学校宣传墙上展出。这也一直激励着我，鞭策着我——教育局同志工作的一点一滴对于基层学校来说，它们是多么地在乎。而“美”也是海洪小学师生孜孜以求的。从刚才的展示中，我们感到农村小学的孩子也爱艺术，他们的作品也能美轮美奂。自从搬迁到海洪初中以后，面积扩大了，环境优美了，陈占兵带领全校师生在资金十分紧缺的情况下，把校园环境布置得如此精当、精巧、精美，不能不说是他们设计的创意、艺术的塑造。

其次，三益是指德、智、体。这可以从学校的校训、办学理念、办学目标和校风、教风、学风的提炼与表述中清晰地看到，一切为了学生，为了一切学生，为了学生的一切。海洪小学的校训很特别，只一个字“益”，很简单、很明了、很有意义、很有意思，这在全市也是唯一的。而从今天的完美教室、班级课程和学校特色展示中，我们感到海洪小学益德塑品、益智共学、益趣逐能、益情同进的一系列行动都是像模像样地在做新教育，是真做新教育。新教育是指向师生幸福而完整教育生活的。海洪小学的学生是幸福的，不仅有良好的行为习惯，而且有阳光笑脸、健康体魄。三益文化的真正受益者是海洪小学的每一个孩子。

最后，三益是指学校、家庭、社会。海洪小学地处革命老区，具有丰富的社会教育资源，而行政区划的调整——从海洪乡到刘浩镇，到海门港新区，政治经济中心不断远离，海洪经济相对落伍，留守儿童居多，家庭教育更显迫切。因此，学校、家庭、社会犹如三叶草，缺一叶则枯萎凋零，只有齐心协力，齐抓共管，才能迎来教育的春色满园。

其实，三益的“益”除了好处、有益的解释外，还有增加、更加等利好的解释。因此，三益的引申义还有很多。比如天、地、人；比如你、我、他；比如知、情、意；比如松、竹、梅，岁寒三友；比如福、禄、寿，三阳开泰；还比如“晨诵、午读、暮省”，新教育的生活方式等。总之是开卷有益、集思广益、深受教益。又因为三益的“三”可以表示多数或多次，所以三益充满着无限的想象空间。

什么是文化？前两天，全省高中生现场作文决赛有这样一个竞赛题目，叫《看不见的春天》。我以为，看不见的春天就是文化。相比较全市其他学校对学校文化的概括，我以为海洪小学的三益文化更有“看不见的春天”的味道。这看不见的实际就是学校的精、气、神！

在海洪小学围墙的东侧，有一片茂盛的竹林，这也是全市学校独一无二的一道看得见的风景。虽然已是初冬，但经过春的繁盛、夏的热情、秋的蕴藉，这片竹林更显清澈、含蓄。海洪三益，三益海洪。衷心希望海洪小学在学校三益文化的建设实践中，不朝令夕改，不言而无信，不厚此薄彼，不半途而废。我也坚信，不再追逐浮华与赞誉的海洪小学，一定能够默默地，更是顽强地找到学校文化的真谛！

（本文系作者2013年12月3日在海门市海洪小学学校文化展示活动中的即兴点评）

10 追景生辉

常来汤家，总给人以惊喜、总给人以启示，也常引起我对一些问题的思考。比如为何称汤家？汤家只是姓汤人家的吗？汤家人与他人有些什么区别？这种区别能用一个字、一个词概括吗？对这些问题的回答，说难也难，说易也易。汤家作为一个地名，这是历史的遗迹。

说到汤家，我总有一种亲切感，因为我的亲祖母姓汤，在我的血脉里也流淌着姓汤的基因，就是DNA，实际就是文化。从历史上考证，作为地名的汤家曾经有许多传奇。现代著名诗人、翻译家卞之琳是汤家人，现代电影艺术评论家王尘无是汤家人，共和国将军梅永熙是汤家人，而且他们还是汤家小学的校友。在我的童年记忆中，海门最时尚最先进的地方是大新公社中兴大队，实际上就是现在汤家境内的中兴特种钢厂。虽然历史变迁、世事沧桑，如今的汤家只是乡镇合并后的三厂镇的一部分，虽然政治经济文化中心正在被边缘化，但作为文化的一个标识，汤家小学在人们的心目中有其特殊的地位。我常常想，城市让生活更美好，什么让学校更美好呢？今天当我走进汤家小学时，强烈而固执地认为：是文化让学校更美好！

今天在汤家小学几个小时的观摩展示中，我的脑海中强烈地喷射出一个“雅”字：校长是高雅的，教师是儒雅的，学生是文雅的，校园是优雅的。诚如杨成辉校长总结的，汤家小学的学校文化是“追景文化”。一个“追”字，既表明了他们的远景目标，也概括了他们追溯学校文化源泉，追赶学校文化潮流，追寻学校文化真谛，追究学校文化规律的一种姿态、一种状态、一种姿势、一种走势。在“追景文化”旗帜的引领下，套用上星期全省高中生现场作文决赛的题目《一个被称为学校的地方》，汤家小学已经或者说正在成为一个人际和谐的社会空间、一个人性丰满的生活空间、一个人文盎然的精神空间。无论是它的包容性与平等性，还是传承性与创造性，汤家小学都是很有文化的。

什么是文化？什么可以被称为文化？什么可能发展成为一种文化？理

论上的答案也许并不明确，实践中却会产生明显的效应。文化这东西：一是要积淀，才能很浓厚；二是地域色彩很深，他人拿去学了，未必能领会其中的奥妙和味道。文化的价值就在于它的地域性，也在于它的普遍性。一所学校文化的品质高低，在于它能否帮助接受它的人群与个人提高自己的生活质量，能否开阔人们的精神视野与发展人们的精神能力，是否具有足够的创造性、吸纳能力……

这四天来，在乡镇小学，无论是以德制胜的德文化，还是凤又起飞的和美文化，无论是源于春花精神的责任文化，还是一路追景一路歌的追景文化，尽管我都曾为它们策划、设计和推进贡献过智慧和力量，但实事求是地说，它们都是不亚于市区学校的，都是很有品质、很有品位的。

学校文化就像一首歌，歌词与旋律要由自己去谱写。从汤家小学追景文化的磨炼、培育和涵养中，我有三点比较深切的体会：

第一，建设学校文化必须要有“文化自觉”。“文化自觉”这个词是费孝通先生最早提出的，指生活在一定文化中的人对其文化有“自知之明”，明白它的来历、形成过程、所具有的特色和发展趋向。用杨成辉校长的话来说就是“走向生命自觉”。他们把“能追无限景，才是不凡人”作为学校文化的核心价值观，很阳光，很有魅力，永远是一种朝向。可以说这与社会主义核心价值观不谋而合。追景精神在全体汤小人中已经根深蒂固，比如教育科研已成了汤小教师的自觉行动。我曾经准备写一篇描写海门教师教育科研的通讯，题目也想好了，叫《海门教育科研的独特风景》，小标题有：“夫妻同教科”“姐弟齐教科”“公媳共教科”。其中“公媳共教科”的素材就是汤家小学的。汤家小学有一位退休教师叫严文谦，早在20年前，他就经常在《江苏教育研究》上刊发教育随笔，是他的手把手、心贴心的指导引导，他的儿媳妇俞瑾老师也成了教育科研的发烧友，现在她已是学校领导班子成员了。可见“追景”不只是时尚时髦的标签，而是一以贯之的行动，是一种文化自觉、一种生命自觉，是一种对教育本质的深刻认识，对教育规律的正确把握，对教育责任的主动担当。

第二，建设学校文化必须要有“文化自信”。所谓“文化自信”，是指一所学校对自身文化价值的充分肯定，对自身文化生命力的坚定信念。汤家小学不是海门小学界的“最牛”。历史的原因，使它没有赶上创建省实小的头班车，但自从年轻的施健斌校长主政后，一股不甘落后、急起直追的牛劲涌动了。特别是杨成辉校长掌门后更是在继承中创新，在追景中超越。基于不忘本来，善于吸收外来，勇于着眼未来。

在我的印象中，汤家小学有“三个率先探索”是能够写进海门教育史册的：一是率先探索网络教研；二是率先探索珠心算；三是率先探索航模科技教育，尤其是航模特色已经雄踞全省、全国最高领奖台。汤家小学为什么能如此身手不凡，其要诀不是拨快了时钟，不是加快了脚步，而是找到了心中的罗盘，那就是“能追无限景，才是不凡人”。正是这“追景”文化平添了他们的信心、决心和恒心。也正是有了学校的文化自信，才使汤小人的生活、情感和精神有了明确的走向、精确的投向和正确的取向。

第三，建设学校文化必须要有“文化自强”。“自”，就是立足自己的实际，依靠自己的力量，突出自己的特色，走自己的文化发展道路；“强”，就是要使我们的学校文化具有强大的磁力和影响力，强大的活力和创造力，强大的实力和竞争力。要做到文化自强，要求我们必须更加注重观念的转变、资源的整合、要素的集成、方法的改进。而这些都要求我们必须基于一种哲学考量，即学校文化建设是为了人，也必须依靠人。让学校的每一个人通过学校文化的建设，激扬生命活力，体验生命乐趣，发现生命意义，实现生命价值。“能追无限景，才是不凡人”，“追景”的出发点和落脚点是人——从“凡人”到“不凡人”，以文化人，让文化提升人，让每一个生命尽情绽放。

忽然想到一个比喻，如果说学校文化是海门教育的一枚徽章，那么汤家小学的追景文化就是镶嵌在这枚徽章上的一颗宝石。祝愿海门每所学校在学校文化建设中都像宝石一样熠熠生辉！

（本文系作者2011年12月9日在海门市汤家小学学校文化展示活动中的即兴点评）

四

学校文化建设的策划创意

学校文化建设是需要计划、谋划与策划的；学校文化建设是需要创造、创新与创意的。新教育学校文化建设的策划与创意，是从学校实际出发，顺应时代发展潮流，从显性和隐性两个维度进行的顶层设计。从某种意义上说，校长是学校文化顶层设计的第一责任人，校长应该掀起校内外的“头脑风暴”，为学校文化的策划创意而献计献策、群策群力。从而让学校文化不仅有生长的根基，而且有发展的方向；不仅有理论的支撑，而且有操作的路径。从而使全校师生明晰学校文化是什么、为什么和怎么样。

1 同圆梦想，共享幸福

——江苏省徐州经济技术开发区高级中学共享文化的策划与创意

这里，是两汉文化的发源地。“大风起兮云飞扬，威加海内兮归故乡，安得猛士兮守四方。”汉高祖刘邦的《大风歌》唱响了二千余年。“力拔山兮气盖世，时不利兮骓不逝。骓不逝兮可奈何，虞兮虞兮奈若何!”楚霸王项羽的《垓下歌》依然荡气回肠。

这里，有山有水有文化，四梁八柱晒幸福。这里，既是“五省通衢”的兵家必争之地，也是淮海经济区唯一同时拥有国家级经济开发区、国家级高新区、保税物流中心之地。这里有一城青山半城湖的美誉，青山绿水环绕，百姓生活如诗如画，幸福感油然而生。

置身于如此文化厚实的高中学校，理应成为文化高地；坐落于如此现代文明的高级中学，理应站立时代潮头。

徐州经济技术开发区高级中学（以下简称“徐州经开高”）创办于1958年9月，原名徐州矿务局大黄山矿职工子弟学校，1998年3月更名为徐州矿务局第三中学，2007年10月更名为徐州市城东中学，2013年4月更名为徐州经济技术开发区高级中学。

六十载栉风沐雨，一甲子历经沧桑。自2014年3月高标准通过江苏省三星级高级中学验收以来，徐州经开高更是不断攻坚克难，求新谋变，在创新中发展，在发展中壮大。

2017年8月，在徐州市委市政府“教育学南通，质量双提升”战略决策的引领下，经徐州市开发区管委会和海门市政府的协商，徐州经开高由海门市教育局托管。海门派出了精干的校长教师团队，开始书写徐州经开高创建省四星级高中的新华章。

每个人的生命都是一场旅行。徐州经开高的1123名学生和126名教职员工在徐州开发区内唯一的高级中学里应该是怎样的一场旅行呢？应该是铸梦、筑梦、奔梦、圆梦的旅行，应该是快乐、幸福、多彩、亮丽的旅行，应该是丈量世界的旅行，应该是创造未来的旅行!

学校是什么？学校是为渴望成长的学生和教师提供休憩及放松的场

所，为师生提供贴近自然、关注生态，且富有文化特色的奢华体验和幸福享受。

这是一个梦想的时代。梦想就是理想、就是追求。学校每个人的梦想只有融入伟大的中国梦，才能成为一个心中装有他人、装有事业、装有国家的时代新人。这是徐州经开高人的理想和追求。

这是一个幸福的时代。幸福是一种个人感觉，学校每个人的幸福，不只在明天，也在今天，幸福需要创造、需要追寻，更要懂得分享、共同分享。这是徐州经开高人的使命和担当。

徐州经开高是师生的，是大家的，经开高的发展是靠大家的，也是为大家的。短短的半年时间，新经开高人经过观察、分析、对照与考量，经过阅读、培训、研修与思考，大家有了新的认识与判断，有了新的谋划与信心。“同圆梦想，共享幸福”应该而且必须是徐州经开高学校文化的理性表达！

学校文化的表述不仅应该形象、直观，而且应该有背景、有概括，更应该是学校发展的殷殷期许、师生成长的价值追求。我们以为“同圆梦想，共享幸福”体现的是一种共享文化。

共享，就是共同享有。享就是享受、享用、享有。共享什么？共享甜蜜、共享快乐、共享幸福，而不是享受苦难、享受痛苦、享受折磨。

共享文化是教育的一种理念。人人共建、人人共享，是经济社会的理想状态。习近平总书记提出的创新、协调、绿色、开放、共享的“五大发展理念”，把共享作为发展的出发点和落脚点。有人说，共享主义社会来了！共享单车、共享雨伞、共享冰箱、共享充电宝……共享是个“筐”，啥都往里装。其实，共享精神一直是人类命运共同体的核心价值观，正是共享，让人类变得越来越开放、包容和有人性。作为习近平总书记治国理政“五大发展理念”的共享发展理念，是顺应时代发展潮流，充分体现社会主义本质和共产党宗旨，科学谋划人民福祉和国家长治久安的重要发展理念，也是办好人民满意教育的重要理念。“大鹏之动，非一羽之轻也；骐骥之速，非一足之力也”，共享是目标、是方向，共建是基础、是前提。我们所倡导的共享文化（或曰共享教育），既追求全校师生人人享有，也要求与学校教育相关的人（包括干群、师生、师师、生生与家校等）都要人人参与、人人尽力。在共享理念的统领下，既要在制度创新、舆论引导中营造共建共享的良好环境，又要在素质增强、能力提升中不断增进经开高人的获得感、幸福感。

共享文化是教育的一种朝向。教育是需要理想的，是需要愿景的，是需要朝向的，也就是需要必要的“乌托邦”来向往的。比如，“非淡泊无以明志，非宁静无以致远”，共享的校园必定是宁静的，学生只有在一片安宁静谧的校园中才能读书思考，教师也只有在静如止水的心境下才能教书育人。我们向往着通过共享文化的构思与打造，随着最后一抹夕阳挥洒在大地上，经开高的校园一下子变得悠闲起来，课外活动的操场上，有的人在打球，有的人在散步，校园内树下木椅上，有的坐着看书、有的对面争论、有的促膝而谈。我们向往着通过共享文化的推进与实施，经开高校园的过道边伫立着多种多样的树木，四季郁郁葱葱，花坛里生长着各种各样的花卉，争相吐芳斗艳，经常会有一些学生坐在树下花坛边沿上学习，他们或掩卷而思，或开卷细吟。这里周遭往往静悄悄的，仿佛一切都已凝固，一切都归于安宁。我们向往着通过共享文化的浸润与铸造，经开高就像一个慈祥包容的老人，将莘莘学子和殷殷师者容纳着、爱护着、培育着……

共享文化是教育的一种哲学。教育是育人的崇高事业，教育是与人紧密联系的。教育哲学首先是生命哲学。徐州开发区即将加盟新教育实验区，作为开发区的唯一一所高中学校，经开高理应高举新教育的大旗。新教育的“新”首先体现在站在生命的高度来考量教育。对生命的关怀和成全是新教育实验的教育哲学之一。对生命的关怀和成全不仅体现在新教育的话语里，更渗透在新教育的行动中，通过新教育的十大行动项目，完全可以实现共享文化的价值。以新教育的根本宗旨为例，“过一种幸福完整的教育生活”，所追求的正是教育之于生命个体存在的本体价值——当下和未来的幸福。首先，教育应该面向未来，但同时更应该面对当下；再次，教育生活应该是幸福的；最后，如果仅仅强调幸福，很容易让人过分重视情感的体验，其实，教育的使命在于塑造美好的人性，人性应该是完整的。而幸福完整的教育生活是必须共享共建的。教育哲学还应该是实践哲学。新教育认为，人是一种通过实践活动自我生成的开放性存在，具有无限的潜能。教育是人的一种自我建构的实践活动方式，共享文化正是让师生穿越幸福完整的生活实践，成为幸福完整的人。共享文化还应特别强调行动的力量，从营造书香校园、师生共写随笔、聆听窗外声音、培养卓越口才、构建理想课堂到建设数码社区、推进每月一事、缔造完美教室、研发卓越课程、家校合作共育等方面着手，针对现实的教育问题设计具体行动，在行动中，共享教育公平、均衡、优质与幸福。

共享文化是教育的一种传承。2016 年 2 月，徐州经开高积极申报省级普通高中课程基地，9 月，经过答辩，“幸福教育课程基地”正式确定为省级课程基地建设项目。一年多来，在统一思想、提高认识和资金投入、硬件建设的基础上，学校“幸福心态实验室”已初具规模，“幸福光影舞台”“幸福之声电视台”“校内幸福农场”已建成投入使用。但硬件投入只是表层，内涵铸造才是根本。内涵铸造决定了需要精准的学校文化定位、精当的学校文化表述和精美的学校文化自信。

幸福也许太虚空、太宽泛；而共享更贴切、更实在、更具可操作性。共享也许不可能实现上天入地、顶天立地、经天纬地的奢望，但共享一定能为经开高描绘一幅“上天之图”与“入地之画”，一定能为经开高铺展一条“顶天之路”与“立地之道”，一定能为经开高高奏一首“经天之曲”与“纬地之歌”。

实践和实施“同圆梦想，共享幸福”的共享文化，是徐州经开高创建省四星级高中必须跨越的路线图，也是徐州经开高在新时代有新作为必须明晰的时间表。

学校文化建设既不能舍近求远，也不能舍本逐末。在共享文化的培育与建构中，既要传承创新，又要发展创设，更要建设创造。依据学校文化表现的形态，我们应该按照“一体两翼”的方略，采取切实有效的行动策略。

“一体两翼”就是以共享管理为一体，以共享课堂和共享课程为两翼。

先说“一体”——共享管理。

二流的学校管理是制度管制，一流的学校管理是文化引领。共享文化应该成为经开高学校管理的灵魂。

一是梳理共享文化的价值系统。

（1）学校核心理念：过一种幸福完整的教育生活。

（2）学校使命：让我们的教育适合每位师生的成长，让每一位师生全面而具个性地成长。

（3）办学方向：共建卓越的美丽学校，共筑完整的美好生活，共享幸福的美妙人生。

（4）主要教育理念：第一，无限相信师生的潜力；第二，让学生拥有一生有用的好习惯；第三，让学生站在学校教育的正中央；第四，让学校成为汇聚美好事物的中心；第五，不怕进步慢，就怕原地站；第六，让阅读成为信仰，让好书相伴成长；第七，在乐观、诚信、责任、宽容中学会做人，在规范、勤恳、合作、共赢中学会做事，在自主、明辨、探究、反思中学会学习；第八，关照生命，幸福成长；第九，每一个都很重要，每一天都要生长；第十，做心中有殿堂的校长，心目中有学生的教师；第十一，专注看、倾心听、流畅说、认真写；第十二，有事做是最大的奖赏，做成事是最大的成长；第十三，让每位学生成为最好的自己；第十四，不忘记每一个学生渴望进步的眼神；第十五，让教师的个人愿景不再“休眠”；第十六，让教育绽放最美丽的容颜；第十七，向学生学习，与学生一起成长……

在共享文化的关照下，学校应该设计和确定校徽、校歌、校旗、校树、校花、学校雕塑、学校标识、学校吉祥物等，甚至还有学校内道路的命名，大楼的色调、风格以及楼名命名等；修改学校原有的校训、校风、教风、学风为：校训——同圆梦想、共享幸福；校风——共享、共赢；教风——共研、共进；学风——共读、共思。

二是营造共享文化的环境氛围。

“把理念写在墙上，将文化植入心中”是学校环境育人的宗旨。优美的校园环境、人性化的功能设置，不仅提升校园文化的审美功能，更成为环境育人的重要渠道。一方面应该用简洁而富有趣味的语言（如上述主要教育理念）提出明晰而可行的要求，教给学生做人道理、做事原则；另一方面，应向全校师生征集诸如“学会礼仪、学会感恩、学会负责、学会生活”的经典“名句”，并配上师生的绘画作品。同时，充分利用各班文化墙，每月一主题，引导学生将“共享的心”“共学的情”“共进的乐”“共行的规”贴在墙上，为学生提供展示自我、树立自信的平台。

三是构建共享文化的书香校园。

没有阅读就没有教育。最是书香能致远。可以通过阅读节、读书会、图书推荐、作家进校园等营造书香校园的行动，真正让阅读成为全校师生的生活方式，从而让师生轻轻地拂去蒙在心头的灰尘，慢慢地溶解心灵的防御之壳，渐渐地唤醒内心深处生命的本能与品质。特别是可以以学生阅览室为中心基地，建立“快乐读书吧”，打造学生喜爱的每月主题读书交流活动；可以以班级“好书交换站”为常规基地，坚持开展每周好书推荐活动；还可以以“家庭小书架”为扩展基地，全面推进亲子共读、师生共读、生生共读。真正做到“学校建在图书馆”里。

四是探索共享文化的教师管理。

教师是学校文化建设的主人、主体和主力。教师管理要真正实现共享的文化管理，必须要有静待开花的管理心态、管理心胸和管理心计，真正做到“三少三多”。一是少说教多示范。喊破嗓子不如做出样子，与其天天对教师开展思想教育，不如以身垂范。二是少批评多聆听。心理学上有一条很重要的“赞赏效应”，赞赏就是理解和尊重，就是赞美和欣赏，就是宽容和关爱，共享文化当然离不开赞赏。学生需要教师的鼓励，教师也需要校长的鼓励。与其采取威胁的手段管理教师，不如抽出时间，走进教师的家中、寝室、教室和办公室聆听他们的心声。三是少催促多等待。教师教学生，需要等待。同理，校长管理教师，也需要等待教师慢慢成长。欲速则不达，教师的成长不可能一蹴而就，与其天天督促，不如给教师留足成长空间，等待他们成长。

当然，教师管理并不是放任自流，而应该在共享理念指引下，强化以下几点：育人为本“德”为先、革新模式“能”为重、把握标准“行”有据、科学评价“效”为魂。只有德、能、行、效的共促、共进，方能实现共享、共赢的教学文化、教研文化和教师文化。

这里，有必要对“德、能、行、效”再作细化与解读。

“育人为本”是教师教书育人的根本。它是以学生的生命存在为本，以学生的人格尊严为本，以学生的个性和谐发展为本，以绝大多数学生长远的根本利益为本。因此，教好每一名学生，发展好每一位教师，就是共享文化的根本了。教师的师德师风体现在通过“有教无类”促进机会公平，通过“因材施教”促进过程公平，通过“人尽其才”促进结果公平。教师的“德”不只是教好书，让学生掌握多少知识，而是通过教书育人，培育真、善、美的智者、勇者、仁者。所以，学校无小事，事事有教育；学校无空地，处处有教育；学校无余暇，时时有教育；学校无闲人，人人都是教育工作者。教师要做学生道德的模范、人格的榜样。

“革新模式”就是变革以往以教授为主要方式、以灌输为主要途径的教学模式，给学生以自由，有自由才有选择；给予学生以兴趣，有兴趣才有学习；给学生以主动，有主动才有进步；给学生以探究，有探究才有创新。只有不断地变革模式，教师的技能才能不断增长。

“把握标准”就是把握好国家课程标准，国家课程标准是教材编写、教学和考试命题的依据。教师如果不能准确把握课程标准，我行我素，有可能南辕北辙。

“科学评价”更是教师素质的重要指标，全校教师都要确立“学生个个都是好学生”“每一个都很重要，每一天都要生长”的评价理念，针对不同学生采取不同的教育教学策略，从而达到人人满意、个个幸福的教育效果。比如，对高三年级的管理，本着“优秀学生重在服务，教学瞄准中等生，辅导着眼学困生”的原则，可以采取学校领导跟班目标责任制、领导小组课堂巡查制、深入班级调查制、教育教学管理每周交流制和学情分析坐标制，加强教育教学的过程跟踪，为最终的决胜高考打下坚实的基础。

总之，共享管理文化重在梳理、重在营造、重在构建、重在探索，进而把握好学校的发展方向，形成独具特色的经开高“1234”办学思想。

“1”就是办学目标。即“立德树人，共享美好，过一种幸福完整的教育生活”。

“2”就是学校使命。即“让我们的教育适合每位师生的成长”“让每一位师生全面而具有个性地成长”。

“3”就是办学方向。即“共建卓越的美丽学校”“共筑完整的美好生活”“共享幸福的美妙人生”。

“4”就是四大办学理念。分别是“文化立校、民主治校、实干兴校、创新强校”的办学理念；“校园高标准、教师高水平、学生高素质、办学高质量”的办学理念；“在共建中共享、在共享中创新、在创新中超越”的办学理念；“共读的书香校园特色、共进的文化管理特色、共研的教师成长特色、共赢的汇聚美好特色”的办学理念。

次说“两翼”——共享课堂和共享课程。

关于共享课堂——

课堂是学校教育教学的主阵地，是培养学生的主渠道，也是教师的安身立命之处。共享文化观照下的共享课堂有倾听、有对话、有温度、有魅力。这些都是建立在读懂高中学生的基础上的。

处于青春期的高中学生，有他们特有的世界。我们的责任就是让他们的知识世界丰满起来，让他们的生活世界丰润起来，让他们的心理世界丰盈起来，从而成为阳光、健康、幸福的时代青年。

而占据在校时间 4/5 的学科课堂，就成了我们实施共享文化的焦点、热点、难点和亮点。有倾听、有对话、有温度、有魅力的共享课堂也就成了经开高人孜孜以求的不二选择。

何谓“有倾听”?“倾”，有“用尽力量”的含义；倾听，指非常投入、十分专注地听。如果忽视了倾听，缺失了倾听，共享课堂将成为一句空话。

共享课堂中，教师要倾听——倾听学生的疑难，倾听学生的思路，倾听学生的独到见解。只有耐心倾听，才能了解学生学习中疑在何处，难在何方；也只有用心倾听，学生才愿意述说自己的骄傲、挫折、困惑甚至秘密。

共享课堂中，学生更要倾听——倾听老师的知识讲解，倾听同伴的真知灼见，倾听自我的内心声音。学生的倾听，是能够“嚼出浓浓的学科味儿的”。倾听中多一份尊重，少一份轻视；倾听中多一份关怀，少一份冷漠；倾听中多一份温情，少一份功利；倾听中多一份赞美，少一份责骂。“有倾听”是共享课堂的基本特征。

何谓“有对话”？对话不是对抗，有对话就有理解、就有谅解、就有了解，对话是平等的沟通和交流，对话是相互的提醒和提携。

有了对话，就会关注学生的起点，理解他们真实的疑问。学习不是简单的信息积累，而是新旧知识、经验的相互作用而引发的知识结构重组。课堂上的学习起点，不外乎两方面：一是知识发生、发展的逻辑次序（逻辑起点），二是学生已有的知识经验（现实起点）。对话中，可以将学生自学、互学、展学过程中的问题暴露出来，教师不断地进行捕捉和诊断，明确学生对于即将学习的内容已经会了哪些，存在哪些知识盲区、错误点和迷惑点，他们最想知道哪些知识。教师根据这些信息，然后调整教学进度。

有了对话，就会关注学习形式，提升整体效能。著名学者埃德加·戴尔“学习金字塔”理论指出，学习效果在30%以下的往往是个人学习或被动学习，而学习效果在50%以上的都是团队学习、主动学习和参与式学习。以对话为主要形式的共享课堂强调对话活动，不是简单的师生、生生问答，而是围绕某一主题持续开展的对话学习活动；不是问答式的线性推进，而是紧紧围绕主题的多类学习活动的串联。如此，整体效能会大大提升。

有了对话，就会关注思维发展，实现分层教学。知识是硬件，思考才是核心的软件。对话中，不必注重学生的答案正确与否，要注重思考问题的过程与方法，重点关注学生的思维发展。无论是“组内分享生生对话”，还是“展示交流多维对话”，都应该鼓励学生有疑必质，大胆提出不同见解，在质疑中学会批评与自我批评，学会表扬与自我表扬。

何谓“有温度”？就是在共享课堂中，让冷冰冰的面孔热起来，让硬邦邦的话语暖起来，让书本上陌生的知识符号染上浓浓的生活气息，让学生感受到知识的温度。怎样有温度？首先是直抵生命，每堂课都要把学生看成是一个个鲜活的生命，一个个有灵气和个性的人，一个个正在蓬勃生长的青春少年，而不是存放知识的容器。而教师也在有温度的课堂里实现着自己的生命成长，体现着自己的生命价值。其次是直面问题。没有问题才是最大的问题。应该让问题成为课堂的“催化剂”，带着问题，引导学生深入文本，融入故事，展开思考。再次是直指心灵。有温度的课堂就要情感浸润，让课堂彰显生命张力。最后是直通生活。当下中小学课堂最大的弊端莫过于缺少生活的气息。如果每堂课都让学生沐浴生活的阳光，就会让他们的学习基于生活、为了生活、在生活中、直通生活，从而有效地感知、感受、感悟、感想。

何谓“有魅力”？《说文解字》中，“魅”意为老而成精的东西（鬼怪）。共享课堂的有魅力是指魅力背后有深厚的根基，具有极强的吸引性必然超凡脱俗，有其不同寻常的质的规定性而非简单雷同。新教育实验学校——四川省金堂中学总结的“五环节”“学力课堂”就很有魅力，值得借鉴：

（1）自学环节：教师依据课程标准，结合学生实际，确定核心教学内容，科学整合教材内容，编写层次分明、循序渐进、滚动推进的导学案，帮助学生识记、分析、归纳、理解课程所规定的基本内容，让学生获得学习新知识所必备的预备性、基础性和相关性知识与技能。

（2）互学环节：在学生个体之间、群体之间，对学生自学过程中遇到无法解决的难点问题、模糊知识、混乱思路，各抒己见，彼此对话，展开讨论。

（3）展学环节：学生在课堂上汇报自主、合作学习成果，通过展示，让学生感知学习结果或结论的不足，展示学生的思维过程，进而为学生搭建展示能力与智慧的舞台，收获成功喜悦，分享成长快乐，增强学习自信心、自尊心、表现欲，从而获得精神满足，为深度学习提供强大、持久的精神动力。

（4）导学环节：即教师以教学核心立意为引导，以建立目标体系为基本方法，以培养学生思维品质为核心，以逻辑问题串联为载体，以解决实际问题为途径，以提高学生学科核心素养为目标，指导学生进行自学、互学。

（5）练学环节：是学生对所学知识进行内化、应用，建立与现实生活的联系，实现知识深化及发现新知的实践关系。

金堂中学“学力课堂”的魅力就在于将“学”贯穿于密切相关、相互依存的教学各环节。我们完全可以拿来借鉴。

关于共享课程——

课程是种子，是土壤，是伟大的机会，还是活在我们信念中的那些故事；课程是学生成长的跑道，有怎样的课程就有怎样的生活，课程的丰富性决定了生活的丰富性。所以，共享文化必须要有共享课程的支撑，并且致力于卓越课程的研发。

一是国家课程的校本化研发。应该将主要精力投放到学科课程的完备、完善和完美的研发与实施中。比如语文课程，就应该扎扎实实地培养学生听说读写的能力；就应该让学生享受到语文学习的尊严和幸福；就应该在学生心田播下文学、审美、精神的文化因子；就应该像大海一样包容，像高山一样挺拔，像植物生长一样舒展。

二是校本课程的活动化研发。校本课程体现了一所学校教育价值的取向。我们应该集思广益，深入研究创设符合学校实际的课程文化。比如可以独具匠心地将校本课程建设与德育工作相结合；可以独具慧眼地将校本课程与课堂改革相结合；可以独辟蹊径地将校本课程与社团活动相结合。

三是班本课程的个性化研发。从班级实际出发，充分利用各类教育资源研发和实施独具个性的班本课程。

有识之士认为，现今看一所高中学校是否真正实施素质教育，究其显性指标：一是看该校高考不考的课程是否开了，开得怎么样；二是看该校学生社团搞不搞，搞的效果如何。因此，经开高的共享课程应该在以下几个方面着力——

（1）生涯规划课程。一个人选择了什么样的职业，往往就意味着选择了某种社会角色和生活方式。但对于高中生来讲，往往用12年来提高分数，却只用几天来选择人生，导致许多学生选错了职业入错了行，难以在人生道路上享受到职业的幸福。可见，对高中生进行职业生涯规划教育非常重要而且紧迫。生涯规划教育的内容包括：生涯概述、自我认知、生涯规划。如何将规划的理念落实到实处，必须要以课程为载体。为此要开发高中生职业生涯规划校本教材。高一年级侧重自我发现、唤醒潜能，高二年级侧重生涯认知、科学规划，高三年级侧重实战演练。整个三年都高度重视在目标引领下的自我分析、自我评价和自主提升。

（2）积极心态课程。通过集体辅导与个别辅导相结合的方法普及积极心理学的相关知识，培养学生的积极心态。充分利用心理咨询室、沙盘治疗室、团体活动室等设施设备，开展丰富多彩的活动，让学生充分表达与交流，传递正能量。同时参照积极心理学，结合学校师生的具体情况，编写校本教材，力争趣味性、知识性、实效性俱佳。

（3）阳光体育课程。体育的重要性在高中生中尤为明显。参照以往的经验，应该从选项课模块教学入手，编写阳光体育教材，包括体育与健康知识、田径、篮球、足球、羽毛球等项目，并以社团俱乐部的形式，推进全校各年级的阳光体育活动，真正做到阳光体育的两个百分百——每天体育锻炼一百分钟，百分之百的班级开足体育课。

（4）“四自”活动课程。这是学校已有的比较成熟的校本课程，应该继续完善和推进。“四自”即自知，自信，自主，自律。四者的关系是：自信源于自知，自主强化自信，自律彰显自主。继续通过“学生自主管理委员会”开展丰富多彩的学生艺术社团活动，如合唱团、管乐团、摄影社、美术社团等，如歌咏赛、读书节、科技节、艺术节等，让学生丰厚学养、陶冶情操、分享幸福。

（5）社会实践课程。这是学校得天独厚的优势，因为学校所处的地理环境特别优越。校内有近20亩的生态园基地，校外则更多。我们应充分利用，整体规划，比如：①徐州“大汉雄风”研究，通过汉文化遗迹遗存的寻访为做强做大做响徐州汉文化品牌做出贡献。②徐州“豪情运河”研究。徐州作为大运河江苏段的最北端，线路长，遗产多，我们应该为大运河文化带建设贡献智慧。③学校周围医药、物流、光伏等高新企业以及徐州重工，都是让学生接触前沿科技，领略当下经济发展态势的极好教育素材。④潘安湖湿地公园的合作共建实践。离校5千米的潘安湖湿地公园是国家4A景区，为煤矿塌陷、土地复垦工程，这是学生参加生态文明建设极好的实践活动场所。⑤“马庄精神”弘扬研究。新农村建设的典型——徐州市贾汪区马庄村，如今人气真旺，而“一马当先的勇气、跃马扬鞭的速度、马不停蹄的毅力、马到成功的效率”的马庄精神，对高中学生的激励更是非常适合。⑥淮海战役纪念塔、纪念馆的定期瞻仰。这是对学生进行革命传统教育极好的课程。另外，还有驻扎在当地的部队王杰烈士的“一不怕苦、二不怕死”精神等。

总之，围绕习近平总书记党的十九大后首次调研徐州的重要讲话精神，致力于感性于外，理性于内，感性于形，理性于神的共享课程研发，我们应有作为、大有作为。

同圆梦想、共享幸福。徐州经济技术开发区高级中学的共享文化初步完成了顶层设计，还需中层调适和底层落实。学校文化不可能寄希望于一朝一夕，也不应朝令夕改。艺术地想、科学地做、文化地传，我们都要经历一段被人认可的时光。

新时代的大门已经被推开，更广阔的世界等待着我们的奋斗，更辉煌的未来等待着我们去书写。为了共享教育的学校文化，经开高人永远目光向前。恰如青年马克思曾经的预言："我们感到的将不是一点点自私而可怜的欢乐，我们的幸福将属于千万人，我们的事业并不显赫一时，但将永远存在！"

（2018 年 1 月 3 日）

2　老树新芽，同生共长

——江西省余江县第二中学生长文化的策划与创意

这是一棵树，一棵校园里的树；这是一棵老树，树龄已近千年。

江西省余江县第二中学校园里的这棵树被称为“孔庙槐荫”，原是一棵于宋代植入孔庙大成殿（即今余江二中教学办公楼）前的槐树。如今这棵槐树已树干坍塌，老朽不堪，但枝叶却繁茂地向院内伸去。据同治版《安仁县志》记载，这棵树曾于清道光五年（1825 年），“风折枯，而再荣”。为不使这棵老槐树倒地，学校现已用 2 米高的方形砖柱将树干撑起，根部用砖砌 1.5 米见方，高约 1 米的土堆围起。

2018 年 4 月 22 日，一个春光明媚的上午，在余江县教育局吴丁一书记和吴小街科长的陪同下，我第一次来到了位于信江河畔，千年古镇锦江镇的余江县第二中学，在吴小明校长、俞志超副校长的引领下，我第一次站在这棵“孔庙槐荫”旁，触景生情，感慨万千！

这是一棵树吗？这分明是一个充满伟大生长力量的生命！

这仅仅是一棵树吗？不，在这棵老槐树的周围，还有茂盛翠绿的香樟，还有粗壮高挺的百年柏树，还有引凤筑巢的法国梧桐，还有近百种叫不出名字的各种各样郁郁葱葱的花草树木。因为在占地面积 93380 平方米的余江二中，有两座山（一所农村中学有两座山，这恐怕是全国都很少见的吧），山脚、山坡、山顶上（严格意义上是说整个校园里）到处是旺盛生长的树林。

这仅仅是一棵老树吗？这棵“孔庙槐荫”，分明述说着饱经风雨沧桑而又顽强生长的学校文化——“老树新芽，同生共长”的生长文化！

我是应余江县教育局的邀请，赴余江做了一天的新教育通识培训，又花了一天半的时间先后去了余江县六小、二中、潢溪中心小学、韬奋学校、三中和余江县第一中学等 6 所学校，进行了参观考察和学校文化策划创意的交流。余江二中是我终生难忘的一所很有文化内涵的学校。

信江河畔的锦江镇，20 世纪 50 年代还是余江县城。余江二中是余江县历史最悠久的学校。早在 1906 年，余江乡贤陈琴孙，目睹国力衰微，决心走教育救国之路，毅然变卖所有家产，在锦江创办了“余江私立琴孙中学”，1939年，学校搬迁到锦江文庙，也就是“孔庙槐荫”所在地。如果从这一年算起，虽几经易名，余江二中也有近80年的办学历史了。早期作为余江县的最高学府、人才培养的摇篮，余江二中曾走出了中国工程院院士朱伯芳等顶尖人才。而如今拥有了43个教学班（初中35个班，高中8个班）3150位学生和171位教职员工的余江二中，正如那棵千年槐树，老树新芽，欣欣向荣，焕发出旺盛的生长活力。

从余江回来后的近两个月里，我脑海中常常浮现起滚滚流淌的信江水、静静卧立的古城墙和锦江古镇里的旧教堂、旧县衙，但更多的是“江西省绿色学校”——余江二中，脑海中始终思考着余江二中的学校文化应该做怎样的概念表达。

学校文化建设就好像为学校制作一件合身漂亮的衣服。应该抓住历史，给学校找一块鲜艳的“布料”；应该基于现实，给学校挑一个不错的“裁剪”；应该放眼未来，给学校设计一个独特的“款式”。我以为余江二中的“布料”就是茂盛生长的树木，“裁剪”者就是校长和全校师生，“款式”就是蓬蓬勃勃的生长！因此，余江二中的学校文化可以界定为生长文化，或者说是生长教育。

生长是著名教育学者杨九俊先生主张的最美教育的样态，这是很有道理的。因为，生长必须是完整性生长，必须是规律性生长，必须是独特性生长，还必须是气象万千的生长。

由此，我以为余江二中的生长文化应该从上面的“四个必须”中，寻求其文化的理念前瞻性和构建合理性。

第一，关于完整性生长。余江二中的生长指向全校每一位师生的同生共长。每一位都是活生生充满着阳光、自信、坚毅、坚定、坚强的生命体。生命的完整性可以从双重生命的意义上去理解。人不仅是自然生命，还有文化生命；不仅有物质生命，还有精神生命；不仅有个体生命，还有社会生命；不仅有本能生命，还有智慧生命。康德曾指出，教育就是使人成为人。师生生命的完整性要求我们不能忽视文化生命、精神生命、社会生命和智慧生命。否则，就是不完整的。有人曾批评，“高中无教育”，只有讲题目、做题目、考题目，就是因为在有些高中学校将学科知识异化为考试，于是只讲题目、做题目了，而不是完整的教育教学。余江二中的生长教育就是要最大限度地接近完整！

第二，关于规律性生长。中学生的成长自有其规律，违背规律就是鲁迅所批评的“逆天行事”。余江二中的生长教育一定要遵循、契合学生发展的基本规律，顺其自然地引导向上。为此，一要高度重视师生的价值。用新教育的话语表述就是“无限相信每一个师生的潜能”。二要努力延续童年精神。中学阶段虽不是童年，但欢笑、惊奇、好奇、信任等童年可贵的特质不能消失，这是学生向善向上的不竭动力，童年精神应该伴随初中生、高中生的成长。三要注重学生成长的节律。节律是指季节时令或某些物体运动的节奏和规律。与大自然一样，人的生命也有其节奏和变化，怀特海就曾指出学生的发展要经过“浪漫阶段—精确阶段—综合阶段”。因此，为了每个学生生命的拔节，我们不能拔苗助长、急于求成，不能本末倒置、越俎代庖，而应该“润物细无声”“好雨知时节”。

第三，关于独特性生长。每个学生都是一个独特的世界，最好的教育是适合的教育，最好的生长是尽善其美的生长。根据独特性生长的要求，余江二中应该努力认识“这一个”，不是让学生适合我们的教育，而应该让我们的教育适合不同的每一个学生。为此，我们不应该通过打造模子，让教育过程变成生产流水线，造就千人一面的产品。要认识“这一个”，就不能仅仅关注学生成绩，还要重视学生个体性格的差异性。仅就学习而言，个体性格会带来某些学习方式的偏好，会形成不同的学习风格和学习方式选择的倾向性，在这个方面理解了“这一个”才能真正加强教学的针对性，改进学生的学习。生命之树常绿，我们要尊重每一个独特的生命，为学生个性发展提供丰富的土壤。以校本课程为例，我们应设计研发更多样性和更有选择性的校本课程，使每个学生的个性发展都能汲取特有的课程的滋养。以课堂教学为例，教学活动中，要多考虑怎样照顾不同层次的学生，怎样照顾特殊学生。

第四，关于气象万千的生长。余江二中的生长教育，关注的不是一个孩子，而是每一个孩子；不是一个班级，而是全校初中、高中的各个班级；不是一个年级，而是从初一到高三的每一个年级。既然是气象万千的生长，就要特别重视生长的活力与朝气。学生要有朝气，而不是如人们感叹的一个个成为“小大人”“小老人”；要有活力，就是“我来到这个世界，是为了看太阳”，即要有理想的追求，蓬勃的朝气，老气横秋不是我们向往的“新人”，死气沉沉孕育不出“明天的太阳”。气象万千的生长，还要求余江二中能够让学校的德育、课堂、社团、阳光体育、艺术教育、科技教育以及书香校园、法制校园、安全校园等各个领域、各个板块中的教育生动活泼、出类拔萃。

教育的出发点和落脚点就是让学生经历一种生长，见证一种生长。余江二中的生长文化，抓住了教育的本质，不仅契合卢梭、杜威、陶行知、陈鹤琴等中外教育家们“教育即生长”的教育思想，而且契合了新世纪以人为本的教育主旋律；不仅符合“学生发展核心素养”的要求，而且满足了学校历史、现实和未来发展的实际需要。这是明智的选择，这是科学的定位！对此，我们必须坚定不移、坚信不疑！

生长主题的确定，我自然想到了与之相关联的生活、生机、生态和生命；我也自觉地思考起生长文化构建的基本策略——

一、生长的管理

“大学之道，在明明德，在亲民，在止于至善。”生长文化是一种以生长为核心的境界追求，是一种对完美境界孜孜以求的崇高精神，更是“行于天下，止于至善”的脚踏实地的管理文化。

首先，生长的管理必须构建起生长文化的核心思想。

我以为可以用“老树新芽，同生共长”（或生长）作为校训，这一校训昭示着余江二中师生“做诚实人，行阳光道，求真善美，立天地间”的做人目标和理想追求。而原来的校风、教风、学风和校徽、校歌、校旗、校树、校花、学校吉祥物等也应该自由自在地与生长相匹配，我建议：

校风：天天向上，人人生长。

教风：乐业、敬业、勤业、精业。

学风：会学、会问、会思、会行。

校徽：（略）

校歌：（略）

校旗：（略）

校树：槐树。校园里的“孔庙槐荫”，这是余江二中的象征，更是老树新芽，蓬勃生长的教育意蕴。

校花：杜鹃花。漫山遍野的杜鹃花寓意全校师生生机勃勃，灿烂绽放。

学校吉祥物：（略）

其次，生长的管理必须构架起生长文化的理念体系。

生长文化体现生命拔节的概念。学生生命的拔节是一个成长的过程，更是一个行动的指令，它要求学校教育教学以丰富的内涵来丰富学生七彩斑斓的生活，发出激动人心的拔节声。它要求我们使学生向正确的方向前进，让生命拔节进行一次次艰辛的跋涉，一次次在失利中站立起来，让幸福教育与快乐学习陪伴学生的每一天。

生长文化显现师生共长的观念。在某种意义上说，师生共长才是最好的教育：一方面是适合学生成长的教育，另一方面是适合教师发展的教育。最适合学生成长的教育，就是学生的潜能得以健康可持续发展；最适合教师发展的教育，就是让教师在教育学生的同时，自己的潜能得到发挥、特长得到运用、水平得到提高，也就是说能使教师的专业素养得到不断成长、创造能力得到不断提高。

生长文化唤醒生命教育的意义。生命教育的内涵主要是教人认识生命、保护生命、珍爱生命、欣赏生命，探索生命的意义，从而拓展生命的长、宽、高。这就要求我们通过有目的、有计划、有组织地进行生命意识熏陶、生存能力培养和生命价值升华，最终使其生命价值充分展现。

生长文化探求生活实践的真谛。生活实践课程作为学校课程的元素，应发挥课程资源优势，培养学生综合实践能力，为学生素质的全面发展提供技术保障。为此，学校应不断拓展教育的大环境，挖掘资源，为校本课程开发奠定坚实的基础。应紧扣现实生活，让学生走出课堂，走向社会，走进生活，在了解社会、了解生活的过程中学会交往、学会学习、学会合作、学会做人。

生长文化呼唤生活教育的追求。陶行知教育思想的核心是生活教育，今年恰逢陶行知先生提出生活教育理论 100 周年，我们应该很好地研究和实施生活教育。生活教育其实就是给生活以教育，用生活来教育，为生活向前向上的生长教育。

最后，生长的管理必须构筑起生长文化的管理机制。

“思想有多远就能走多远!”有了生长文化的核心思想和理念体系，还必须有完善的管理机制。这一管理机制包括目标、激励方面的规章制度，还包括对教师、学生、班级、寝室、教室等一系列评价机制。

以目标机制为例，余江二中应该响亮地喊出“今天第二，明天一定可以成为第一”的口号，用这一口号为师生打气，替师生鼓劲。比如，可以经过教代会认真讨论，形成校园建设的长期目标：生态公园、文化圣园、数字校园、温馨家园、生长乐园。只要恒久坚持，精心雕琢，一个凸显“五园目标”的现代学校必将形成。比如，全校教师，不论是年轻的还是年老的，都要制订自我成长的短、中、长期目标，从而咬定目标不放松，快乐行吟在教书育人的大道上，一路采撷，一路芬芳。还比如，随着旨在“增加学生选择权，促进科学选才”的高考改革方案出台，余江二中完全可以实施生涯规划教育，为每位高中学生成长成才的长远发展计划、谋划、策划。

以激励机制为例，学校应该为全校师生搭建个性展示、才华比拼的舞台。即使学生餐厅的管理，每天都应充满着激励的元素。在以往的餐厅管理中，全校一千多人同时就餐，都能井然有序，没有任何插队、拥挤、以大欺小的现象。这都是激励机制的效应。激励机制运用于学生寝室管理，也曾产生良好反响，每个寝室都由学生自己命名，如“梦想家园”“青苹果乐园”等，并做成统一的牌子张贴在寝室门上，牌子下面是集体照和寝室成员负责分工表；寝室内要求做到“七条线”：桶盆一条线、鞋子一条线、毛巾一条线、碗筷一条线、牙具一条线、被子一条线、其他物品一条线；寝室里都有一束花、一个制度栏、一幅风景画、一条生长励志格言。

二、生长的教师

生长文化离不开教师的生长，生长的教师才能培养生长的学生。向上生长必须向下扎根，生长的教师需要生长的空间。我建议余江二中的教师应沉入“六度空间”：

一是专业阅读增加厚度。专业阅读可以站在大师的肩膀上起飞。书不仅能增长知识，开阔视野，还能滋养教师的人生底气。每天在业余时间，在睡前饭后读几本书，看几篇文章，应该成为每个教师自觉的生活习惯，从而用阅读来丰盈内心，用阅读来提升自己的专业能力，势必会增加教书育人的厚重度。

二是及时梳理提高效度。如果教师成天忙于备课、上课、批改作业，一定会忙得焦头烂额。站在生命成长的角度，我们应该从琐碎繁杂的事务中解放出来，有条不紊地梳理归纳自己工作的重点、难点，不断提高工作的效率和效度。

三是主动参与增强亮度。生长必须主动，全校教师都要有当家做主的思想，主动参与学校的公开课、研讨会、教学竞赛、课题研究等，而且要主动发言。畏难只会让自己后退，参与才知道自己深浅。每一次公开课都是展示自我的机会，而每一次历练和打磨的过程，就是成长的过程。无论是相互磨课，还是外出培训，都要积极争取参与。在这样的参与过程中，就会有知名度，就会不断增强自己的亮点。

四是教学反思开掘深度。学然后知不足，教然后知困。只有经常反思不足和困惑才能不断地完善和成长，写教后记就是一种很好的反思方法。

每节课后都反思自己：有没有尊重生命成长的客观规律？有没有更好的教育教学方法？有没有既欣赏盛开的鲜花又善待迟开的花苞？经常地进行这样的教学反思，就会看到更多的教育本质，目光就会更深邃。

五是学科敏感扩展宽度。中学阶段课程体系走向整合、课程设置走向综合、课程内容走向融合是时代发展的必然趋势。如果一个教师仅仅局限于本学科的教学，必然被时代所淘汰。因此，我们应该增强学科的敏感性，走破界、跨界与融合之路，除了关注本学科的知识更新外，还应关注整个教育的趋向。为此，建议教师们订阅《中国教育报》《人民教育》《教育·读写生活》《江西教育》，以及《读者》《青年文摘》等报刊，这样才会让我们的视域变得更加广阔。

六是善于调节保持温度。来自工作、生活的种种压力往往让教师产生职业倦怠，为此，我们要经常调节自己，看看书、打打球、上上网、唱唱歌、跳跳舞，发展自己的爱好，寻找生活的乐趣，从而让心灵受到荡涤变得更加清澈，工作激情持续保温，生活更加有滋有味。

三、生长的课堂

课堂，归根结底是师生生命成长的一片丰富的土壤。所以，生长的课堂教学必须从生命的视角，播下科学学习的种子，让其发芽、生根、枝繁叶茂，直至长成参天大树，用课堂教学的精彩演绎生命的精彩。生长源于内在的渴望与外部环境的作用。在生长的课堂中，让学生自内而外地生长，教师就要深层次地寻觅思维活动轨迹，高标准地架设知识生长结构，从而让学生迸发出无与伦比的学习力量。我以为余江二中的生长课堂，不论是初中的还是高中的课堂，都应抓住以下四个重点，让每一节课充满生长的力量。

一是从问题中生长思维。生命的本质特征是自然生长，必须生长。中学学科教学的价值在于思维教学，思维教学的关键在于创设思维必然的场景，从而让学生通过课堂学习培养各类学科的思维，进而学会思考，提高学科核心素养。学生思维的方向性和层次性是由教师设置问题的目的性和质量决定的。如果设置的问题不能构成有效的思维场，那么产生的思维就没有方向性，即使教师把答案告诉学生，也是强加给学生的，不是学生自然生长出来的，这种缺失自然性的思维是没有生命的。如果设置的问题不能构成合理的思维场，那么学生的思维就会缺失必然性，也就没有层次性，这样的思维也是没有生命的。因此，从问题中生长思维是余江二中生长课堂特别要关注的。

二是从探究中生长学力。学力是学习能力、动手能力和知识水平的简称，它指一个人的知识水平以及在接受知识、理解知识和运用知识方面的能力。因此，生长学生的学力，提升学生的学力，自然成为课堂教学的责任和担当。基于这样的认识，我以为余江二中的生长课堂，不仅要重视学生应该学到什么，还要关注让他们怎样学到什么，所以教学中要给学生以自主探究的地位、独立思考的时空，形成过程的感受，体验成败的乐趣。只有这样，学生的学习才能走向深入，学力才能得以生长。学习如同大树的生长过程，种子发芽、生根、生长，再生根、再生长，循环往复，双向促进，最终叶茂根深。因此，从探究中生长学力是余江二中生长课堂要特别关注的。

三是从感悟中生长品格。如果说在探究中生长学力是一种能力的提升，那么在课堂教学中，还要锤炼学生的思维品质和生命品格。怎样锤炼？教师除了精心架设学生积极思维、主动探究的认知结构外，更要引导学生大胆尝试敢于实践的创新行为，在引领中感悟，形成一个刨根问底的探究信念和舍我其谁的必胜气场。这样学生顺着认知规律不断向前推进，新知在旧知的树干上萌发新芽，向着阳光努力生长，学生的学习品质和生命品格也在自己的感悟中不断得到有效的锤炼。

四是从内化中生长素养。教育部 2016 年 9 月公布了《中国学生发展核心素养》，基于核心素养的教学，既要立足当前的知识技能的发展，更要关注长远的能力品质的形成，在关注知识生长、生命成长的教学活动中，内化知识技能，积累活动经验，形成学科素养。因此，余江二中的生长课堂应该特别注重学生的内化，而不是简单的外化，从而真正从内心深处不断地挑战自我、完善自我、生长自我。

总之，余江二中的生长课堂应该着眼于“思维”“学力”“品格”“素养”，着力于“问题”“探究”“感悟”“内化”，让师生的每一个生命在每一节课堂中蓬勃生长。

四、生长的课程

有这样的说法：“一流教师做课程，二流教师搞活动，三流教师忙不停。”因此，余江二中的生长文化应该而且必须唤醒教师的自主生长，把教师的课程创新意识和动力激发出来，让生长的课程成为学生成长的滋养，让每一个生命自由呼吸。

首先，在“为每一个学生提供生长机会”理念的引领下，学校应千方百计开设校本课程。校本课程越多越好，可以几十门，甚至可以逾百门，从而为学生提供自主设计、自主选择、过程参与、独立思考、提问质疑、探究发现、自由表达、动手实践、犯错改正、体验情感、相互合作、展示才干、归纳总结和自我拓展的机会。

其次，生长的课程必须把握正确的课程设计方向。不仅要体现学生生长发展的自主性、开放性、生成性、无限可能性与超越性，充分发挥学生的主动性与创造性，彰显学生的个性，而且要使之成为一个充满人文关怀、充满同情与理解的过程，帮助学生全面认识自己，使学生主动进行自我教育、不断增强自我评价意识和能力，并在自我评价中认识到自我存在的意义和自我价值实现的重要性。不仅要系之于学生的知识、技能、心理素质、情绪、态度、习惯以及实践能力和创新能力的培养，而且要始终不渝地把学生放在最重要的位置上，关注每一个学生的成长，尊重每一个学生的主体地位，满足每一个学生的需求，善待每一个学生生命的灵性，启迪每一个学生的智慧，相信每一个学生的意义。从而让全校 3150 位初中、高中学生都成为生长课程的最大获益者。

最后，生长的课程应该花大力气，下硬功夫做出校本课程的品牌和特色。比如，学校周围社区的文化考察课程，包括信江河水域资源、锦江古城建筑以及邹韬奋等余江名人的考察研究，这是余江二中所特有的课程资源。比如，学校杰出校友的成长课程，包括学校创办者陈琴孙的爱国情怀、中国工程院院士朱伯芳的科学成就等，这是余江二中所独有的课程资源。还比如，作为“全国青少年校园足球特色学校”，余江二中应该构建足球文化，寻求内涵发展。有人说，校园足球的本质是文化。余江二中的足球队曾获“鹰潭市首届中小学生阳光校园足球比赛暨鹰潭市第二届体育文化节”初中组冠军、高中组亚军。这些辉煌成就令人羡慕，但必须上升到文化层面，应该让足球元素洋溢在校园的每个角落，使足球文化伴随学生幸福成长，将足球精神根植师生的心灵世界，真正做到“踢好球，读好书，做好人”。

课程是一方沃土，每个孩子都是一颗种子，孕育着无限可能，生长课程将促进余江二中课程的生长，进而促进学生的成长。

五、生长的环境

老树春深更著花。余江二中正赶上不忘初心，砥砺前行的新时代。抓住余江县教育局将投巨资改造学校环境面貌的大好机遇，余江二中应该整体规划，分步实施，立足生长文化，打造生长环境。

生长环境的打造应该做好顶层设计。顶层设计的基本思路：围绕一个核心，即以人的生长为核心；基于两个目标，即教育环境的和谐，教育主题的共生；把握三个思维，即系统观、联系观和动态平衡观；遵循四个原则，即尊重生命、尊重多样、尊重差异、尊重规律。

生长环境的打造应做好“加减乘除”。所谓“加”，就是增加生长的文化元素。无论是两条绕山道路的修建，还是路名，路边亭的命名，无论是教学设施的添加，还是多幢教学楼名的设计，都要添加与生长文化相匹配的因子。所谓“减”，就是将校园里与教育、与师生成长不相符的设施减去，比如校园东南角山坡下的养猪场地就应该搬走。所谓“乘”，就是为学校的文化景观增添生长的亮色。比如，校园内两座山头采用自然布局，做到规整与自然相结合，在山水之间为学生提供良好的学习环境。比如，建筑周围的绿化突出安静、清洁的特点，形成具有良好环境的教学区，在建筑物的四周，考虑到室内通风采光的需要，靠近建筑物栽植低矮灌木或宿根花卉，离建筑物远一点的地方栽植乔木，建筑物背阴面选用喜阴植物。比如，校园内树种丰富，可挂牌标明树种的名称、特性，配上二维码，将与此树种相关的诗文等罗列。比如，校园内原孔子雕像、“孔庙槐荫”“果老丹池”和桐子岭南坡山腰上的学校创始人陈琴孙坟墓等应该修缮一新。校园里还应修建防腐木画廊架、文化背景墙和文化浮雕挡墙等。所谓“除”，就是除去校园里与生长教育不相符的标语口号等。

我不是园林设计、广告公司和建筑方面的专家，不可能提出非常合理的方案，但我相信，在生长的环境里，余江二中的校园应该是美丽的、师生是舒心的、成长是快乐的，真正实现着蓬勃生长和茁壮成长！

你凝视过一棵树吗？你凝视过一片树叶吗？

站在余江二中“孔庙槐荫”旁，我的脸颊上轻轻拂过这棵树的树叶，我的眼前翩翩掠过这棵树的树叶。凝视这棵千年老槐树，我感到这是一份机缘。好像大自然给我特意安排的，偶尔的凝视，让我大彻大悟——老树新芽，同生共长。这就是教育，这就是文化，这就是余江二中的生长文化！

（2018 年 6 月 10 日）

3 东方绿洲，情浓智涌

——江苏省海门市东洲中学情智文化的策划与创意

相传唐朝名将薛仁贵东征，扬帆出海，不料海面上突起大风，巨浪汹涌，战船起伏，几近颠覆。这时船上镇海金牛，忽然长吼一声，跃入水中，顿时风平浪静。多年后，金牛入海处涨起一片沙洲，称为东洲，这就是今日的海门。

东洲——东方绿洲。东方，太阳升起的东方；绿洲，沙漠中给生命希望的绿洲。多么富有诗性，又多么富有质感；多么充满情意，又多么充满内涵。

在这个称作东洲的海上名门，物华天宝，人杰地灵，崇文重教之风古已有之，源远流长。而伴随着改革开放的春风春雨，海门的教育生态日益改善，其中以“东洲”命名的中学、小学、幼儿园组成了领跑海门教育的金字招牌。

值得欣慰的是，与我生命成长休戚相关的东洲中学，30 多年来，情浓智涌，书写了东方绿洲的教育传奇。

早在 1988 年，刚建校的东洲中学张炳华校长就组织教师外出听课，进行教研活动，听的第一节课居然是我执教的历史课。当时我只是四甲中学一个普通的历史教师，因为高考成绩突出，而且正在进行“学导式历史教学法”的改革实验。可惜我后来离开了三尺讲台，没有成为历史教学名家。而当年听我课的东洲中学的教师们却大都成了学校的教学骨干，有的成了南通市学科带头人。

时间到了 21 世纪初，作为江苏省模范学校、江苏省示范初中，东洲中学和张炳华校长已经享誉全省。特别是学校心理健康教育的特色，创造了十个“全省第一”。带着敬佩，也带着几许惊奇，作为教育局教科室主任的我，连续一个多月在东洲中学采访调研，写就了两万多字的长篇通讯《张炳华的幸福之路》，并且后来以《圆梦》为题，在教育部主办的《人民教育》杂志上以 9 个页码的篇幅发表，产生了巨大的影响，海门市还专门做出了向张炳华同志学习的决定，这应该说是东洲中学历史上最光辉的一页。可惜的是，在东洲中学20年和30年大事记画册中都没有反映。这里我记录此事，绝不是要炫耀自己，但对我的生命成长而言，《人民教育》发表的《圆梦》和《江苏教育》刊发的《夫妻教师》，助我成为江苏省教育宣传先进个人。而这两篇通讯报道似乎揭示了东洲中学的两大文化特色：《圆梦》是智慧管理；《夫妻教师》是情感投入！

历史的年轮转到2007年，建校20年的东洲中学迎来了新的20年的征程。这一年，滕玉英担任了校长。

滕玉英，是我骄傲的四甲老乡，也是我自豪的四甲中学学生。当她担任校长之前和之后，都没有忘记我在她们毕业班会课上讲的一句话——“要好好地书写自己每一天的历史”。

在滕玉英校长的办公室里，我已经记不清有多少次与她共同探讨学校文化。学校文化是学校师生生活中长出的果子。人们所看到、听到、触摸到的学校文化，其实是师生们在长期生活中积累并传承下来的智慧，它通过某种载体或一定的方式表达出来。

讨论中，我坚定地认为东洲中学学校文化应该是情智文化。因为东洲中学以往历史中最大的特色与传统是心理教育和智慧管理。而心理最主要的是情怀，是情感，是情意，所谓“情动而辞发，情真而意切”。而智慧是指聪明、见识，是与智力、智能、智谋、智商等紧紧相连的。把“情”与“智”连缀而成情智，也许不是我和东洲中学滕玉英校长的发明，南京市北京东路小学孙双金校长就很早提出“情智语文”的命题，已经叫响省内外。

情智是情与智的融合，情的生成总渗透着智的发展，智的发展伴随情的生成。情与智是不可分离的，情以智为基，智以情为本，情在智中生，智在情中求。情、智是与人紧紧相随的，正如滕玉英曾阐述的，“人”字中的一撇是“情”，一捺是“智”。教育的一切和一切的教育都是指向人、为了人，从这个意义上说，情智教育是真正的教育。将情智文化作为东洲中学的主题文化是能够统领学校前进发展的。

一、由智慧管理向情智管理的转化

老校长张炳华可以说是智慧管理的化身，他的智慧管理是东洲中学的宝贵财富。我曾在参与策划的以“张炳华与智慧管理”为主题的江苏省初中校长论坛上，指出张炳华的智慧管理其实是人性关怀的管理智慧，他的管理充满了人情味、人文性和人本化。与其说东洲中学是智慧管理，不如说是情智管理，情智管理是智慧管理的提升与超越，是更加注重人情、人文和人本。

在情智管理的语境下，滕玉英的管理团队设计了耳目一新的管理文化系统——

治校方略：以师德增强人格魅力，以制度提升教育能力，以科研挖掘质量潜力，以特色扩大办学张力，以改革增强学校实力。

核心价值观：团队合作、追求卓越。

办学理念：让学校成为师生共同成长的精神家园。

办学目标：学校有特色，学科有亮色，教师有专长，学生有特长。

工作目标：敬业、务实、智慧、高效。

处事原则：不做海滩上的砂石互相碰撞，愿做天空中的星星相互照亮。

学校精神：团队合作的奉献精神，超越自我的进取精神，追求卓越的乐业精神。

校训：心雅学博，情浓智涌。

校风：勤奋、严谨、诚实、文明。

教风：热爱学生、言传身教、勇于探索、精益求精。

学风：拼搏善思、厚积创新。

教师素养：目标高远、人格健全、胸怀伟大、爱岗敬业、情趣高雅、勤奋好学、乐于反思、理念先进、知识渊博、方法科学、能力超群、开拓创新。

学生素养：热爱生活、品行端正、胸怀祖国、情趣高雅、放眼世界、善于合作、自信自强、敢于创新、勤于学习、善于思考、学有成效、富有特长。

虽不能至，然心向往之。有了教师素养和学生素养的培养目标，只要实实在在地进行情智管理，就一定能实现这样的素养目标。这里，我特别建议东洲中学的情智教师管理要注重以下五个“度”：

一是温度，充满对教育生命的关爱，彰显情智教师的人文底色。情智教师需要一种大爱情怀，需要理智感、审美感和道德感凝聚而成的一种复杂而高尚的教育情操。因此，既要全面深入地了解每个独特的学生个体，研究每个不同的学生个体，又要充分尊重、信任、鼓励每个学生，还要用心引领、培育、转化学生。这实际上是要让每位教师都拥有教育理想情怀。

二是厚度，拥有厚重的知识文化底蕴，体现情智教师的学科本色。每个情智教师既要有广博而深厚的综合基础知识，丰富而有活性的教育心理知识，系统而精深的专业学科知识。既要在文、史、哲等人文社会科学领域有扎实的功底，在理、工、农等自然科学领域有稳固的根基，在音乐、美术等艺术领域有一定的修养，还要对教育教学活动的规律有特别透彻的把握。

三是精度，具备精湛的教育教学能力，展示情智教师的专业亮色。教学能力主要包括教学设计能力、教学实施能力和教学反思能力。唯有这三方面能力精湛、精致、精到，方能得心应手地实现情智教育。

四是力度，富有创新的教育思想，凸显情智教师的科研成色。这方面东洲中学有良好的传统。一直以来，东洲中学“人人有课题，个个搞科研”，在教育科研课题研究中，已经先后走出了 5 位省特级教师。

五是高度，充满教师发展的和谐之美，呈现情智教师的人格特色。情智教师是集智慧人格、道德人格和审美人格于一身的统一，核心是一种求善的德性特质。我特别欣赏滕玉英校长在情智教师管理中总结的六条格言：拿别人的错误惩罚自己是最大的错误；拿别人的批评改进自己是最大的进步；拿别人的表扬相信自己是最大的自信；拿别人的优点弥补自己是最大的完善；拿自己的内驱鞭策自己是最大的攀升；拿自己的行动挑战自己是最大的超越！

我以为滕玉英和东洲中学的老师们正在情智管理的观照下，不断地向着温度、厚度、精度、力度和高度迈进。

二、由情智物理向情智教学的转变

“初中情智物理”是滕玉英的教学主张。十年磨一剑。最近，滕玉英的“初中情智物理”荣获第二届国家级教学成果二等奖。

作为物理特级教师、教授级中学高级教师，滕玉英获得这一国家级教学成果奖是名副其实、实至名归的。

追问和反思情智物理的成功对其他学科的教学有何借鉴意义，这是我最感兴趣的，我是这样与滕玉英展开对话的——

首先，问题的提出不是空穴来风。正是基于初中物理教学现状的深刻反思，基于对物理学科育人的价值诉求和基于对本土文化的传承发展，才有了情智物理研究的逻辑起点。因为，传统的物理教学为考而教，教学智慧缺乏，为教而教，师生情感缺失。物理如此，语文、数学、英语、化学、政治等学科教学何尝不是？初中每门学科，何尝不是都应充满人情味，都蕴含着极其丰富的思想方法？而地处海门、南通的东洲中学，张謇、李吉林、张炳华等先进的教学思想又何尝不是课堂教学改革的源头活水呢？情智物理能成功，情智语文、情智数学、情智英语、情智化学、情智体育、情智美术，都可以让师生过一种情智交融的教学生活！

其次，解决问题的过程与方法不是虚无缥缈。历时十年，情智物理经历了混沌萌芽、探索发展、推广完善、深化提升四个阶段，通过“理论研究，界定概念内涵；专项攻关，优化实践路径；平台聚力，凝练操作要义；成果推广，强化价值引领”，才使情智物理落地生根，开花结果。

最后，成果的主要内容不是画地为牢。情智物理的核心是融合，是情感与智慧的融合。对初中生而言，所有的学科课堂上都必须“三融合”，即学科立场与学生立场的融合，情感与智慧的融合，创新与审美的融合。以情感与智慧的融合为例，课堂教学中教师要研究自己的教，更要研究学生的学，养成师生角色互换，辩证看待问题的习惯，既要把自己当学生，又要把学生当自己；既要把学生当学生，又要把自己当自己。

而情智物理的实施路径，对其他学科的课堂教学更有启发借鉴作用。具体来说，就是“四化”的推广：

一是知识问题化，体现“五具有”。具有针对性，紧扣教学目标，对口学生“知”味；具有层次性，设问有序递进，思维逐次深入；具有挑战性，引发认知冲突，暴露思维过程；具有开放性，解答思路多元，思维活跃开放；具有适切性，面向全体学生，符合认知水平。通过“引问、直问、追问、反问、曲问、驳问”等多种提问形式，展开“师生互动、生生互动、深度交流”，逐步从“记忆、理解、应用”走向“分析、评论、创造”，收获学习成长的意义。

二是问题情境化，体现“五创设”。贴近学生生活，创设学习情境；引发认知冲突，创设愤悱情境；调动学会思维，创设生成情境；重视实验活动，创设探究情境；激活已有知识，创设应用情境。这样让学生在真实性的课堂情境中，开展体验式、合作式或建构式的学习，展开科学思维、科学探究，给学生一生有用的东西。

三是学生优先化，体现“五结合”。结合“自己独学、同桌对学、小组合学、全班展示、自我检测”，使学生积极地参与学习，设置反思自己理解过程的机会，认识到学习是自己的事情，从而激发和引导学生走上自我发展之路。

四是方法显性化，体现“五重视”。重视“演示表达、动手操作、观察描述、板画论证、媒体展示”等感知、体悟、内化过程，改变听、说、练的单一学习方式，不仅知道“是什么？为什么？怎么样?”更明白“做什么？怎么做？为什么这么做?”从而提升实践能力和质疑创新精神。

近水楼台先得月。情智物理的成功经验理应是东洲中学课堂教学改革的借鉴样本，也是东洲中学情智教学的复制范本。这里，特别要指出的是，情智教学应该而且必须充分体现“情智”文化的“真”“理”“思”“美”。

“真”是情智教学的根本。只有创设真情境，引发真问题，进行真探究，投入真感情，才能追求真智慧。养成学生求真的科学态度，这是根本。

“理”是情智教学的魅力。所有的学科教学，都离不开或者说都是为了“说理、明理、推理、论理、用理”，真的让学生明白了“理所当然”，才能让学生感到学习的有趣、有味、有意思、有意义，从而更有情、有智地学习。

“思”是情智教学的核心。每节课的教学都是为了触发学生的思，思考学习的起点、重点、难点、盲点、兴趣点，培养学生的科学思维能力。因此，“思”应贯穿于教学的始终。

“美”是情智教学的追求。应该让东洲中学的每一节课堂教学都流淌美的琼浆，可以品味知识内在联系美，可以展示教学过程方法美，可以表现学习活动思维美，可以呈现教师教学语言美，也可以彰显学科教学的应用美。总之，在每一节课堂教学中都着力培养学生的创新审美意识，真正过上幸福完整的教育生活。

三、由完美教室向情智德育的转动

东洲中学是全国新教育实验优秀学校，在新教育实践中，按照营造书香校园、师生共写随笔、推进每月一事、缔造完美教室、家校合作共育等行动项目，创造了许多属于自己的辉煌。比如《中国百合班》就曾成为全国新教育的畅销书。而两年前，作为第一个读者，我拜读了滕玉英主编的《构筑情智共生的完美教室》，似乎读到了她试图以完美教室为突破口，建设情智德育的宏大理想。

该书从三个维度初步构架了情智德育整体框架。一是“友爱与责任，情智德育之根基”。爱是一切积极情感的原点。有爱就有火焰，有爱就有希望。让学生在爱的润泽下增强自信、敢于表达、勇于创新、不懈进取，是教师的一份责任。二是“信任与付出，情智德育之核心”。教师的气度，决定了教育的深度和广度，相信所有的孩子都是天使，所有的天使都能创造生命的奇迹。信任让师生彼此走得更近，付出让师生彼此收获快乐。三是“对话与成长，情智德育的追求”。理想的德育，应该是重视心灵的沟通，建立起温馨的对话场景；理想的德育应该唤醒学生的心灵，让每一位学生都能“诗意地栖息在大地上”，引领每一位学生都能朝向美好，都能发现美、感受美、创造美，点燃学生的自信火花，打开师生的情感大门，留出师生生命的自由舒展与成长的空间，这是一种愿景，也是一种朝向。

应该说，这本书的框架结构与实施路径是清晰明了的，也是具有可操作性的。他们主要是在一个称作教室的地方，以生命叙事的方式，致力于情智德育的思与行。因为2019年新教育年会的主题是“新人文教育”，我以为东洲中学应该抓住以下三个关键字，让情智德育更有张力，更有活力。

一是“礼”之教育——知书达礼，遵规守纪。中华民族是礼仪之邦，礼是中华优秀传统文化的精髓。学校可以通过学生较为熟悉的礼仪，普及礼的知识，培养礼的意识，提高学生的文明素养。从最简单的仪表、坐立行等方面入手，开展“举止有礼伴我行”活动；从孝敬父母、尊敬老师、关爱伙伴入手，开展“尊长互敬伴我行”活动；从学文明用语、说文明话入手，开展“文明用语伴我行”活动；从引导学生文明上网、上健康网入手，开展“文明上网伴我行”活动；从日常学习、生活中各种习惯的养成入手，开展“文明习惯伴我行”活动。通过“读百家箴言，摘礼仪佳句”，引导学生从学校、家庭践行礼仪开始，然后扩大到社交礼仪。还可以组织主题摄影、主题征文寻找“身边的不文明行为”，使学生躬行、内省，全面提高文明礼仪素养。

二是“诚”之教育——严于律己，孝老爱亲。诚是中华民族的传统美德，也是社会主义核心价值观的主要内容，东洲中学可以深入实施以诚为内容的教育，使学生明白对国家诚信就是忠，对社会诚信就是诚，对父母诚信就是孝，对朋友诚信就是义。将“忠诚、真诚、诚信、诚孝”作为师生修身立德的追求，激发广大师生发扬“忠诚、真诚”的品德和精神，增强“诚信、诚孝”的意识，切实提高职业道德素质和思想道德素质。

开展诚信教育，可以强化学生的责任意识和使命意识，使其将报国之志融入学习实践之中，可以培养学生的法律意识和规则意识，使其严格要求自己，从现在做起，从身边事情做起，从一点一滴做起，增强自尊、自主、自立、自强的能力。而开展诚信教育，还可以增强教师的廉洁自律。

三是“义”之教育——勇于担当，全面发展。义是中华民族精神的象征，也是东洲中学的优良传统。情智教育完全可以在“义”之教育上多下功夫。比如，可以深入开展“大义、正义”教育，以“祖国好、家乡美”实践教育活动为载体，通过家国情怀教育、核心价值观教育、国家民族荣誉教育，培养学生对国家、民族的责任担当意识。比如，可以开展“道义、仁义”教育，培养学生的正义感，使其具备追求正义施恩讲理的勇气、信念和能力。

总之，在榜样的激励下，开展“礼、诚、义”的教育，将使情智德育更系统，更生动，更加潜移默化，润物无声。

四、由活动课程向情智课程的转型

20世纪美国著名哲学家、教育家怀特海认为，每所学校应该有自己的课程。一所特色学校，首当其冲应该具有自身的特色课程，因为特色课程是学校特色的主要载体，是学校文化内涵最为丰富的组成部分。东洲中学最大的特色是什么？理应是情智文化。

在以往的实践中，东洲中学自觉不自觉地关注着课程建设，特别是活动课程建设。因为他们深知“课程即生活、课程即环境、课程即机会”。我以为东洲中学的情智文化要走得更好，走得更远，应该而且必须实现活动课程向情智课程的转型。

首先，应该系统思维，完善学生成长的情智课程体系。

基于校本行动，为了共同指向初中学生的育人目标“身心健康，品行真善，学业扎实，视野开阔，审美雅趣”，可以分别对应“立身之本、为人之道、成才之基、创新之举、成人之美”。可以结合学校已有课程群的开设，在不断实践基础上逐步完善，架构学校“1＋X”课程。

“1＋X”课程，其中的“1”是指国家课程，“X”是指校本课程。具体说来，“1＋X”是指“国家课程校本化，校本课程特色化，教师课程个性化，学生课程选择化”。其中，国家课程按照内容难易分为“基础课程、拓展课程、探究课程”。可以按照尊重差异，分类要求，分层实施。校本课程按照需要和兴趣类别可分为“必修、选修”。必修课程有以现行班级为单位的“心理辅导课程”“外教英语口语课程”“大文科听说读写课程”“每月一事人格课程”等；选修课程是按照个性差异进行的班级内自主合作选择性课程，有“考察探究类、社会服务类、设计制作类、实践体验类”的综合实践活动课程，有打破班级的选科走班课程。

其次，应该突出重点，放大学生成长的情智课程特色。

遵循“运动让生命更阳光，文学让生命更丰润，科学让生命更睿智，艺术让生命更灵动，实践让生命更精彩，仪式让生命更神圣……”的理念，东洲中学应在以下五方面不断放大和创造出自己的情智课程特色。

一是分层教学，帮助学生找到自我。分层教学是国家课程校本化实施的有效途径，从而帮助每个学生找到学习的兴趣和动力。可以对学生进行科学分组，以强带弱，友好竞争；可以分类要求，分层施教，小组合作，班内走位，培养学生敢于表达与倾听，勇于交流与合作，学习批判性思维、创新能力等终身有用的核心素养。

二是健康心理，引导学生认识自我。20 多年前，东洲中学就开设了心理辅导校本课程，引进两名南师大心理学专业的毕业生作为专职心理辅导老师。根据学生类型，除了团体辅导外，应该特别注重学生的个别心理疏导，同时把音乐、美术等艺术学科融入心理健康教育之中。

三是社团活动，调动学生发现自我。如今东洲中学每个年级每周都有 2 课时的社团活动，内容集中于体育、艺术、科技、文学四大类课程。学生根据自己的兴趣爱好特长，选择不同课程中喜欢的项目进行选修，走班学习。这些课程为学生创设多渠道的学习、展示、交流机会，使他们充分体验社团活动所带来的快乐，从而发现自己的优势潜能所在，并发展为自己的特长。因此，学校应该进一步挖掘资源，包括校内的和校外的，甚至是家长资源，让社团活动课程更加充实丰富。因为课程的丰富性，决定了学生生活的丰富性。

四是仪式庆典，激励学生成长自我。仪式庆典往往是学生的最爱，最能让学生留下美好而神圣的记忆。初中三年，应该让每个孩子在校都能经历体育节、艺术节、科技节、阅读节和校庆节日的活动。可以参加大合唱、诗歌诵读、课本剧排演，可以参加小制作、小歌手、小乐手等比赛，可以参加演讲、主持以及体育项目的比赛等，从而在仪式庆典的参与中积累舞台经验，打下自信的精神底子，成为学生一生美好的回忆。让学生在兴奋中、经历中更好地成长自我，锻炼进取意志，展现成长才能。

五是完美教室，陶冶学生读懂自我。我的班级我做主。学生是班本课程的研发者、实施者，更是参与者、分享者。学生可以主动进行班级环境布置，可以自觉进行班名、班徽、班旗、班歌、班训等的设计制作，还可以自主开展主题班会等，从而让每位学生在缔造完美教室中，陶冶情操，读懂自己，共生情智。

最后，应该价值引领，探讨情智课程的推进策略。

课程好比乐队演奏的总乐谱，情智课程的实施，就是乐队演奏的过程，其演奏需要协调配合，更需要价值引领。为此，我曾建议学校可以采取“金、木、水、火、土”五大推进策略。

所谓“金”，就是教师成长的“金穗行动”。情智课程推进的关键是教师，只有教师主动参与校本研修，才能让他们自觉有效地推进。除了一般的校本教研方式外，根本的是按照新教育“三专”模式，提升教师课程实施水平。“三专”即：专业阅读——站在巨人的肩膀上前行；专业写作——站在自己的肩膀上攀升；专业交往——站在团队集体的肩膀上腾飞。

所谓“水”，就是心理教育的“蓝海行动”。情智课程的“情”是核心，“情”的核心是心理教育，东洲中学的心理教育是以校本课程的形式推进的，为此，除了设置合理的校本课程外，更要展开深入的科研探索，让每一位教师都成为心理健康教育的自觉践行者，每一位师生都拥有蓝海一般的健康心理。

所谓“木”，就是因材施教的“育才行动”。应该把每一位学生都当作可造之材、栋梁之材。为此，在教与学的每时每刻都要自觉激发学生的学习兴趣，增强他们的学习信心，并真正做到对症下药，因材施教。

所谓“火”，就是创新人才的“火炬行动”。情智课程的最终目的是培养创新人才，正如陶行知先生所希望的，通过“六大”解放，让学生“人人成为创造之人”。而东洲中学实施的国际交流合作办学，正像“火炬”般日益引爆着情智创新的潜能。

所谓“土”，就是校园文化的“沃土行动”。东洲中学应该在情智文化的观照下，进一步优化、美化校园环境文化，包括校门的改造、校歌的高唱、校树的寄情、校花的阐释和学校吉祥物的设计等。真正做到校园内处处是景，景景育人，人人情智。

海门，海上名门，海门是一个务实的地方，如张謇的“父实业，母教育”；东洲，东方绿洲，东洲也是一个开放的地方，像卞之琳的“站在桥上看风景”。我坚信，以情智文化统领学校发展，一定能点燃希望的火种，灿烂诗意地行走，享受阳光的季节，也一定能成为海门的城市形象标志和教育人文景观！

（2019年3月16日）

4　融百家智，创新教育

——南京市栖霞区（海门）实验初中融创文化的策划与创意

有括号的校名还是不多见的。南京市栖霞区（海门）实验初级中学就是带有括号的学校，括号里的“海门”二字，说明这所学校与海门有关。作为见证人，我亲身经历了这所学校的创建过程。

早在6年前，我与曾经的同事、海门老乡、时任栖霞区教育局副局长的吴兴倡议栖霞与海门合作，得到了栖霞区和海门市两地人民政府的支持，先是创办了燕子矶中学海门班，后是将投资数亿元易地新建的栖霞区实验初中委托海门市教育局管理。如今，我与吴兴都因年龄原因而转岗轮岗了，但校名括号中的“海门”二字所带来的两地合作办学的成功喜悦将永存于美好记忆！

南京市栖霞区（海门）实验初中有尧化和南炼两个校区，现在分别由俞雷和李永进两位海门的优秀校长执掌帅印。两位校长都十分重视学校文化的定位与建设。南炼校区的学校文化为“炼”文化，旨在“百炼致远，追求卓越”；尧化校区的学校文化定名为融创文化。应该说融创文化的创意和立意还是很有道理的：第一，因为是与海门合作办学的，应该而且必须与海门教育融合；第二，因为是与原栖霞中学初中部、原烷基苯厂中学初中部和原尧化中学等合并而组建的，合并学校应该而且必须融合；第三，尧化校区的学生来自各合并学校，新的学校新的同学应该而且必须融洽；第四，作为初中学校，学生所学课程与小学相比，既多又杂更深，应该而且必须融会贯通。

因此，尧化校区将学校文化定位于融创，既有必要性，又有可能性，更有可操作性。

这几年来，栖霞区（海门）实验初中在栖霞、海门两地教育局的领导下，以“过一种幸福完整的教育生活”为引领，大力实施融创文化，新教育的十大行动可谓红红火火。营造书香校园，致力于让每一个师生丰盈生命的底色；聆听窗外声音，致力于让每一个孩子拥有开阔的视野；构建理想课堂，致力于让每一节课堂焕发生命的活力；缔造完美教室，致力于让每一间教室成为幸福的源泉；研发卓越课程，致力于让每一个学生享受适切的课程；家校合作共育，致力于让每一个孩子养成良好的习惯；培养卓越口才，致力于让每一个孩子拥有自信的心态；建设数码社区，致力于让每一片网络成为学习的社区；师生共写随笔，致力于让每一个日子成为难忘的回忆。

应该说，行动是有收获的。一方面，学校的中考成绩逐年攀升，社会满意度连年提升；另一方面，在2017年全国新教育年会上，作为展示学校得到了与会代表的高度称赞。特别是朱永新教授曾多次到校视察，并为学校题词“融百家智，创新教育”。

反复凝视与思考朱老师的题词，我总觉得融创文化至今还没有实现预期的目标——“融”是形式、方式、途径，“创”才是目标、结果与效果，尤其是创新教育意味着不能简单地照抄照搬新教育，而应该不断地创造、创新和更有创意地推进新教育。

2018年5月29日，应俞雷校长的约请，我又一次走进熟悉的栖霞区（海门）实验初中，简单工作午餐后，整整一个下午，6个多小时，我与俞雷，还有吴兴、李永进，对融创文化做了进一步的回望与梳理，得到了这样的共识：

第一，学校文化是一种积淀与创新、一种传承与开拓，既要回望历史，又要顺应时代。融创文化观照下的办学理念是“融百家智慧，育创新人才”，这已经高高张贴于学校建筑物上。但我坚定地认为，按照语法逻辑，这一办学理念应该变更为“融百家智慧，创千秋伟业”。这样“百家”与“千秋”相对应，“智慧”与“伟业”相对应，“融”“创”二字就顺理成章地连读起来了，否则就连读为“融”“育”了。

第二，学校文化的载体是建筑物等实体、师生的精神风貌和行为举止。学校文化中有相当一部分是看得见的物质文化，如墙壁、花草、图案、楼名、路名以及学校标识、校树、校花、吉祥物等所投射出来的视觉信息。这些最基本的浅层次的校园文化，学校是有的，但并没有多少融创的元素。比如走进校门，一组古铜色的浮雕与校园内的提示语、图标、各种功能室、班牌等规格不一样，给人以杂乱之感，尤其是与融创的主题缺乏内在统一性。因此，下一步学校不仅应该在耳闻目睹中让师生感知融创，而且要在一系列活动开发中，让融创的文化基因渗进师生的心灵和血脉。

第三，学校文化是一个系统工程，是围绕主题在物质、精神、制度、行为等方面展开的一系列建构。但学校以往的一切工作，似乎仅仅围绕新教育的十大行动而面面俱到地展开，即使是在新教育方面也很难在全国新教育实验学校中脱颖而出，还没有自己的亮点。如果说融创是学校文化主题的一根藤，那么各个行动相当于藤上的“瓜”，牵着主题这根“藤”，一定能串起内容的“瓜”，而不是让“瓜”散落一地。

作为海门市两届中考状元的班主任，作为江苏省优秀教育工作者，俞雷校长无疑是聪明而智慧的。他对我的肺腑之言表示认同与赞赏。于是，为了融创文化的再出发，我提出了如下建议：

一、师生相融，创友好关系

著名教育家赞可夫说过，就教育工作的效果来说，很重要的一点就是要看师生间的关系如何。从某种意义上说，文化就是人们之间的关系，融创文化主要的还是师生关系，师生之间融洽的情感是顺畅交流的前提。

友好、愉悦的师生情感是建立在民主平等的师生关系基础上的。初中学校师生关系融洽的关键在教师。我以为栖霞区（海门）实验初中的教师要主动调适师生关系，要充满情趣。无论是引人入胜的课堂导入，还是生动活泼的教学形式，无论是风趣幽默的教育语言，还是循循善诱的教学风格，学生一定会身心愉悦，求知欲不断增强。这里关键的是教师要走进学生的心灵，真正了解学生，读懂学生。

首先，要了解学生的心理状况。学生来自不同的家庭，由于父母、家庭的影响，以及各自所处的环境不同，每个学生各具特性。有的学生胆小害羞，不爱讲话；有的学生脾气暴躁，爱发脾气；有的学生性格孤僻，不爱交往；有的学生性格开朗，爱交朋友……教师可以通过家访，与他们的父母交谈，与学生本人沟通，全方位熟悉、了解学生的具体情况。

其次，要满足学生的心理需求。教师要注意观察学生，及时发现学生的情感波动，对学生的遗憾、悲哀、快乐和喜悦等各种情感，做出适当的反应，正确地加以引导。比如在课堂教学过程中，就应该根据学生的心理需求，经常采取变通的办法。往往一个小小的细节，就营造了一种充满爱意和温情的亲密、和谐的氛围。在这样的氛围中，学生充分感受到老师的关爱、信任，心理上产生一种安全感，心情舒畅，没有任何戒备和压力，全身心地投入到学习中。

最后，要疏导学生的心理隐患。毋庸置疑，栖霞区（海门）实验初中有一些所谓的“后进生”，谈话、表扬、关心、爱护并不能产生立竿见影的效果，他们往往心理冷漠，甚至充满叛逆。曾听说过这样一件事：一位学生好打架，经常是“一天一小打，三天一大打”，上课不听讲，甚至还专门捣乱……很是让你头疼。新接手的班主任多次耐心与他推心置腹地交谈、沟通，慢慢地学生对班主任产生了信任感、认同感。有一天，学生终于说了真心话：“同学看不起我，惹得我生气。”其实，“后进生”也有“闪光点”，也渴望得到别人的尊重。班主任发现他体育好，就让他参加各种体育比赛，为班级争得了荣誉；发现他喜欢朗诵，就常请他范读课文……在一点一滴的积累中，这位学生展示了自己的才华，得到了同学们的肯定，原先心中的不平衡消除了，既明白了自己的价值，也认识到了自己所犯的错误，不知不觉中，他打架的次数越来越少了。这个故事告诉我们，教师只要切准脉搏，巧妙疏导，就能让每个学生的心理得到健康发展。

总之，发挥教师的主体作用，做到师生相融，创设友好愉悦的人际关系，应该是融创文化必须放在第一位的重点工作。

二、德智相融，创课堂文化

回归课堂，研究课堂，建设德智相融的课堂文化是融创文化关注的焦点。所谓“德智相融”的课堂文化，就是以学科德育渗透为途径，使德育和智育在课堂中有机融为一体，从而使课堂充满活力、充满智慧。

首先，德智相融的课堂应该是规范的课堂。规范的课堂就是依靠必要的他律，唤醒必需的自律，培养公德意识和规则意识的课堂。新教育理想课堂有三重境界，第一重境界就是为课堂奠定坚实的基础，真正落实有效教学框架。这个有效教学框架必须具备基本的规范保障和必要秩序，着重于学生作为个体的人的自我构建，从而人人遵守规范。

其次，德智相融的课堂应该是文明的课堂。文明的课堂就是彰显礼仪、交流平等、互动自然的课堂。对应新教育理想课堂的第二重境界，挖掘知识这一伟大事物内在的魅力，通过合作交流、相互尊重的文明行为，培养团队意识，克服自我中心，改善同伴关系，从而实现人与知识（世界、文本）的对话，人与他者（教师、学生）的对话。在这个过程中，学生不再是被动地接受知识，不再是一个知识的容器，而是被兴趣指引，被乐趣激发，主动进行探索的学习，在学习的过程中经历与感受到科学家发现知识那样的喜悦，从而内在地激发学生的潜力，提升教学的品质。

最后，德智相融的课堂应该是共鸣的课堂。共鸣的课堂就是源于生活，发掘知识内在魅力，呈现真理，焕发真情的课堂。新教育理想课堂的第三重境界就是知识、社会生活与师生生命的深刻共鸣。有人说过，教育是培养生命的事业。因此，共鸣的课堂就要努力用鲜活的语言去吸引学生的视线，用独特的情意去打动学生的心灵，使学生意识到自己存在的价值，释放出自身的生命力量，得到心灵的沟通与美的享受，在对生命的感受感悟中成长。为此，一要坚持与生活联系。教学中要把教材与学生的生活联系起来，充分利用他们已有的知识、经验和初步形成的生活态度，来触摸、理解教材，在教材和学生的生活之间架起一座沟通的桥梁，透过语言的外壳寻找并感悟到理性的内核，完成人文内涵的升华。二要坚持和情感接轨。心灵的呼唤，离不开情感做媒介；思想的共鸣，更需要借助情感去撞击。学生的情感是真实的、丰富的、细腻的，又是极容易引发的。所以，在教学中，教师要充分利用情感的力量，去触及教材所构筑、显示的丰富而充满人性的精神世界，将学生置身于所要学习的情境之中，激起他们内心的情感，与教材、与同学、与老师、与自己产生共鸣，并在自己的心灵深处留下一抹永恒的记忆。三要坚持让真心流露。一节课是一个鲜活的生命，是一次生命的感悟和生命的熏育。教学中，应该有对话，应该有言说，应该有质疑，应该有展示，从而让师生的心灵得到滋润，生命得以成长，个性得以张扬。

总之，德智相融的课堂文化不只是简单的知识告诉，而是着力于立德树人，在每堂课上都有意、有序、有机、有效地渗透德育，从而飞扬着激情、燃烧着思想、闪烁着智慧、洋溢着真善美。这样的课堂，虽不能至，心向往之。

三、家校相融，创教育磁场

2017 年全国新教育栖霞年会的主题是“家校合作共育”。家校相融确实是当下教育的热点话题。栖霞区（海门）实验初中在家校共育方面已经有了许多成功的经验和做法，我以为应该很好地总结梳理一下，尤其要在以下两方面着力提升：

一是在亲子共读中成长。结合书香学生、书香班级、书香家庭的评比，开展“亲子共读”活动。就是每周向全班同学提供一篇文质俱美的文章，让学生回家和父母共同阅读，反复讨论，分别在《亲子共读记录本》上写上各自的体会。记录本带回学校，班主任批阅后，学生再写出自己的体会文章。最后，全班同学一起交流，达到亲子互动、平等对待、共同提升人格的目的。这样的亲子共读活动，可以有效地培养学生的阅读兴趣，使学生、家长、教师相互联系，有利于建设学习型家庭，更有利于家校同频共振，让学生体会到亲情、友情，懂得被人爱和爱别人。一般说来，幼儿园、小学阶段，亲子共读活动比较普遍，作为初中学校，亲子共读似乎不被重视，栖霞区（海门）实验初中完全可以探索出亲子共读活动的新经验。比如，亲子共读内容的选择上，可以是经典名篇、名著选段、时事报道、学生习作，甚至是教师文章；比如，亲子共读流程的优化上，可以更加注重阅读的对话、书写的体会和交流反思的操作等；还比如，可以探索亲子阅读怎样成为学生家庭生活中的一种美好休闲方式和不可或缺的生活习惯，使家校相融更有针对性和有效性。

二是在机制优化中共进。家校共育需要合理的机制。吸取兄弟学校的经验，栖霞区（海门）实验初中可以探索更加优化的家校共育机制。比如，定期的家长开放日活动。这一活动可以让家长对学校及班级的管理、对教师的课堂教学有所了解，也是对学校各项工作的促进。但在活动时务必让家长留下中肯的评价、建议或意见。比如，定期的新父母讲坛。可以以班级为单位，有时也可以全年级或全校家长集中进行。形式可以是讲座式的，邀请校内外的专家作讲座，目的是向家长们传授先进的教育理念和方法，对家庭教育进行引导；可以是座谈式的，根据需要，全班或部分家长参加，就某些教育问题充分探讨；也可以是汇报式的，主要是汇报学校和班级管理的思想和方法，取得的成绩及问题，以及请家长配合的地方等。比如，建立家委会（全称是家校共育委员会，而不是以往简单的家长委员会）。为确保家委会工作落到实处，应该目标清、方向明、职责细。每学期，学校都应开展家长问卷调查工作，问卷内容涉及学校管理的各个方面，确保学校及时掌握家长对学校从教室到操场，从寝室到食堂等方面的合理评价。还比如，组织家长义工。我曾做过一个调查，发现许多家长有到学校做义工的意愿，在他们看来，为学校提供服务是学校信任家长的表现，他们以此为荣。其实就学校而言，引入家长义工既能大大调动家长参与学校管理的积极性，也有助于教师的教学活动，还能减少学校管理成本，形成和谐融洽的家校关系，为学生健康成长创造有利条件。学校可以探索家长义工的操作路径：先做宣传发动，让家长自愿报名，经过审核招募少量的家长义工组成“志愿服务团队”，协助学校进行学习指导、卫生打扫、食堂监督、上学放学时校门口值勤等志愿服务，让家长在丰富多彩的义工生活中，创新家校共育的磁场。

四、表里相融，创学校特色

“表里不一”“本末倒置”是当前一些学校特色建设活动中令人忧虑的现象，也是某些学校特色建设缺乏科学性、可持续性并被认为是搞花架子、瞎折腾的主要原因。由此，我以为栖霞区（海门）实验初中完全可以从学校实际出发，致力于表里相融，即既注重形式，更注重实效的学校特色打造。

首先，从学生学习的实际出发，养成学生良好的学习习惯。比如，每一届新生入校，可以设计围绕“新生语文习惯养成”系列活动。在入学的两个月里，把每个学生的习惯培养都加以细化，严格要求，坚持不懈，促使学生较好地形成听说读写的习惯。一是有序养成“听”的习惯。不仅明确倾听要求、强化倾听方法，而且练就倾听能力，既培养听的准确性，还培养听的鉴赏力。二是分层提高“说”的素养。着重引导学生说话声音自信响亮和训练学生说话规范生动，这样使每位学生站起来发言都能声音响亮且说话语句完整。三是不断练习提高“读”的能力。四是严格要求抓好“写”的基本功，让每位学生不害怕写作。“听说读写”看似很基础很基本，但初中学生如果重视了这一基础学习习惯的训练和培养，就能收到不一样的有益效果，这一小特色的打造，也许能真正夯实学校教学质量的根基，让学校脱颖而出。

其次，从学生成长的需求出发，让学生的青春在仪式中飞翔。每一种仪式都是一种生命的体验，它或许标志着人生从一个阶段走向另一个阶段。因此，仪式在教育活动中往往扮演了非常重要的角色。为庆祝并纪念学生迈入青春的行列，针对 14 岁孩子的身心特点和成长规律，在初二年级可以有针对性地开发青春仪式课程。14 岁的孩子跨进了青春的门槛，张开了梦想的翅膀。同时，14 岁的孩子也拥有了更多学习的压力和交往的困惑。根据青春期学生激情澎湃、青春飞扬而又方向不明、情绪不稳的特点，我们可以确定青春仪式的主题为“梦想与拼搏齐飞、青春与责任同行”，并拟定翔实可行的活动方案。此青春仪式活动方案可分四个篇章：勉励篇、成长篇、感恩篇和责任篇。开篇的“勉励篇”包括升旗仪式和校长致辞；“成长篇”可以包括全体学生朗诵原创诗歌《青春的风采》、校友分享和描绘青春，学生代表朗诵《写给十年后的自己》。“感恩篇”包括聆听寄语、感受亲情，父母的寄语点点滴滴都是真情，字字句句饱含期望。而“责任篇”则是师生代表一起击鼓鸣志，在领誓人的引领下，全体同学举起右拳，用最洪亮的声、最真诚的心，在国旗下庄严宣誓：“不负父母期盼，不负恩师厚望！相信自我，不断超越！挑战自我，追求卓越！让我们青春飞扬，谱写精彩华章！”朱永新教授曾指出：“仪式、节日和庆典……使有意义的事情或者伟大的事物能够拥有一种伟大的时刻，获得神圣、庄严与尊重。”每年举办的青春仪式，一定会启迪孩子的心灵，让他们的生命与伟大事物交汇在一起，从而形成长久的动力，让每个人的生命绽放出璀璨之花。

最后，从教师的素质要求出发，让每位教师具有融创特质。教师的素质包括教育理念、知识结构和能力策略三方面。根据新教育专业阅读、专业写作、专业交往的“三专”模式，栖霞区（海门）实验初中，应该致力于让每位教师具有“融”和“创”的品质特征。一是教育理念上，应树立“以人为本”的学生观，无限相信每个学生的潜力，尊重学生的独特性和具体性，让每一个学生的个性获得充分发展；应树立“平等参与”的教师观，教师的职责是越来越少地传授知识，而越来越多地激励学生思考，越来越成为一位顾问，一位交换意见的参与者，一位帮助学生发现矛盾、解决问题，而不是给出真理的人；应树立“互动、互通、互补”的教学观；应树立“开放、灵活、融创”的课程观。二是知识结构上，学校的每一位教师都应该通识知识越来越广博，专业知识向相关的专业延伸，从而不断拓宽教育专业知识。三是能力策略上，主要是着力培养教师合作的能力，课程资源的开发和融合能力，指导学生自主学习、合作学习与探究学习的能力。

不知不觉中，夜幕已经降临，但围绕融创顶层设计的讨论还在继续。融创是世界发展大势，无论是融化、融和、融合，还是融洽、融汇、融通，也无论是情景交融、水乳交融，还是春光融融、其乐融融，都是需要而且是为了融创！没有创何需融。栖霞区（海门）实验初中已经或者正在“融百家智，创新教育”，相信有我们的顶层设计，有俞雷校长和全校师生的努力，学校一定能在融创文化的再出发中，师生相融，创友好关系；德智相融，创课堂文化；家校相融，创教育磁场；表里相融，创学校特色。也一定能像孙个秦先生在《融创赋》中所言的，“维融维创兮，建教育之新宇。春风化雨兮，焕儒业之泱泱”！

（2018 年 6 月 4 日）

5　强基固本，旭日东升

——云南省腾冲市固东中学博厚文化的策划与创意

来一次腾冲，都会被腾冲所迷魂。那横贯全境的高黎贡山，随处散漫的火山遗迹，喷珠溅玉的温泉汤池，和那穿梭在北回归线和煦阳光里的学校师生……仿佛都成了我疗养身心的诗和远方。

心在路上，路在心上。

位于腾冲市区北端的固东中学我曾去过两次。一次是 2018 年 7 月 23 日，雨过天晴后的午后；一次是 2018 年 10 月 27 日，旭日东升中的早晨。

两次固东之行，都是郑治斌校长陪同。高高大大、壮壮实实的郑校长，与他身材、气质相契合的是郑校长的慎独慎微和对学校文化构建的急切与执着。

学校文化是学校的记忆，是学校的符号，是学校的精神，更是学校百尺竿头更上层楼的力量。

固东中学的办学历史不长也不短，但给人的印象是其辉煌的办学业绩。作为农村初中的典型，固东中学的办学质量一直是腾冲教育的示范。借用校门口和教学楼前面两块石头上的刻字“厚德”“博学尚思”，可以用博厚一词来概括。

创建于 1983 年的固东中学，是一所纯初中学校，现有教学班 24 个，学生 1155 人，教师 84 人。中考成绩一直位列腾冲市乃至保山市前列，有几年曾是保山市的第一。近几年就有 5 位毕业生考取清华、北大。

两次来固东中学，我都会对校门口那棵古树驻足凝视，心中产生的震撼，难以言表。这棵阅尽沧桑的老树，虽老态龙钟，但坚固稳定，没有一点佝偻之态，树顶充满张力，像刚炸开的绿色焰火一样繁密。树身根部分两杈，有很明显的遭受雷击的痕迹，霉黑的皮层嶙峋突兀，上面有隆起的筋和纵裂的纹，像生铁铸就的模样。在大树近地面那赭黑色的树身上，系着许多红色的绸条。据学校语文组骨干老师张占凯介绍，每当新年或农历月初，附近村民会来这里向大树敬香祷告。可以说这棵大树是固东百姓的图腾，也是固东中学的符号。

这棵古树是何树种？我不得而知。树龄几许？张老师说，也许是上千年了吧，也许是先于人类的足迹到了这里，在滇西边镇，这棵古树可能是最年长的了。怪不得就是修省级公路也要避开它。它是一棵古树、一棵神树，更是一棵奇树。它站立在校门口，目送着师生每天高高兴兴地进进出出，给人以无穷的力量！

站立在古树前，我似乎恍然大悟。固东中学的学校文化应该而且必须是博厚文化——既博又厚。博大精深，厚实厚重；博古通今，厚德厚学。

将博厚文化的概念冠予固东中学，也是与学校所处地域的自然气象十分吻合的。学校大门坐西向东，当太阳从亿万年前火山喷发口“团山”冉冉升起之时，映照着校门前的“海坝”砚池，一派云蒸霞蔚、欣欣向荣的景象。而学校背后的大西山，就像天然的笔架，无声地告诉人们，固东中学就是博厚的读书之地。学校副校长李思潮自豪地告诉我，固东中学风水绝佳，理应为育人圣地，周围有四大风水宝地——黄阁头金钟倒挂，西岳宫平地升雷，顺江街蜜蜂朝王，海坝水金盆养鱼。风水之谈在当地久远流传，未必当真，但和谐阳光、令人舒适的氛围倒是真的，也是难得的，这给学校教育的“强基固本，旭日东升”寄予了美妙的隐喻。

就在郑治斌校长家中用午餐的时候，我坚定地表示，固东中学的学校文化应该定位于博厚。

何谓博厚？博就是博大、博取、博识、博爱、博雅、博大精深、博古通今、博采众长、博闻强记。厚就是厚实、厚重、厚意、厚望、厚爱、厚道、忠厚、情深谊厚。无论是博还是厚，都是丰富、通晓、宽厚、美好的意思。办学离不开博厚，教育更需要博厚。将学校文化定位于博厚，既有固东中学已有办学业绩的底气，也有学校再发展的灵气，更有学校改革创新的锐气！

博厚文化体现的是校长的一种气魄。气魄来源于校长有想法、能作为、敢担当、能坚守教育理想，不忘初心。这就好比名家的气节，陶行知、蔡元培这两位教育史上的大家，在他们身上都有一种教育家的味道。郑治斌校长身上有了博厚的味道，就能像陶行知、蔡元培那样，开阔视野，理清思维，凝聚学校发展的理念共识。比如，“文化立校、民主治校、实干兴校、创新强校”的理念；比如，“办学高质量、队伍高水平、管理精细化、学校有特色”的理念；比如，“在规范中创新，在创新中超越，在超越中卓越”的理念。

博厚文化彰显的是师生的一种气质。正所谓腹有诗书气自华，学识广博了，基础敦厚了，精神、气质、形象就会自然而然地提升。这个气质包括远大的人生理想、良好的行为习惯、扎实的学业成绩、强健的运动体魄、良好的艺术修养，更有公民的基本素养，包括接人待物的善言善行。

博厚文化弥漫的是学校的一种气场。这个气场是指学校的影响力。学校的影响力不仅仅是分数、名次、升学率，更主要的是以点带面的示范性，以变求新的可借鉴性，以文化人的可操作性。气场是荣誉、是口碑、是声望，更是激励人、鼓舞人的文化！

博厚文化是一篇大文章，需要谋篇布局、立意深刻，更需要角度新颖、内容鲜活。从而由固本强基，呈旭日东升之势。

一、博厚的校园文化——硬件过硬，软件不软

腾冲位于滇西边陲，被誉为“极边第一城”，固东中学是一所边疆农村初中，生源来自附近的几个村庄（还不是固东全镇），所以建校初期是因陋就简、白手起家，既没有整体规划，也没有专家论证。是35年前，由平坟冢、征土地、盖房屋、建操场，甚至由教职工利用休息时间进行木楼刷漆、墙壁粉刷。如今校门、围墙、绿化、校园广场、道路硬化已基本到位，还建成了“银杏园”“桂花园”，学校被评为保山市“绿化美化甲级校园”，而学校的又一幢教学大楼正在破土动工。与之相配套的教学设备，如电脑计算机房、创客实验室、图书阅览室、音乐教室等也已基本到位。这是硬件过硬。

校园文化关键的是软件不软。围绕博厚文化，学校要做的是尽快构建和完善学校校园文化系统。

一是明晰的目标。包括“学校办学目标”——将学校建设成为腾冲市品牌学校、保山市窗口学校、云南省知名学校。包括“教师成长目标”——建设一支师德高尚、善于反思、勤于探究、积极学习、主动合作、不断创新的教师团队。包括“学生培养目标”——围绕“文化修养、社会担当、灵魂自由”的学生培养目标，让每一位学生养成良好的学习习惯和行为习惯，为学生未来的发展奠定坚实的基础。

二是先进的理念。包括“过一种幸福完整的教育生活”“教好一个学生，幸福一个家庭；办好一所学校，造福一方百姓”“好学校成就好校长，好老师成就好学校”“人人有事做，事事有人做，人人能做事，事事能做好”“有事做是最大的奖赏，做成事是最大的成长”“只有追求优质才能赢得生存，只有持续改进才能不断发展”“无限相信师生的潜力”“只要行动

就有收获，只有坚持才有奇迹”等。对这些先进理念要说清、道明、理顺。

三是清晰的标识。标识是看得见、记得牢的学校文化符号。博厚文化可以将以下一些标识清晰地亮明——

校训：厚德博学，励志笃行。

校风：团结奋进，求实创新。

教风：敬业乐群，文明育人。

学风：勤奋严谨，全面科学。

校歌：（略）

校徽：（略）

校旗：（略）

校树：我以为就用校门口的那棵古树做校树，虽然还不知道它的树名，但完全可以用这棵古树作为一个开发的课程，让师生们从心中升腾起淳朴与厚重、博大与丰盈。

校花：三角梅（叶子花），红艳艳的不是花，是叶子，越是寒冷越是娇艳，花期长，一年四季都开放。校园里盛开的三角梅，寓意学校每一位师生健康成长、鲜艳夺目。

二、博厚的教师文化——仰望星空，脚踏实地

文化的实质是“人化”，要用博厚文化来影响人、改变人、塑造人、培育人，教师首先要成为博厚的人。教师是教育事业的第一资源，是提高教育教学质量的根本保证，推动学校发展，教师是关键。固东中学每一位教师都要争做既仰望星空，又脚踏实地的博厚教师，就要抓住发展、引领、成就和创新，自觉按照专业成长的路线图，敬业乐教，言传身教，教书育人，立德树人，从而实现自己的人生价值。

一是找到专业成长的起跑线。没有教师的成长，学生的成长终究是空中楼阁。人的成长需要他人的发现，也需要自我的发现，教育即发现。一旦发现，每个教师都是优点，都是优秀，都是一座金矿。优秀不是与他人比较，而是与自己比较，充分发掘自己的闪光点，让自己的光芒闪耀。为了让教师自我发现，学校可以搭建“112”系列平台。“112”即“一线一栏两会”。“一线”指每周教师例会上的“校园风景线”，鼓励教师叙述自己的教育故事（新教育称之为“生命叙事”）；“一栏”指学校在网站上开设博厚教师宣传栏，定期宣传校园里先进教师事迹；“两会”指每月一次

的完美教室建设交流会和教育故事分享会。这些都能鼓励教师自我发现优点。当然，得到领导肯定、同事认可、学生信赖，教师更能爆发出巨大的能量，释放出夺目的光彩。自己找优点和校长、同事、学生发现优点，就把教师内在的力量唤醒、激发、放大，让每个教师都自信地走在专业成长的大道上。

二是守好专业提升的生命线。习近平总书记指出：“扎实的知识功底、过硬的教学能力、勤勉的教学态度、科学的教学方法是老师的基本素质。”习总书记所说的基本素质，其实就是教师专业提升的生命线。怎样守好教师专业提升的生命线？关键是“引领”。首先，先锋引领。固东中学有近一半的教师是党员，发挥党员的先锋模范引领作用，强化党的领导之“魂”，大兴干事创业之“风”，夯实战斗堡垒之“基”，磨砺激浊扬清之“剑”，对固东中学的发展而言，特别是对教师的专业提升而言，特别有优势，也特别有必要。其次，阅读引领。没有教师的阅读，就没有学生的阅读；教师专业阅读可以站在大师的肩膀上起飞。学校应该鼓励教师静下心来读书，丰富精神内涵，让读书成为习惯，让阅读成为教师的生活方式。再次，专业引领。校训“厚德博学，励志笃行”是对固东中学师生人生价值观的引领，而校级领导无论是课堂教学上公开课，还是专题讲座做课题，都要率先垂范，做示范引领、专业引领和榜样引领。而利用市内名师走进学校，面对面指导更是专业引领。最后，工程引领。教师专业成长是学校的重要工程，可用梯队教师培养、课堂常规管理、完美教室缔造和每月一事推进等项目工程，引领和促进教师专业成长。

三是触碰教师职业的幸福线。发现和引领，为的是成就每一位教师，让教师在职业发展中体会职业幸福。为此，学校应积极为教师搭建展示舞台，让有热情、有思想、有能力的教师走上各级展示舞台，锤炼他们的意志品格，提升专业素养。学校还应聘请市教研室教研员和与海门结对学校的特级教师、学科带头人等为教师提供一对一的专业指导，让教师在每天平凡而有创造性的工作中体会职业的幸福。

四是画好素养提升的跨越线。所谓教师素养提升跨越线，就是指教师对教育教学工作的创新。学校有一批教学能手，他们曾经创造了固东的辉煌，学校应该帮助他们总结提炼教育教学的成功经验，让他们创造新的辉煌。学校还有一批年富力强的青年教师，他们有着比较强烈的创新愿望，学校应该鼓励他们创新。如鼓励他们走出教室把大自然当课堂，鼓励他们依据个人的文化底蕴、兴趣特长，开发富有鲜明特色的班本课程。从而助推他们成为博厚教师，成为学生喜欢的老师。

三、博厚的课堂文化——以生为本，适合适宜

课堂是学校文化最活跃的地带。固东中学的课堂教学应该围绕一个“生”字，注重一个“度”字，狠抓一个“实”字，以生为本，适合适宜，从而构建起博厚的课堂文化。

首先，围绕一个“生”字。立足学生生命成长，提升学生生命质量，激发学生生命活力，越来越成为课堂教学改革的共同价值追求。博厚的课堂必须着眼生命——课堂教学的实质是师生共有的一段重要生命经历，尊重生命，赋予生命更多的意义，培育学生的生命自觉和向上力量，是课堂教学的着眼点。课堂上，师生全身心投入，除了教与学，他们还感受着生命的涌动，教学立足学科知识，又与哲学、艺术、情感、态度融为一体。这正是博厚课堂的追求。博厚的课堂必须重视生成。叶澜教授指出，课堂应是向未知方向挺进的旅程，随时都有可能发现意外的通道和美丽的图景，而不是一切都必须遵循固定线路而没有激情的行程。所以，博厚课堂重预设，更重生成。博厚的课堂必须立足生活。学习源于生活，最终还要回归生活。因此，博厚的课堂也应是生活化的课堂，学生经历过的事件、感兴趣的话题、难以理清的困惑、想实践探究的领域，都可以成为课堂教学的主题和资源。学生作为一种活生生的力量，带着自己的知识、经验、思考、疑惑、兴致，参与课堂活动，并成为课堂教学不可分割的一部分，将使课堂教学呈现出多样性、丰富性和随机性。博厚的课堂必须兼顾生态。这里的“生态”是指与传统课堂教学一味强调课本知识不同，博厚课堂强调学生的健康成长、绿色生长，即尊重和突出学生的个性。

其次，注重一个“度”字。度即宽度、深度、温度。博厚课堂必须关注学科的宽度。宽度，指向具体的课时目标，即“教什么”。以语文学科教学为例，教师和学生应该走进文本，走进生活，走进心灵，只有这样的“走进”，才能真正使课堂博厚起来，否则就会患上囫囵吞枣、消化不畅的“肠梗阻”的毛病。博厚课堂必须关注学科教学的深度。深度，指向课堂的拓展延伸，即“为什么要教”。新教育所倡导的理想课堂就十分注重课堂的“延展度”，在知识整合的基础上向广度和深度延展，从课堂教学向社会生活延伸。所以，博厚课堂要着力引导学生善于将所学知识向“两头”延伸，理解把握所学知识的形成过程与运用效能。当生活成为教与学的内容，当社会成为广阔的课堂，生命就能在其中得到进一步舒展与绽

放，课堂的广度与深度就得到了进一步的升华。博厚课堂必须注重教学的温度。温度，指向课堂的活动安排，即怎样教。怎样教应该而且必须从班级、学生、学科以及不同课型等实际出发，张冠李戴不可能有温度，穿靴戴帽不可能有温度，削足适履更不可能有温度。只有具有了十分醇厚的学科味，才是最有温度的课堂。以语文学科中的文学作品教学为例，一般应有这样的环节：预习检测，初步感知形象；走进文本，探究事件本质；推敲情节，玩味言外之意；深度思考，拓展文本内涵；感悟人性，吸取健康养分；走进心灵，润泽青春生命。如是，学生就会品尝到醇厚的语文味。

最后，狠抓一个“实”字。实，就是实实在在，结结实实，扎扎实实，踏踏实实。课堂教学如果花里胡哨，花拳绣腿，势必华而不实，与博厚课堂名不副实。因此，博厚课堂是建立在“实”字基础上的，也必须要狠抓一个“实”字。备课时，不仅要备教材，而且要备学情，做到实对实；上课时，不仅要教态自然、分析透彻、教法得当，而且要实心实意地激励学生，让学生处于课堂的“正中央”。初中生的情绪很不稳定，他们有时热血沸腾、慷慨激昂，但遇到挫折时也会心灰意冷。因此，博厚课堂中教师对学生的激励应该是经常的和随时的。特别是学生学习遇到挫折和失败时，更需要教师的“打气”鼓励，给他们信心和力量。

总之，固东中学的课堂教学坚持以生为本，追求适时适宜，一定会拥有课堂的博厚，也一定会成为博厚的课堂。

四、博厚的课程文化——博采众长，厚实有效

课程是落实学校教育主张、教育追求的基本载体。课程与课堂是两个密切相关又各有侧重的概念。两者相互作用，相辅相成，无法分割。没有课堂，课程只是冰冷的资料堆积；没有课程，课堂会成为一盘散沙。要建设博厚学校文化，就必须建设博采众长、厚实有效的博厚课程。为此，固东中学应该寻找更厚重的课程支撑，确定更深远的课程方向，开拓更辽阔的课程空间，从而找准更紧密的时代接点，开辟更独特的创新路径，提炼更有效的研发产品。

具体地说，一方面要深入运用和改进补充国家教材；另一方面要随机探索和合力研发个性课程。这里重点谈谈博厚的个性课程。

所谓个性课程，就是接地气的课程，就是富有特色的课程，就是能实实在在为学生成长提供服务的课程。我以为固东中学的以下个性课程是很能接地气的。

（1）校友寻访课程。在不长的办学历程中，固东中学培养了许多优秀的校友，毕业生中现有40多位县处级以上领导干部，厅级领导就有六七位，而毕业生中考取清华、北大的就有6位。这对一所普通的农村初中而言，是令人骄傲的，更是可开发的课程资源。学校不仅可以将这些优秀校友的照片、事迹展示在学校宣传栏，及时更换，而且可以定期邀请这些优秀校友回母校给学弟学妹们作报告、讲经历、谈心得。优秀校友回母校作报告，应制订一个计划，分主题、分年级，分别由领导干部讲如何清廉为官，造福人民；由科学家讲如何刻苦钻研，攻克科学难关；由艺术家讲如何德艺双馨，传播文化正能量；由企业家讲如何创业创新，诚信经营。从而让学生们聆听窗外声音，了解大千世界，坚定远大理想；从而更加自觉地热爱生活、热爱学校、热爱社会。榜样的力量是无穷的，身边的榜样更有力量。待条件成熟后，学校可以建设“优秀校友主题馆”，用这些优秀校友的榜样激励学生、鼓励学生。

（2）主题阅读课程。学校的教育使命，在于与学生一起，共同培育一种富有意趣的阅读文化，建设一种享用性的阅读生活。因此，固东中学开发主题阅读课程显得尤为迫切。学校可以结合师生实际，认真编写一本本图文并茂、融思想教育与文学趣味于一体的校本教材——《追寻梦中花香》《触摸国学经典》《多彩语文》《趣味数学》《励志成长》……这样的阅读校本教材，既凝聚了智慧与心血，又拓展了师生的阅读资源。最重要的是开展了一系列读书活动，如初一年级的古诗竞背、猜字谜、词语擂台，初二年级的课本剧表演，初三年级的“我最喜欢的文学形象”推荐等。这样的读书知识竞答、经典诵读展示，将阅读与表演、阅读与感悟有机地结合起来，将激励孩子们以自己喜欢的方式快乐阅读。

（3）社团活动课程。多年来，固东中学严格按照国家课程方案开齐课程，上足课时，科学合理地安排作息时间，每天晚上10时准时熄灯，保证寄宿学生每天有9个小时的睡眠时间，每天晚饭前后有序开展社团活动。这样，学生就得到了充裕的休息和适当的课外锻炼。我以为，学校要对社团活动进行更加科学的安排，从课程的视角加大研发社团活动课程的力度。因为，从某种意义上说，社团活动课程的丰富性，决定了学生学校生活的丰富性。比如，可以建立“边陲古诗文赏读社团”，作为边疆农村初中，这个社团的建设很有特别的意义；比如，“劳动生活社团”，当下劳动锻炼、劳动教育很有必要。学校曾租借场地及耕地20亩，承包荒山50亩植树造林，购置良种牛和本地牛14头，为学生提供了劳动基地，学校可以组织学生到基地劳动，播种、插秧、薅秧、收割、种树、挑粪、除草、浇树，为稻田施肥，割草喂牛等。甚至可以组织有兴趣的学生组成养牛、种稻的社团，进行科学研究。比如，可以组建“茶文化社团”，利用腾冲丰富的茶资源，采茶叶，制茶叶，学茶艺，品茶道，让学生以茶修德，以茶养廉，以茶自省，以茶雅致。当然，只有打造了茶艺课程文化，才能让学生像茶那样清醒、理智、平和，学会吃苦，找准位置，脚踏实地，从苦涩中体会出甘甜。应该尽快编写出一本茶文化校本教材，将茶文化的知识由浅入深地进行讲解，从茶树的种植、栽培，到茶具的质地、制法；从茶叶的发展、流传，到茶礼、茶的分类；从泡茶常识、茶席设计，到茶艺表演。这样的校本教材，是根植于学校现实的土壤中逐渐探索出来的。另外，体育、艺术、科技类的社团活动课程也应加强，不能削弱。

总之，固东中学只有研发独一无二的接地气的校本课程，才能为博厚文化固土培根，培桃育李。树木接地气，枝壮叶茂，参天挺拔；花草接地气，葱翠欲滴，争相吐艳；庄稼接地气，长势逼人，丰收在望。换句话说，如果不接地气，则失去营养，失去活力，失去能量，就意味着不再长大、长高、长壮。无论是“校友寻访课程”“主题阅读课程”，还是“边陲古诗文赏读课程”“劳动生活课程”，都是非常接地气的。

五、博厚的学生文化——阳光灿烂，全面发展

学校教育的所有方法、手段、策略，都是为了人，为了育人，为了培育博厚的人。固东中学之所以高高举起博厚文化的大旗，就是为了让每一位固东学子成为博厚之人。

理想很丰满，现实却很骨感。固东中学是一所纯初中学校，初中学生有哪些生理、心理特点？我们远没有读懂。初中学生有哪些秘密、困惑？我们还没有完全破解。因此，我们有必要回到原点，分析初中学生的生理心理特点，从而对症下药，因材施教。

初中生正处在一个新的迅速生长时期。他们的身高在显著增长，平均每年增长 6～8 厘米，体重平均每年增加 2～4 千克，胸围平均每年增宽 2～4厘米。这个时期的学生显得长手长足，个子猛长，但由于中枢神经系统不能立即适应身体的迅速生长，所以他们的动作不够灵活与协调。初中生的骨骼在迅速生长，脊柱、胸廓、骨盆和四肢的骨骼发展尤为显著，但骨化过程尚未完成，容易弯曲和损伤。初中生的心脏变化不大，而血液循环的路线延长了，因而心脏活动加强容易出现头晕和疲劳现象。初中时期

是性开始成熟的时期，这是他们生理发展的重要特征。生理上的变化也影响着心理上的变化，男女生之间已不像小学生那样天真相处了。初中生的心理发展表现在他们的感觉（如视觉、听觉方面）有了很大的提高；知觉在精确性和概括性上有所发展；注意的特点比小学生更有目的性、稳定性和选择性；记忆的目的性也加强了，抽象逻辑思维能力日益发展，并逐渐占据主要地位。而初中三年，各年级学生又呈现不同的特点。初一的孩子还带有小学生的稚气，初二是孩子思想最为动荡的时期，进入初三，原先这帮疯天疯地的孩子渐渐有了危机感，开始为初中毕业之后的去向而担忧。

凡此种种，初中生生理心理的变化，要求我们必须用初中生的眼睛看一看，用初中生的心思想一想，用初中生的方法做一做。如此，才能让他们真正地博厚起来。

比如，初中生由于学习内容丰富，生活领域扩大，他们的理想与小学生相比，已从比较模糊的状态变为比较明确的状态，但理想还不稳定，容易变化。所以我们就应该注意培养他们具有远大的理想，激发他们为祖国的社会主义现代化建设而努力学习，教育他们把远大的理想和自己的实际行动结合起来，并能为实现自己的理想坚持不懈地努力。

比如，初中生由于认识水平提高，自我控制的能力有了发展，情感已不像小学生那样容易显露于外，而是在对事物加深认识的基础上，情感更加深化了。他们对党、对祖国更加热爱；他们的友谊情感也有了进一步的发展，他们交朋友已不像小学生那样是因为邻居、同桌，而是以自己的兴趣、爱好和道德观念来选择朋友；他们珍爱友谊，一旦友谊受到挫折，就感到懊丧和痛苦；他们还不能完全正确地去处理友谊，往往庇护朋友的错误，对朋友不能展开批评；他们还不能完全正确处理男女同学间的友谊，有些学生甚至已有恋爱的现象。所以，我们就应该通过开展各种活动，发展和巩固学生的集体主义精神，教育学生正确处理友情、友谊与友爱，把他们的精力引导到学习的轨迹上来。

比如，初中生的自我意识增强，“成熟”感突出。表现在独立性增强，认为自己已经是“大人”了；由于认识的局限，他们还不能正确地分辨坚持与固执、勇敢与野蛮、果断与轻率之间的区别，还不能完全控制自己的行为，易冲动，学习上还不能持之以恒。所以，我们就要特别尊重、信任学生，发挥他们的独立性，不能过多地监护和进行烦琐的说教。

一切的教，都是为了学生更好地学。博厚的学校文化是需要润泽的，需要目标一致的润泽。身体健壮、心理健康、学识广博、道德善良、礼貌友善、阳光朝气、全面发展，应该是固东中学每一位学生应有的状态。

强基固本，旭日东升。就在我回到海门的两个多月里，我常常浮现起固东中学旧教学楼走道上的一副对联“故州文韵传道授业育桃李，黉序学风修炼求知报国家”。我坚信，固东中学有了强基固本，何愁旭日不东升？有了旭日东升，又何愁不能强基固本?!

（2018 年 12 月 7 日）

6　以人为本，务实求真

——山东省菏泽市东明县东明集镇第一初级中学本真文化的策划与创意

山东省菏泽市东明县东明集镇第一初级中学，是20世纪80年代整体搬迁至原东明师范学校的。虽地处偏僻乡镇，但规模较大，基础较强，学校占地135亩，建筑面积21000平方米，教学区、生活区、运动区分布合理，微机室、实验室、图书室、阅览室、美术室、音乐室等教学设施配备基本齐全。现有教学班24个，在校学生1500余名，教职工92人，其中专任教师82人。学校原有办学质量和办学档次处于菏泽市前列，是“菏泽市规范化学校”。

校长巩世康是一位有思考、有追求的校长，2016年3月，他曾来海门考察培训新教育，之后，多次给我打电话、发短信、发邮件，希望我为他们设计和策划学校文化。2017年6月3日，我第一次走进东明集镇一中，得知东明县下半年将接受义务教育基本均衡县的国家级验收。我以为，作为检查验收的必到之校，这是学校腾飞跨越的新起点，也是学校文化浴火重生，返璞归真的好时机。

怎样使东明集镇一中的学校文化让人耳目一新、焕然一新？怎样使东明集镇一中的学校文化能在全市、全省，乃至全国独一无二，独领风骚？追根溯源，这是应然选择。所谓追根溯源，就是汲取庄子哲学元素，立足初中学生实际，从而以人为本，务实求真，真正实现“让每一个人梦想成真”的办学目标。

一、溯源

东明是庄子故里。庄子（约前369—前286），姓庄，名周，字子休。他是中国历史上伟大的思想家、哲学家和文学家，是道家学派的代表人物，老子哲学思想的继承者和发展者，先秦庄子学派的创始人。后世将他与老子并称为“老庄”，他们的哲学称为“老庄哲学”。

《史记》载：庄子曾当过漆园（今东明县东部有遗址）吏。《庄子》一书载：他垂钓于濮水（东明县域古有濮水二支，又称普河），隐居于南华（今东明县东北），著书授徒，生儿育女，直至终老。唐代据此，于公元742年（天宝元年）诏改离狐为南华县，诏号庄子为“南华真人”、所著《庄子》一书为《南华真经》。1995年、2007年，两次召开的全国庄子研讨会，都认定东明县为庄子故里。

东明集镇一中的学校文化设计应该而且必须追溯庄子的哲学思想。庄子哲学博大精深，集中体现在《庄子》一书中，在庄子之前，哲学家们大多谈“善”，谈“美”，而《庄子》重点谈的是“真”。“真”通常作为形容词或副词使用，并且往往与“假”“伪”相对。有专家统计，《庄子》书中共有65个“真”字，可以说，中国哲学史上提出“真”概念，并加以深入讨论，是从庄子和庄子学派开始的。

《庄子》的“真”到底是什么意思呢？“真者，所以受于天也，自然不可易也，故圣人法天贵真”。“真”是受之于天的，是超越于现实世界的，是本然的、自然的存在。“真”是相对于“伪”而言的，只是在感觉到“伪”之后，人们才会去探求“真”。用人格化的寓言故事形象来表达抽象的哲理是庄子哲学的一大特点。《庄子》中的“真”，包括“真人”“真知”“真性”三方面。“法天贵真”作为庄子最重要的思想，重在追求人的自然属性，强调可贵的是自然的本性。正如《庄子》中提到的“真者，精诚之至也。不精不诚，不能动人”。庄子的“真”强调的是契合天意，追求精神上的自由；强调的是浑然天成、不经人为的改造和雕琢，是自然之美，一切顺应自然。对于初中学生来说，庄子的“真”也许比较难以理解，但他的作品、他的精神、他的思想还是值得称颂与借鉴的。因此，东明集镇一中的学校文化绝不能失却“真”的元素，绝不能无视“真”的因子。

然而，与“真”相对应的虚假之风，如今在许多学校还是大行其道。比如，有的学校为了迎接检查验收，往往会指使学生参与造一些假的材料来蒙混过关；比如，有的教师为了上公开课、评优课时能获得好的评价，上课之前，常常暗地里先“操练”一遍，把问题的答案告诉给学生，甚至每个问题由谁来回答，谁要回答得对，谁要回答得错，都安排得一清二楚；比如，有的教师在指导学生作文时，要求学生严格按套路去写，不允许学生别出心裁，反对学生说真话，抒真情；比如，有的教师要学生刻苦勤勉，可自己的科研论文是抄袭人家的；比如，要学生献爱心，帮助有困难的人，可自己总是一毛不拔。凡此种种，都说明肩负教书育人重任的教育人，离陶行知先生要求的“千教万教，教人求真”“千学万学，学做真人”尚有很大的距离；都说明遵循庄子哲学中的“真”思想，在学校教育中正本清源，返璞归真，是多么急切！无论社会如何多元，无论时代如何变迁，教人求真和学做真人的宗旨都是不变的。从某种意义上说，摈弃虚假既是学校教育的本质需求，也是当务之急。

二、追根

东明集镇一中是一所纯农村初中，学校文化建设当然不能脱离初中学生、初中学校、初中教育的实际。一切从实际出发，以学生发展为本，这是初中学校文化建设的根本。

初中是义务教育的最高阶段，又是中学教育的初级阶段。初中强则基础教育强。当下各地的初中学校基本样态是一致的，即初中教育是基础教育的“细腰”“瓶颈”。如何壮大“细腰”，突破“瓶颈”？关键是要把脉初中教育的对象——初中学生。正处于青春期的初中学生就像秋天的柿子，看着成熟却还很稚嫩，渴望自由又难以独立，想完全自由却涉世不深。相比较而言，初一的孩子更多地需要尽快适应初中生活，初二的孩子是思想最为动荡的时期，进入初三，原先那帮疯天疯地的孩子渐渐有了危机感，开始为初中毕业之后的走向而担忧。总之，三年的初中生活，他们是在虚拟的网络世界、真实的多变世界和复杂的情感世界“三个世界”的交互过程中。他们的真实世界需要我们真心实意地去关注。

当下的初中学校面临着许多的真情景、真问题；初中学生面对着许多的真情感、真疑难；初中教育期待着许多的真理念、真举措。具体而言，真情景——对于即将开始的初中生涯，绝大部分学生是陌生的，现实与理想之间的反差会在一段时间内困扰学生。因此，学习动力、学习压力方面的学习方式适应，师生关系、生生关系方面的人际交往适应以及对于挫折的适应等，都是需要帮助调适的。真问题——初中学生面临的问题真的很多，比如一个普遍的问题是初中学生进入初中以后，自己认为，家长也认为，他们的主要任务是学习，于是家务活不干了，甚至油瓶倒了也不扶了，劳动观念淡薄了，对劳动人民（尤其是体力劳动者）的感情缺失了，因此，原本以为不是问题的劳动教育上升为重要的问题了。我们应该善于发现问题，还要发现问题背后的问题。真情感——青春期的孩子，情感多样且细腻，情感多变且脆弱，让我们颇感棘手的是所谓“早恋萌动”现象。如何得心应手地处理好这一真实而又敏感的骚动情感需要我们的智慧。真疑难——如何让每一位初中学生拥有成功的人生起点，突破口有许多，自信、自觉、自主，坚强、坚定、坚毅，都是需要注意的。近年来，“坚毅”已逐渐成为人们讨论教育时的一个热词，越来越多的人意识到，是否具备坚毅的品格，对于孩子未来能否获得成功，无论是学业还是人生的成功，都十分重要。美国心理学家安吉拉·达克沃斯通过她的研究，明确将“坚毅”一词与学业成功挂起钩来，并指出“坚毅”的品格包含两个方面：一是对于长期目标的持久热情，二是在追求目标中展示出来的百折不挠的坚韧品质，两者缺一不可。真理念——教育的理念决定着教育方法的选择，我们应该有多种多样的教育理念，但核心理念应该是“让每一个人都梦想成真”“过一种幸福完整的教育生活”。朱永新教授倡导的新教育认为，教育应该面向未来，但同时更应该面向当下；教育生活应该是幸福的；教育的使命在于塑造美好的人性，人性应该是完整的，都应该梦想成真。初中教育不能只是为了中考的高分和心仪的重点高中。真举措——推进初中教育的扎实举措可谓仁者见仁、智者见智，而家校合作共育能收到举一反三、事半功倍之效。共育需要合作，合作为了共育，通过家庭教育指导、学校生活参与、家校互动沟通、社区融合协作，初中教育定能艳阳高照!

溯源是为了探寻学校文化的源头活水，追根是为了揭示学校文化的本性特质。上文的溯源与追根，目的是给东明集镇一中的学校文化构想拓宽视域，找准支点。我以为视域是“以人为本”，支点是“务实求真”，取两个词的末字，连读为本真。本真教育或曰本真文化就是东明集镇一中学校文化的内核。

三、构想

教育是一种文化行为，本真文化的建设之路有显性和隐形两条路径。

1. 显性路径

抓住学校硬件改造的机会，把学校打造成本真教育的样本和模型。学校按照整体规划、分步实施的方略，首先整体规划学校的布局。学校分教学区、运动区、生活区和生态区四大板块，应该说布局合理，除教学区中一幢综合楼和两幢教学楼正在进行基建、装修外，其余三区已初具雏形。综合楼可以命名为“本真楼”，两幢教学楼可分别命名为“率真楼”“纯真楼”，两幢教学楼的侧翼显眼处可分别标上新教育的标识和学校的标识，以及“过一种幸福完整的教育生活”和“让每一个人梦想成真”两句口号。因为东明集镇一中是菏泽市的第一所新教育实验学校，当然要把新教育的标识和核心理念公之于众了。

校门改造后进校的硬化大道的北边可以设置一块屏风或石头，上书校训“以人为本，务实求真”；大道两侧可布置宣传橱窗，东侧橱窗布置庄子的画像、庄子的生平和与庄子有关的典故，如“齐一万物，莫强分别”“入火不热，沉水不溺”“利害唯己，谁贵谁贱”“逞能辩论，终于徒劳”“无用之用，方是大用”“一龙一蛇，与时俱化”“鼓盆而歌，送妻升遐”“安时处顺，穷通自乐”等，并力求图文并茂，图可以工笔画、水墨画，文可以隶体字、魏碑字。西侧橱窗可以定期更换，展示优秀校友的照片和成就说明，这样让师生们感到榜样就在身边，可以产生见贤思齐的神奇效果。

学校是山东省绿色学校，一年四季，树木葱郁，绿意盎然。但需要征集校树的树种，白杨树是校内最多的，也是最高的，虽有茅盾对白杨的礼赞，但杨絮的烦恼也是不争的事实，而且学校周围到处是杨树，没有个性特色，所以我建议校树可定为梧桐，可以赋予其栽梧引凤的吉祥意蕴。而校门建好后，靠围墙内两侧仍应保留冬青黄杨围起的花圃，只是需要整体设计布置得有意境。学校还可按班级认领护养校内的各类树木。

学校的校标、校徽、校旗等可以重新设计制作，特别是现在有三首备选校歌，从学校学生合唱队的演唱中，我以为第三首《让每一个人梦想成真》，无论是词还是曲都富有激情。

学校西北侧的生态区，面积之大是其他学校所少有的，应该尽快平整划界，分到各班级种植各种植物，让孩子们领略种植培育的乐趣和劳动收获的喜悦。

2. 隐性路径

按照本真教育的逻辑顺序，可以考虑以下几方面：

（1）认真管理。

学校是需要管理的，管理是需要文化的。作为学校管理的灵魂、旗手和能手，校长的管理最基本的要求是“认真”二字，包括学校全员教育思想的认真管理、从师生角度完善学校制度并建立落实机制的认真管理和创新校园文化建设、营造师生健康发展环境的认真管理。毛泽东曾指出：“世界上最怕‘认真’二字，共产党就最讲认真。”因此，校长的认真管理是学校本真文化的基本前提。

怎样认真管理呢？我提出“三个加”的建议：

第一，目标＋常规。目标管理是基本的管理策略。学校应该为每位教师设立成长目标，不论是年轻教师，还是中老年教师，都要有奋斗成长的目标。比如年轻教师“一年打基础，两年能入门，三年成骨干”；中老年教师要克服职业倦怠，决不能“未老先衰”。新教育年度人物飓风（郭明晓）年过半百，接近退休之时遇到了新教育，痴迷上了新教育，焕发了青春朝气，并且登上了北京师范大学的讲台，给全国的新教育人讲述她的班级故事，得到了教育部领导的赞赏。飓风的成功其实就是新教育目标引领的成功典型。

常规好，教育教学的质量就高。学校管理应该坚持以行为规范为起点，认真抓好学生文明习惯养成教育，变常规管理为管理常规，努力内化为学生的自觉行动，学校可以编制《德育手册》，人手一册，落实行动。学校导护工作可以采取扁平化安排，领导和导护老师既“导”又“护”，以德育人，鼓励学生自我提升人格境界。

第二，底线＋榜样。底线＋榜样是新教育实验的管理铁律。所谓底线，就是最基本的要求。如在全校推广阅读，必须规定一个大家都可以接受的底线。这个底线要定得足够低，低到老师或者学生们认为，这太容易、太简单，甚至不做到它就说不过去。而管理的秘诀正在于，它总是表扬从底线中涌现出来的优秀者。这些优秀者，这些最大程度超越底线的人，就是榜样。用榜样激励新的榜样，用榜样的精彩引来更多的精彩，正如一首诗中所讲的，“一朵具体的花，远胜过一千种真理”。榜样的力量是无穷的，身边的榜样更有力量。一个好的老师在他自己的成长历程中都有自己的榜样——像孔子那样做老师、像雷夫那样做老师、像克拉克那样做老师……这样，我们自己才能不断地前行。如果这些老师就在我们的身边，他的影响力就会更大。

第三，伙伴＋搭台。世界上最大的零售企业沃尔玛与员工建立的伙伴关系，是其实现跨越式发展的重要因素。公司称员工为合伙人，要求管理者尊重和赞赏员工，认真倾听他们的意见，真诚地帮助他们成长和发展。一位职员回忆说：“我们盼望董事长来商店参观时的感觉，就像等待一位伟大的运动员、电影明星或政府首脑一样。但当他一走进商店，我们原先那种敬畏的心情立即就被一种亲密感所取代。”沃尔玛的成功启迪我们：在学校管理中，一定要无限相信教师和学生的潜力，真诚对待师生，关心师生，将师生作为自己的合作伙伴，而不是把师生当作我说你听、言听计从的被管理者。

一所学校不可能个个教师都优秀，总有一些得过且过者，总有一些个性鲜明者，也有一些藏龙卧虎者，高大全式的教师几乎是没有的。校长的功力就是要给教师搭建施展才能的舞台。是猴子，就给一棵树，任其自由攀爬；是老虎，就给一座山，任其威风八面；是猛龙，就给一条江，任其翻江倒海。或长于教学，或长于教研，或长于管理，针对教师的不同才华，给其合适的成长机会。给教师工作的体验，给教师发挥的空间，给教师成长的环境，让其在失败中反思，在困难中磨炼，并最终品尝成功的喜悦。给教师搭一个表演的舞台，教师就给你一个精彩的舞蹈、一个教育的奇迹。校长的认真管理，就是为教师的精彩喝彩。

同理，教师在管理学生时，也要经常采用“目标＋常规”“底线＋榜样”和“伙伴＋搭台”的管理策略。

（2）顶真课堂。

本真教育一个重要的内容就是如何让课堂教学真实再现和生成师生生命的幸福。其实，当下的初中课堂或多或少变得越来越浮躁，越来越急功近利。体现在教师身上，不少人为了分数拼命地“喂养”学生，不管学生能否消化，一味地灌灌灌，各种方式的补补补，习题排山倒海，弄得学生不堪重负，消化功能下降，进而产生厌学情绪。因此，我以为课堂教学中一定要认真顶真，认真贯彻素质教育，顶真达成生机活力。当务之急，顶真课堂必须抓住以下五个字。

第一个字是“换”。在学习知识探究原理的过程中，教师需要随时提醒学生换一个角度思考问题，特别是对一些具有开放性的分析类问题，在学生思维闭塞时，可以启发学生突破原有的思维模式，从不同侧面、不同层面来寻求更多样化的结论。这一过程，便是学生突破思维定式的过程。这一变换，诱发了学生学习兴趣，启迪了学生积极思维。学生用自己的眼光去观察，用自己的心灵去感悟，用自己的头脑去判断，用自己的语言去表达，从而达到茅塞顿开的认识飞跃。

第二个字是“引”。“引而不发，跃如也。”顶真课堂上教师应善于制造悬念，让学生急于找到答案，迫切需要知道原因，想弄清楚为什么，这就形成了教与学的最佳心理状态。教师不可能也没必要把每一个问题都阐释清楚，教师的功效在于引导，在于启发，从而把学生引入“问渠哪得清如许？为有源头活水来”的创造性情景中，最后使学生产生豁然开朗的认识，即不愤不启、不悱不发。

第三个字是“点”。要使课堂教学始终在学生情绪的最佳状态中进行，就应从学生的真实问题出发。可以通过倾听，发现学生困惑的焦点、节点，以及理解的偏差、观点的创意，找到引导的契合点和因材施教的切入点，“点”在需要时，“点”在认知偏差处，“点”在情感冲突时，“点”在思维定式处，这样的巧妙点拨，可以化腐朽为神奇。

第四个字是“堵”。学生讨论最热烈、最觉得有话可说时，他们的思维过程却往往是直线性的，受思维方式、知识基础等因素的影响，容易沿着一条单一的探究轨道走下去。此时，教师如果适时地“堵”一下，将会起到大于“引”的效果。因为“堵”一下，学生就会打破常规，进行逆向思维，提出独出心裁的见解，出奇制胜地找到解决问题的良策。

第五个字是“变”。教学不应拘泥于预先设定固定不变的模式，应该变计划性的教案为指导性的预案。顶真课堂应该出现种种“想不到”，有时可能由学生引发，有时可能由教师引发，这都需要教师具有极强的教育机智，能够巧妙转化。也就是说，顶真课堂对教师提出了更高的素养要求。

最近读到南师附中葛军校长关于高考数学的一篇论文（《江苏教育·中学教学》2017 年第 5 期），他指出高考数学教学中存在三大问题：一是教材不知在何处，由于大力推行“学案”，许多学生高中三年未将教材完整读过一遍，书上定理公式未亲自证过一遍，例题未做过一遍并对照规范解读验证一遍，书上练习、习题未做过一遍；二是心中无“经典”；三是教师教学偏重题量而忽视“四识”（识规范解答；识求解解法；识解题关键、知识与方法；识题是从哪里来的）。我建议，打造顶真课堂，提高中考教学质量，应该好好借鉴高考教学方面的经验教训。

（3）率真教师。

本真文化建设的主体、主导、主人是教师。毋庸讳言，在教师队伍建设方面，东明集镇一中已经或者正在下大力气。在新教育的引领下，无论是“你读书，我买单”的书香校园建设，还是“你参与，我表彰”的完美教室缔造，无论是毕业课程、口才课程、礼仪课程、面塑课程等卓越课程的研发，还是抓初三中考质量，抓初一、初二起始年级常规到位的理想课堂建设，都让教师走上了教育教学的正中央，有效地提高了教师的整体素质。特别是全校 13 名教师参加了新教育网络师范学院的学习，这在全国新教育实验学校中是不多见的。我以为，东明集镇一中的本真文化应该聚焦率真教师的锻造。

率真教师应有哪些特质呢？我以为至少需要三点：

第一，做一个追梦人。人是要有一点精神的，首要是要有追寻理想、超越自己的追梦精神。教育是必要的乌托邦。教育不是做梦，但教育永远不能没有梦。教师不能囿于寝室、教室、办公室“三点一线”的一天又一天重复着昨天劳作的怪圈中，应该有有所作为、大有作为的理想抱负，应该有教书育人、为人师表的使命担当，应该使自己平凡而短暂的人生成为一株独特的风景树，应该像星星那样闪闪发光。

第二，做一个爱阅读的人。没有阅读就没有教育，没有教师的阅读，很难点燃学生阅读的火焰。因此，教师应该成为一个爱阅读的人，成为一个阅读的点灯人，成为一个阅读的榜样。怎样阅读？可以像杜甫那样“读书破万卷，下笔如有神”；可以像毛泽东那样“不动笔墨不读书”；也可以像范文澜那样“天圆地方”。总之，通过像春蚕咀嚼一片片桑叶那样翻动一页页书籍的阅读，让我们的率真教师形象更佳，气质更雅，教育教学水平更高！

第三，做一个拓展生命长、宽、高的人。从某种意义说，一切教育都是生命教育，都是为了拓展生命的长、宽、高。因此，率真教师必须是一个拓展生命长、宽、高的人。首先，以人为本，立德树人。要时刻牢记一切为了“人”，为了“成人”。每一根枝条都有自己的伸展方式，每一朵花都有自己的开放时节。教师要做的，就是要给每一根枝条以合适的伸展方式，就是帮助每一朵花在该开放的时节绚烂开放。率真教师就应该面向全体学生、面向学生的每个方面，做学生的人生导师，做学生的“重要他人”。其次，要立身、立德、立功、立言。面对缤纷的个性，特别是“独子时代”“多梦季节”的乡镇孩子，率真教师应该以人格陶冶人格，以关爱激发关爱，以责任带动责任。同时，时时处处以身作则，兢兢业业教学，教出精彩、教出业绩。并且，带着理念进课堂，基于研究搞教育，成为教育的开发者、反思者、建设者和文化之脉的传承者、开拓者。最后，要内外皆修，发展自我。既要博学，又要儒雅；既要和悦，又要和蔼。所谓率真，就是直爽而诚恳。率真教师就应该而且必须成就学生的同时，也成就自己，使自己生命的长、宽、高不断拓展！

(4) 纯真少年。

学生良好品质、品德和品性包括很多内容，而纯洁真诚的品行尤为重要。因此，培养纯真少年是本真教育的应有之义。怎样培养纯真少年？

第一，找准立足点。只有认识孩子、尊重孩子、保护孩子，才能把本真还给孩子。纯真少年有哪些本真呢？三句话——“犯错是少年的权利”“贪玩是少年的天性”“个性是少年的未来”。著名教育学者成尚荣有一篇经典文章，题目是《教室是出错的地方》，著名特级教师、北京第二实验小学副校长华应龙对学生的错误提出了“容错”“融错”“荣错”的观点，指出犯错是孩子的权利。我们应该善于抓住学生的错误，让孩子在错误中学习，让孩子在犯错中成长，让孩子在挫折中坚强。很多名校都非常尊重孩子贪玩的天性，不但不抑制孩子的玩，相反，学校和教师还想出许多玩的举措，建设了很多玩的设施，开展了很多玩的活动，让孩子们尽情玩耍。这给我们以启发，学校西北角的生态园，完全可以成为孩子们种植玩耍的乐园，使孩子们潜移默化地增强勇敢大胆、乐观开朗，富有幽默感、想象力和创造力。学生的个性化发展，是学生立足未来的需要。“一个少年就是一个家庭的希望，不应放弃每一个学生”，这不仅仅是口号，它应落实在行动上，学校应开设各类社团，让每一位学生在社团活动中，寻真求理、探骊得珠、引爆潜力、展示风采。因为一百个人有一百个人的个性，他们各有各的性格特点和个性禀赋，我们只有分层教学，才能使他们各美其美。

第二，狠抓着力点。纯真少年的培养应该抓主要矛盾和矛盾的主要方面，以下五点应该是我们的着力点。一是更加注重培养学生的健全人格。初中作为形成健全人格的关键期，我们应吸收现代心理学成果加以强化，使学生形成良好的道德自律，正确认识自我并进行自我客观评价，积极走向自我实现，有健康的情绪体验并能调控自己的情绪，能与人合作共处。二是更加注重培养学习品质和习惯。当下微课慕课、选课走班已成新常态，这对学生学习品质和习惯提出了更高要求。学生要有较强的自我约束和控制能力，能合理安排自己的学习时间，能自己进行预习和复习，能自己发现问题、解决问题，甚至表达相关成果，能与同伴合作交流探讨，能自己梳理知识并形成知识结构体系。三是更加注重培养学生的好奇心、求知欲和问题意识。初中是学生心智发育过程中重要的分水岭，如果初中能够将学生的好奇心、求知欲和问题意识维持在相对高的水平，高中阶段乃至更长时间里学生的探究欲就很难被弱化。四是更加注重保护和发展学生多方面的兴趣、特长。五是更加注重培养学生的思辨能力和表达能力。

第三，增强拓展点。作为新教育实验学校，东明集镇一中在培养纯真少年的实践中，有更多的优势，有更多的拓展点。比如，通过推进每月一事，培养学生一生有用的好习惯；又比如，通过缔造完美教室，让学生

“我的班级，我做主”；再比如，通过晨诵、午读、暮省，让学生真正过上纯朴、纯净、纯洁、纯良的学习生活；还比如，通过家校合作共育，发挥学校、家庭、社区的聚合力，变无微不至为有微不至，变喋喋不休为循循善诱，不断提高少年学生晴朗心空的幸福指数。

（5）寻真课程。

在2013年萧山新教育年会上，朱永新教授指出：“课程的丰富性决定了生命的丰富性，课程的卓越性决定着生命的卓越性。”实施本真教育离不开课程的丰富与卓越。在保证国家课程的基础上，学校应开设安全教育、环境教育、传统文化、人生规划等地方课程；更应依据学校实际，规划和开发面塑、剪纸、书法等富有学校特色的校本课程，可以冠名为寻真课程。具体可开发艺术欣赏、体育健康、技能发展、学科延伸等四大门类几十种可供学生选择的课程。《歌舞琴韵》领略悦动青春，《巧手制作》阐释心灵手巧，《灌篮高手》享受运动激情，《楚河汉界》演绎运筹谋略，《翰墨飘香》展示书画魅力，《晨风心语》敞开学生心扉，《绿色田园》体味耕耘收获……通过这些活动让学生在主动参与、自主探索的氛围中丰富内涵、开阔视野，实现学生综合素质的全面提升。

另外，应根据初中学生的身心成长特点，重点开发以养成教育为切入点，以学校、家庭、社会为涉教空间，以系列活动为载体，以现实生活为场景，以人生幸福为导向的立体化、特色化、生活化的德育校本课程体系：

第一，生命安全系列课程：开展预防流行病、传染病和食品卫生安全的教育，交警进课堂活动课，消防、地震逃生演练，防煤气中毒、危险物品和防溺水教育等，让学生珍爱生命，健康成长。

第二，运动素质系列课程：军训、乒乓球篮球活动课、田径训练活动课、运动会、广播操、舞动青春活动课等，学生在运动中分享快乐。

第三，经典诵读课程：课间十分钟美文欣赏，诵读《弟子规》、经典古诗词，启迪心灵。

第四，经典传唱课程：学校广播站每天早上播放两首经典歌曲，让学生早晨就能感受到艺术的熏陶，特别是每天的校歌齐唱，可增强学校的凝聚力。

第五，我的班会我做主课程：开展“传承民族美德，节约从我做起”“良好习惯伴我行”“情系镇中，牵手未来”主题班会，锻炼学生能力，丰富学生课余生活，实现自我教育。

第六，天天升国旗课程：每天早上国旗班都要在国歌声中升起国旗，无论春夏秋冬，每当师生听到国歌声响起，都会面向国旗行注目礼，培养学生的爱国情怀。

第七，社团活动融真情课程：在学生社团活动时间，有着相同志趣和特长的孩子们聚在一起，在指导老师带领下研习、切磋技艺。

第八，成长导航课程：在学生中开展系列指导，包括初一年级的入校培训、初二年级的青春导航、初三年级的职业规划以及全校学生的习惯养成、学法指导、学生管理等。

以人为本，务实求真。虽然是第一次赴菏泽，虽然在东明县考察交流只一天一宿，但东明集镇一中的本真文化已深深烙在我的脑海中。我坚定地相信，在巩世康校长的带领下，有新教育思想的引领，有菏泽、东明两级教育行政部门的把关，有全校师生员工的努力，本真文化不只是符号，而是感动；不只是接受，而是鲜活；不只是合格，而是优秀！

（2017 年 6 月 3 日）

7　黉学腾越，爱伴成长

——云南省腾冲市实验学校黉学文化的策划与创意

暮春时节，又临腾冲。
沐浴腾越风，迈步和顺里。
寄托的是一份眷恋、一份责任；
装载的是一份情愫、一份情怀。
远方，云生山岗，
眼前，基建正酣，
旧时，黉学腾越，
今朝，爱伴成长！

2018年4月25日，带着为腾冲市实验学校（以下简称“腾实校”）策划学校文化的使命，在总校长李其康、中学部校长李端尚和小学部校长赵明辉、副校长李丽娟等的陪同下，我来到了如火如荼的腾冲市实验学校的建设工地。

指着效果图，李其康校长骄傲地介绍：腾冲市实验学校位于腾冲市腾越镇东山社区，总占地面积260亩，总建筑面积72686平方米，总投资近4亿元，是腾冲市第一所集初中、小学及学前教育为一体的现代化学校。如今，学前教育已建成招生；初中、小学的建筑即将竣工，9月1日，腾冲市第五中学初中部和腾越镇中心小学将整体搬入并招收新生。

学校尚未建成就要策划设计学校文化，我还是第一次接受这样的任务。其实，这才是真正的策划与设计，也才能真正展示我们对教育的理解和创意。既然是实验学校，当然离不开学——学生、学习与学校，学永远是学校文化建设的中心主题。怎样学才是腾实校的文化表达呢？我按照文化寻根、认同、行动的逻辑思路，渐渐有了一些头绪。

所谓寻根，就是一所学校从哪里来？所谓认同，就是一所学校要到哪里去？所谓行动，就是一所学校怎样去目的地？正是按照这样的思路，我写下了如下的文字：

一、寻根认知

学校正在建设，学校的根在哪里呢？

寻找腾实校的根，成了我此次腾冲之行的首要任务。因为寻根是为了立根，是为了扎根。根立得越正越牢，学校文化的生长才越正确正当；根扎得越深越实，学校文化的生长才越枝繁叶茂。

腾冲市教育局教研室姜琦主任毫不犹豫地告诉我：腾实校的根应该在腾越镇中心小学。于是，我们来到了腾冲市秀峰社区黉学路南侧的腾越镇中心小学。

这所即将迁入腾实校的小学，可是边城办学历史最长、规模设施较好的学校。为了腾冲经济社会的发展，为了开发扩容学校隔壁的孔庙，将其打造成旅游景区，市委市政府整体规划将学校成建制搬入腾实校。

搬走的是学校，搬不走的是学校文化的根！

腾越镇中心小学就在腾冲市孔庙的隔壁。就是在这个孔庙（文庙）里，明成化七年（1471），腾越指挥使司同知陈鉴开始筹建黉学。因战事和地震损坏，清光绪五年（1879），同知陈宗海再次修建，黉学内殿、厢、宫、池、坊逐步完善。当时设官以教，选才以养，祭礼庄重，传习诗、史、子、集，为“先师庙学”。清光绪三十二年（1906），又在此设“文化学堂”，兴学强国，教学严谨，声誉远播。

这是各地并不多见的黉学旧址，走进如今仍气宇轩昂的孔庙大殿，我肃然起敬。遥想当年在这神圣殿堂，多少腾冲子弟习诗作文、探索知识、成人成才。触摸着这历史的古迹，我仿佛聆听着腾冲教育先贤们的教导教诲，仿佛拥抱着中华传统文化的微言大义！

黉，古代的学校。所谓黉门，就是学校的门；所谓黉门学子，就是指学校的学生。黉学，就是为了孩子有根地生长。腾冲的黉学到了民国年间，接受外来思想，开办新学。日寇侵占时，学校墙倒屋塌，弹痕累累，至今孔庙梁柱上还有许多深深的弹洞。腾冲光复后学校即复课，薪火传续。

自从共产党领导后，腾冲黉学终于迎来灿烂的曙光。虽然学校名称数次改变，但是在保留恢宏古朴风貌的黉学旧址上仍书声琅琅，歌声阵阵，教师们辛勤耕耘着教学的沃土，孩子们永远绽放着学习的笑脸。这所被称为腾越镇中心小学的黉学旧地焕发着生机与活力，多次受到省、地、县和国家级表彰奖励，成为云南省“精神文明单位”、云南省“现代化技术实验学校”、云南省“一级示范学校”。

赵明辉校长不无自豪地给我递上了他们编印的《黉学新篇》第五卷，我一下子就被他撰写的国家级一等奖论文《校园“软”实力文化建设新探》所吸引，文中关于注重专业成长文化、铸造班级特色文化、构建课堂教改文化、丰富兴趣活动文化、伸展社区服务文化、细实学校管理文化、茂盛学生社团文化等七个方面的论述，让我一下子对黉学文化的根脉有了初步的认知。

套用席慕容的话说，黉学的歌，“是一支清远的笛，总在有月亮的晚上响起”。黉学的面貌“却是一种模糊的怅惘，仿佛雾里挥手别离”。离别后，黉学将是“一棵没有年轮的树，永不老去”。

是的，这永不老去的黉学，其实就是爱——深深扎根在腾越大地上的赤子之爱，爱家乡、爱国土、挚爱蓬勃生长的乡民子弟。之所以数百年来，腾越的黉学薪火相传，连绵不绝，是因为黉学始终并且真正为孩子的学习助力，是黉学点燃着、温暖着学子的身与心，情与爱！

追根溯源，黉学就是“学”——以学为中心，以学生为中心，以学习为中心。黉学的往事，经由时光的发酵都化作了淡淡的甜美。陪我一起游历黉学旧址的李丽娟，她似乎触景生情，向我描绘起孩提时代的学习生活：在孔庙的教室内外，捧起书本诵读，抓起笤帚追逐，一条小虫、一朵白花、几片树叶、数根草茎，成了小伙伴们的玩具……

黉学，这是凝固在时光中的风景；

黉学，这是流淌在文化里的血脉。

当我凝视黉学，就像在阅读腾冲教育的如烟往事；

当我阅读黉学，就像在品尝腾实校前世的清欢味道。

设计学校文化无非就是营建学习生态，让生活学习其中的师生、事件、情感相互影响，进而产生向上、向美的力量。这种黉学文化的营建需要爱的磁场，把教师、学生、家长深深地聚拢在一起。于是，我与腾实校的领导班子成员讨论起了黉学的内涵。

黉学，就是弘学——弘扬儒学，弘扬以学为本的博大精深。

黉学，就是向学——一心向学，天天向上，向着多学少教、先学后教、以学定教的明亮那方。

黉学，就是勤学——勤于学习、勤奋劳作，深信学海无涯勤作舟。

黉学，就是乐学——知之者，不如好知者；好知者，不如乐之者。没有兴趣就没有学习，应该千方百计调动学生学习的主动性和积极性。

黉学，就是畅学——酣畅淋漓地学习，让表达不受限，让构想看得见，让辩论有依靠。

黉学，就是问学——问渠哪得清如许，为有源头活水来。学校应该是学生探索学习的问题场。

黉学，就是爱学——挚爱学生，热爱学习，为孩子的一生打上幸福底色！

黉学，就是研学、就是探学、就是让学、就是助学、就是游学、就是伴学……

走进蔷薇越来越艳，与文庙只一墙之隔的腾越镇中心小学，巡视即将关闭的操场、教学楼、综合楼，在会议室里观看电视短片，听取校长们的介绍，我为腾冲教育的大手笔感到振奋，更为不忘黉学初心的腾冲学子感到幸福！

二、黉学认同

人为本，学为根，爱为魂，这是我寻根黉学的初步认知。要使黉学成为全新的腾实校的学校文化，必须得到大家的认同。

腾实校是一所九年一贯制学校。九年一贯制将小学和初中这两个独立的学段整合成义务教育阶段的一个整体，具有独立初中和单独设置小学所无法比拟的资源集聚性、教育整体性、课程连续性等方面的优势。对这些优势的认同，将从根本上提升“示范学校、领军学校、品牌名校”办学目标的自觉性和自信心。

回到海门的这十多天来，我无数次凝视着腾实校的鸟瞰设计图，想象着 9 月 1 日开学时的美妙景象，黉学文化统领下的腾实校渐渐地清晰、明晰……

办学目标：努力建设成为腾冲市素质教育的示范学校、领军学校、品牌学校。

办学理念：让每一位师生健康成长。

办学口号：黉学腾越，爱伴成长。

校训：明德厚学。

校风：向上，向学。

教风：爱生，爱学。

学风：善思，善学。

学校关键字：学。

学校精神：扬正气，育灵气，蓄大气。

办学愿景：让每一位学生都生活在同一片蓝天下；让每一位学生都沐浴在希望的阳光里；让每一位学生都成长在快乐的学习中。

校歌：原腾越镇中心小学校歌的旋律不变，歌词做适当修改。

校树：（略）

校花：（略）

校徽：（略）

校旗：（略）

所略内容可以发动全校师生设计、征集，并阐释内涵。

这里有必要对学校精神和办学愿景作简要解读——

腾实校是一所新办学校，学校不仅应有新的气派、新的气势，更要有新的气场、新的气氛，而学校精神反映的是学校新的气质、新的精神追求。“扬正气、育灵气、畜大气”追求的是一种正直善良、民主和谐的境界，一种精细做事、精美做人的风范，一种崇尚科学、机敏睿智的作风，一种求真务实、开拓创新的品质。所谓扬正气，就是弘扬刚正的气节、公平公正的情怀；所谓育灵气，就是培养灵魂的气韵、个性智慧的气质；所谓蓄大气，就是积蓄宽宏的气度、识大体顾大局的品质。

腾实校是一所九年一贯制的新学校，办学愿景定位高不高、准不准，至关重要。不高，无所谓志存高远，鼓舞人心；太高，无异于好高骛远，不切实际。因此，在黉学文化观照下，经过对教育本质的深入思考以及对学校发展的正确定位，我提出了“蓝天、阳光、快乐”的办学愿景。

一是“蓝天”——让每一位学生都生活在同一片蓝天下。跨进腾实校大门的学生，在年龄学段、学业成绩、行为品质、家族财富、父母地位诸方面一定会有差异，但都是腾实校的学子。“每一位”“都”“同一片”三个词赋予学生相同的角色、相同的权利并能得到相同的关爱。蓝天是教师们的情怀，代表着纯洁、灿烂、广阔和博大。蓝天里，没有乌云肆虐，没有暴雨淫威，也没有黑暗相随，这是圣洁的教育，是学生成长的理想境地。

二是“阳光”——让每一位学生都沐浴在希望的阳光里。阳光温暖，希望最美。阳光和希望是生命存在的最主要的激励因素。教育是生命的极致，因而，学校教育的立足点就是向每一位学生撒播关爱的阳光，让他们在希望中获取生命的动力，为了美好的未来积极成长。

三是“快乐”——让每一位学生都成长在快乐的学习中。在应试教育的大环境中，学生课业负担过重，分数压力过大，家长和社会期望值过高，学生终日在书山题海中打转，看不到尽头，辨不清方向，很苦很累，没有快乐可言。腾实校应该而且必须在减负中做出实验、做出示范、做出表率，让课堂有趣、有乐，让身心愉悦、愉快，让校园多姿、多彩。

有了上述黉学文化认同，腾实校的每一位师生都应该有响亮的口号誓词。

教师誓言——我是腾冲市实验学校的教师，在国旗下，我郑重宣誓：沐浴黉学光辉，光大爱生爱学，不忘初心，砥砺前行，用智慧和汗水，立德树人，传承文明！用爱与责任，教书育人，共同成长！

学生誓言——我是腾冲市实验学校的学生，在国旗下，我郑重宣誓：永葆阳光心态，用勤学与善学浇灌理想，成为自信的七彩少年！传承黉学精神，用创新与实践收获硕果，争当快乐的实校学生！

三、文化行动

“只要行动，就有收获”“只有坚持，才有奇迹”。腾实校黉学文化的建设实践应该从现在做起，从点滴做起，从校长、教师、学生、家长每个人的行动做起。

1. 大力营造黉学环境文化

腾实校的学校文化是黉学文化。当人们走进校门，就应该有扑面而来的黉学氛围。我建议：

（1）校门向里的大道可命名为黉学大道。

（2）大道向里的钟楼上，配置新教育的标识和朱永新教授题写的“过一种幸福完整的教育生活”。因为腾冲即将成为新教育实验区，腾实校即将成为新教育实验校。

（3）大道左右两侧小学部和初中部楼宇下分别设置两处景点：左侧是黉学宫、文星楼等微型景观图墙；右侧是篆体、隶体、楷体、宋体以及综艺、琥珀、彩云、隶变、魏碑、行楷、舒体、细圆、粗圆、仿宋、中楷、超粗等各种字体的“学”字墙，甚至是古今书法家的“学”字复印体。这两处微型景观图墙和“学”字墙，也许是国内中小学校的唯一。

（4）小学部和初中部各有五幢教学楼。其中紧靠黉学大道左右侧（小学部和初中部）的教学楼可以分别命名为“仰学楼”和“俯学楼”，寓意学习既要抬头学，又要低头学。其余小学、初中各四幢楼，小学命名为

"乐学楼""趣学楼""问学楼""好学楼"，初中命名为"勤学楼""研学楼""让学楼""慧学楼"。

（5）校园内其他的湖泊、庭院、边廊等应征集命名。

（6）校园大道尽头钟楼广场下，可建万世师表的孔子塑像。如是，整个校园弥漫在浓浓的黉学氛围中，既优美优雅，又丰富丰盈。

2. 倾力建造乐学课堂文化

乐学课堂对学生（不论是小学生还是初中生）的成长而言就像是一幢大厦的地基，地基实则大厦稳，让学生在每一节课堂上乐学、善学，则为他们的人生旅途奠基。因此，我们要明确乐学课堂的含义。乐学追求的是学生愉快而健康地成长，生动而主动地得到身心全面发展，而不是简单的"笑笑唱唱、热热闹闹"便是乐学。

一方面，我们应努力改善师生关系，营造乐学的课堂氛围。和谐的师生关系首要的是情感因素，有了良好的情感因素，我们的课堂便是灵动的、有生命的。为此，教师应该调整自己的四种情绪：以满意的情绪对待学生的每一点微小的进步，以愉悦的情绪激发学生的学习兴趣，以宽容的情绪对待学生的差错，以兴奋的情绪激励学生投入学习。应该牢记四种做法：一句鼓励的话语，一个信任的眼神，一次理解的微笑，一回亲切的抚摸。这样，学生就能从教师的热情服务中、从关心与尊重中，体会到温暖与期待，激励与鼓舞，进而感到老师的可亲可信，让师生的心在情感交流中相通，从而提高乐学的自觉性，使学习始终处于积极主动的状态，进而促进他们人格健全发展，学习长足进步。

另一方面，我们应根据学生心理特点，寻找乐学的规律。儿童心理学告诉我们，孩子的身心发展是有规律可循的，它仿若火车，火车循轨道前进，与儿童沿正确轨道成长有共同的哲理。比如，我们可以让学生在积极状态下学会、会学，可以让学生在成功中建立自信，可以给每一个学生的成功创造机会。

如果每一节课都是乐学课堂，那么每一堂课上呈现的便是学生们敢想、敢说、敢做，会想、会说、会做的乐学氛围。

3. 着力构造研学课程文化

课程是学生成长的跑道，课程的品质结构影响学生的素养结构。要立社会主义核心价值观之根，树幸福完整之人，我们就应着力构造切合实际的课程体系。听取腾越镇中心小学有关课程设想的介绍，我以为他们的六大课程群建设是很有创意的。六大课程群指“品德与习惯课程群”“知识课程群”“艺术课程群”“运动与健康课程群”“实践体验课程群”“家校共育课程群”，每一个课程群都有具体的课程目标和课程内容，而每一个课程内容又分基础课程和拓展课程。应该说，这一课程设计还是比较丰富且具有操作性的。我建议将腾实校的课程群，统称为研学课程，并从以下四个方面着力构建实施。

(1) 分层教学，帮助学生找到自我。学科课程教学，一定不能搞“一刀切”，因为腾实校是跨9个年级的学校，就是同一年级也要分类要求、分层施教。如初中各年级可以探索自主选课、走班学习，真正实施国家课程的校本化，让每位学生收获自信，找到自我。

(2) 社团活动，调动学生发现自我。学校的社团活动课程应该丰富多彩，每个年级每周应有两课时的体育、艺术、科技、文学等社团活动。学生根据自己的兴趣爱好特长，选择不同课程中喜欢的项目进行学习，使他们充分体验社团活动所带来的快乐，发现自己的潜能，并将其发展为自己的特长。

(3) 仪式庆典，激励学生成长自我。小学六年、初中三年，每个学生都要经历体育节、艺术节、科技节、阅读节等节日活动，在仪式庆典的兴奋中和经历中更好地成长。当然，还可以以班级为单位，举行入学仪式、入队仪式、十岁成长仪式等。

(4) 完美教室，陶冶学生读懂自我。由师生共同确定自己的班名、班徽、班旗、班歌、班训等，并对其含义进行阐释。每个班级设立图书角、班级橱窗、学生作品展示栏等，营造能够彰显班级特色的环境。

另外，应该总结以往综合实践课程的经验，在《走进火山石，保护身边珍贵的资源》《走进腾冲温泉，感受神奇魅力》《探寻腾冲生态茶》《走进傈僳人家，体验别样风情》《秀美绮罗，探访特色侨乡》等课程中做出腾实校的特色。也许这些课程做精做细了，最有特色，最能成为全国新教育的卓越课程。而做精做细的关键是要有自己的课程表达密码。比如，要有周到的课程活动方案，要有周密的课程活动记录，要有周详的课程活动故事，要有周全的课程活动反思。

4. 全力打造伴学管理文化

管理的最高境界是文化的管理，或者说是管理的文化。丰富的黉学文化，能够让腾实校吸取丰富的文化管理营养，如“教学相长”“学而不思则罔，思而不学则殆”“三人行，必有我师”……于是，我将腾实校的管理文化称为伴学管理。

（1）同伴——校长是伴学管理的引领旗手。校长对学校管理最忌讳的是仅校长“一人拉纤”，而应该变“一人拉纤”为“群体划浆”。只有把全校每一位师生员工作为自己的合作同伴，而不是被自己指使的被管理者，才能让全校师生心往一处想，劲往一处使，学校方方面面的工作就会有声有色。

（2）结伴——教师是伴学管理的唤醒高手。一人走，走得快；一起走，才能走得远。教师古来就有文人相轻的弱点，要让每一位教师焕发生命的活力，书写生命的传奇，就必须文人相亲结伴同行，在结伴同行中，互相学习、互相帮助、互相欣赏、互相唤醒、互相促进、互相提高。

（3）伙伴——学生是伴学管理的勇敢水手。师生是伙伴、生生是伙伴。我主张教师和学生之间，学生与学生之间应该建立友谊，有了友情友谊的伙伴关系，彼此之间就有了倾听与对话，就有了互助的激励和力量，就有了共享的目标和快乐。

（4）陪伴——父母是伴学管理的编织能手。家校共育是当下教育的热点。朱永新教授在我的新著《当好孩子的父母》的序言中指出，父母作为一种工作，如何能够做好呢？实际上就是两个关键词，一个词是榜样，一个词是陪伴。陪孩子读书，陪孩子运动，走进大自然。因此，伴学管理，离不开父母的共同编织。

就在我这篇学校文化策划稿即将收笔之际，李其康校长微信请求我为他们起草新学期招生广告词。我起草了以下四句：“不可复制的黉学传承，不可比肩的九年一贯，不可比拟的爱伴成长，不可错过的经典名校。”不知与腾冲市实验学校贴切否？不知李校长满意否？

（2018 年 5 月 4 日）

8　追寻幸福，童心敞亮

——江西省余江县第六小学敞亮文化的策划与创意

到余江去，这似乎成为内心的某种渴望。早在40多年前的学生时代，我就知道了江西省的余江县。那是因为语文课本上有毛泽东主席的《送瘟神》两首七律诗，这是毛主席得知余江县消灭了血吸虫病后，“浮想联翩，夜不能寐”而创作的，至今我还能背诵这两首诗。

一直到2018年4月20日，我才如愿以偿，第一次踏上余江的土地。当天傍晚一到余江，我就在县教育局吴丁一书记、吴小街科长的陪同下，来到了新近建成投入使用的第六小学。六小的陈刚校长热情接待，带我巡视校园。特别感动的是校园大型电子屏上滚动着欢迎我的标语。第二天，我在六小报告厅做了一天的新教育通识培训。培训讲座结束后，我还与六小的中层干部、骨干教师进行了座谈交流。应该说余江六小给我留下了极其美好的印象。不仅因为六小有美丽漂亮、气派敞亮的校园，有清新澄明且厚重文化弥漫的周边环境，而且大气卓越的陈刚校长还给我布置了策划设计学校文化的任务。

本以为策划余江六小的学校文化应该是驾轻就熟水到渠成的，然而这两个月来我真的是“浮想联翩”“夜不能寐”。这是因为陈刚校长是“全国优秀教师”，有思想、有自己的想法，任何关于学校文化的定位定点都需要经得起他的推敲与雕琢；这是因为余江有许多写作高手，吴小街科长就是省内外闻名的作家，我怎能关公面前舞大刀？

从入住宾馆到余江六小，我是步行往返的，雨后空气特别清新，经过马鞍岭森林公园和韬奋文化公园，心情特别愉悦，有一种澄明敞亮的惬意感觉。在与陈刚校长的交流中，我提出了“幸福童年，澄明心灵”的童心文化概念，在得到陈刚校长的认可后，我还列出了写作提纲。但是就在半个月前，陈刚微信告知：“最近，通过学习交流，发现北京首都师范大学附属小学做的就是‘童心’文化，并且卓有成效。我们六小是不是还可以从其他方面考虑?”从哪些方面考虑呢?

作为一所新建学校，余江六小应该致力于文化的迁徙、承续与创新，首先需要思考两个问题，即学校的文化是什么、存在于哪里。只有找到了真实存在的文化，迁徙、承续与创新才有意义，才有生命力，否则就可能误入盲人摸象以偏概全的境地，或者陷入抛弃传统另立炉灶的泥淖。找准找对了学校的文化，再检视完善当下的环境和课程，再反思改进当下的管理、教育教学和服务，文化迁徙就有了路径，文化承续就有了载体，文化创新就有了方向。

作为一所新教育实验学校，“过一种幸福完整的教育生活”永远是学校的核心价值追求。新教育就是幸福的教育。如果把余江六小定位于“幸福教育”，难免空泛、空洞，而且没有个性，落于俗套。因此，幸福应该而且必须成为学校不断追寻的目标。

“有一个孩子每天向前走去，他看见最初的东西，他就变成那东西，那东西就成了他的一部分。”美国诗人惠特曼在《有一个孩子向前走去》中的这句话曾在我的内心产生过强烈的感触。我思考：当孩子走进校园，学校应该给予他们什么样的道德、精神上“最初的东西”？爱心、童心、自信心、好习惯……这些都是孩子世界里遇见的“最初的东西”。法国教育家卢梭曾说：“大自然希望儿童在成人之前就像儿童的样子。如果打乱了这种次序，我们就会造就一些早熟的果实，他们长得既不丰满也不甜美，而且很快就会腐烂。”审视当下的小学教育，用成人的眼光束缚儿童的手脚，用成人的观念绑架儿童的思维等不良现象仍然存在。虽然把余江六小定位于童心教育，难免重复、重叠、拾人牙慧，但呵护童心、捍卫童心，紧紧扣住童心主题是所有小学学校文化的根本宗旨。

最近几天，我正在编校“苏派小学语文名师系列丛书”，魏星老师《让语文敞亮起来》的书稿启发了我。我随即发微信给陈刚校长——是不是以“追寻幸福，童心敞亮”作为余江六小敞亮文化的研究内容？陈刚校长未置可否。于是，我又开始了如下的思考：

何谓敞亮？敞亮就是宽敞明亮，就是敞敞亮亮。敞有敞开、敞露、敞快之意；亮就是发光、响亮、亮丽、闪亮、莹亮、显露之意。敞亮既可作动词，又可作形容词。作动词用，就是打开窗户、敞开心扉，就是清楚地摆出来，明显地表露出来，就是展开、展示，就是施展、伸展；作形容词用，就是很敞亮、亮光光、亮晶晶、亮闪闪、亮堂堂、亮铮铮。

敞亮教育能够站得住脚吗？进一步思考，我以为余江六小的敞亮教育既是一种理念、观念，又是一种方法、策略；既是一种教育的隐喻，又是一种教育的取向。有人说，教育是一种唤醒，它要唤醒师生的每一个方面；有人说，教育是一种期待，它要期待每一个师生都能有所发展；有人说，教育是一种保护，它要保护每一个学生的问题意识、自主精神和合作品质；有人说，教育是一种发现，它要发现每一个学生的优势、优点和特长，从而发现和引爆学生的潜能，就像引燃学生的心灵火花，使星星之火发展为燎原大火；有人说，教育就是服务，教育就是阳光，教育就是雨露……而我说，教育就是敞亮！

因为敞亮的反义词是遮蔽和拥堵，遮蔽和拥堵易生自闭、烦恼、郁闷以及种种痛苦。敞亮就是从怨天尤人、徘徊焦虑中走出来，拨开乌云见太阳，使遮蔽的豁亮，使拥堵的通畅，使郁结的豁然开朗乃至豁然畅通，使不愉快的愉快。敞亮就是除了自卑，多了自由；少了忙乱，多了从容；去了怨恨，多了温煦；戒了偏激，多了沉着；忘了委屈，多了愿景。

比如，一个人应该有梦想，有梦想就会敞亮。当有了梦想，希望的城门永远敞开；当有了梦想，美丽的花朵永远绽放；当有了梦想，那迷雾会远去，五彩缤纷的彩虹会飞翔……

比如，一个人可能会郁闷，有郁闷就要敞亮。郁闷时云朵是灰色的，变成棉絮，堵在心头；郁闷时叶子蔫蔫的，这些大树的小耳朵，听不见鸟儿的歌唱。而只有敞亮才能云开雾散；只有敞亮，树叶才会舒展，才会迎来啼听鸟儿的欢叫！

比如，一个人可能会生气，解除生气的唯一良方是敞亮。敞亮了，可以看到太阳光一样的灿烂，可以闻到茉莉花般的清香，可以听到叮咚的泉水，找到大海的方向。

突然间，我似乎感到特别敞亮，我真的要为余江六小找到敞亮文化的表述而欣喜若狂。

敞亮是富有文化精神和哲学意味的用语，是不受任何干扰和遮蔽的、自由的境界。敞亮是一种真，更是一种美；敞亮是一种美，更是一种崇高；敞亮是一种成熟，更是一种升华；敞亮是一种形象显现，更是一种身心和谐。最主要的，教育的敞亮意味着走出功利主义、形式主义、习惯性思维等迷雾带来的晦暗，卸掉一切有形无形的精神枷锁，不再把自己扣留在遮蔽之中，受遮蔽的支配，在本该纯真洁净的教育生活中求得自我身心的自由、内心的豁朗，把童心、童真、童趣引导出来，把学习的内在规律揭示出来，把学生内在的生命、美好的情思发掘出来，提升出来。从而给全校师生带来意味深远的快乐和幸福的生活方式。

余江六小实施敞亮教育有没有必然可行性？这可以从余江县经济社会

发展的文化背景中找到答案。余江是被毛泽东主席赋诗赞美的县。地处赣东北、信江河中游的38万余江儿女，曾创造了非常敞亮的“一二三四五”奇迹！一颗星——南京紫金山天文台以余江民营企业家张果喜命名了一颗小行星。两种精神——余江是卓越的新闻记者、政论家、出版家，继鲁迅之后的文化旗手邹韬奋的故乡，这里孕育着“热爱人民，真诚服务，鞠躬尽瘁，死而后已”的韬奋精神；而1958年余江在全国率先消灭血吸虫病，铸就了“战天斗地、敢为人先、不达目的决不罢休”的血防精神。“三面红旗”——血防、征兵和水利三面全国飘扬的红旗。“四大产业”——循环经济、雕刻、眼镜、微型元件等四大传统特色产业。“五个基地”——作为赣闽粤原中央苏区振兴发展规划区，余江正在着力打造全省产城融合发展示范基地、全国中小企业创业孵化基地、全省现代农业发展示范基地、区域性现代商贸物流基地和区域性战略性新兴产业承接基地。一方水土养一方人。敢为人先的余江六小的学校文化应该是走在全国最前列的敞亮文化。

作为余江县委县政府投巨资的新建校，作为地处余江最敞亮地段的余江六小，高举敞亮教育的大旗，理所当然，舍我其谁？

余江六小怎样实施敞亮文化？这是我和余江六小人最需要思考的问题。

一、关于敞亮的管理

要使学校方方面面都敞亮起来，必须从管理入手，实施敞亮的管理，抓住学校新迁机遇，实现管理的敞亮。

1. 以敞亮为统领，设计出敞亮管理的文化体系

（1）办学愿景：追寻幸福，童心敞亮，让学校成为余江教育的一张亮丽名片。

（2）育人目标：努力让每一个学生成为向上、向善、向健、向美、向真之人。向上，即有梦想，会学习；向善，即有爱心，会感恩；向健，即有自信，会强体；向美，即有个性，会才艺；向真，即有好奇、会创造。

（3）办学宗旨：追求幸福的教育，享受教育的幸福。

（4）办学理念：让每一朵生命之花幸福绽放。

（5）办学精神：我能行。

（6）文化标识：（略）

校徽：（略）

吉祥物："乐乐"。与第六小学相吻合，希翼六小的孩子每天都快快乐乐、健健康康。

校旗：（略）

校歌：（略）

校树：椿树。走进校园，随处有新栽种的树木，银杏、雪松、香樟、桂花、冬青、椿树，我想象若干年后最让人难忘的可能是什么树呢？也许是落叶似黄金的银杏，也许是挺拔又威壮的雪松，也许是香气能四溢的桂花，但我更坚信是香椿树。因为在余江不算稀奇的椿树，好养活，不招虫，而且能长得很高，长到10多米高。特别是敞亮的枝叶特别香，那种香味，就像谁家的香水瓶打碎了一样，校园里弥漫着诱人的馨香。

校训：敞亮。

校风：温暖满怀，书香满园。

教风：让爱的天空永远晴朗。

学风：快乐学习，健康成长。

对上述敞亮学校文化体系可以让全校教师先接受，后体验；也可以先讨论，后认同。最终传递给孩子们。

2. 以敞亮为统领，制定出敞亮管理的规章制度

以往许多学校的规章制度往往更注重堵和要求，这样教师的主观能动性和积极性就会受到打击和压制。只有让制度变得有温度、更敞亮，教师们才能更自由、更舒展地在工作中感受到成功和价值所在。比如"爱心早餐制"——为了学生的安全，老师一般都需要早到，那么早餐就很难保障。一日之计在于晨，早餐吃不好，老师怎么开展一天的工作？身体健康怎么保证？于是，学校食堂可以推出"爱心早餐"，每天到校后，老师可以到食堂从容地用完热乎营养的早餐，开始一天的工作。比如"生日祝福制"——学校每周例会上，校长都为当周过生日的老师送上生日礼物和温馨的祝福，让每一位教师感受到自己在六小这个大家庭里的幸福。比如"金牌家属制"——每到学期末，学校评选出那些默默奉献的幕后英雄：丈夫、妻子、公婆等，校长撰写颁奖辞。又比如"创意例会制"——以往每周例会一般都是学校领导布置工作、总结评比的一言堂，我们完全可以对例会进行创新，除了"会务板块"外，可以增设"艺术鉴赏""六小风采""六小新闻"等板块，不仅聚焦一周内校园热点新闻事件，而且提高

教师的审美情趣，增进教师间的感情交流与沟通。

3. 以敞亮为统领，营造出敞亮管理的良好氛围

因为是新建学校，校园内的环境布置完全可以增添敞亮的文化元素，让全校师生在潜移默化中根植敞亮的种子。比如校内的路名、楼名设计完全可以向全校师生征集，征集的过程就是敞亮交流的过程，就是文化育人的过程。

总之，价值重构引领人，建章立制尊重人，多元参考激励人，一切的管理措施，都是为了人，为了人的敞亮！

二、关于敞亮的教师

实施敞亮教育，离不开敞亮的教师。教师的敞亮，是有其精神特质的，包括教育追求的自觉气度、教育眼界的执着广度、教育思维的缜密深度、教育个性的独特角度、教育专业的权威高度。具备这“五度”，充满着梦想与激情，承载着希望与责任，践行着文化与使命。为此，我们应该从理念主张与行动策略上去把握。

1. 理念主张

教师的敞亮，不是指一时的敞亮，应该是持久的敞亮；教师的敞亮不仅是公开课上的敞亮，应该是常态课上的敞亮；教师的敞亮不是为一两个尖子生的敞亮，应该是为每一个学生的敞亮。而要达到这样的敞亮，对教师的成长提出了更高的标准与要求。而教师的成长必须依靠自身的内在觉醒，也就是文化自觉。余江六小把“让每一朵生命之花幸福绽放”作为学校的办学理念，所以培养教师的文化自觉，应该是余江六小敞亮文化的重中之重。只有每一个教师都知敞亮、要敞亮、会敞亮、能敞亮了，才能让六小的每一位教师都成为学生乃至家长眼中的敞亮之人，成为向上、向善、向健、向美、向真之人。与敞亮学生的“五个向”相匹配，教师的向上就是目标高远、富有激情；向善就是牢记责任，充满爱心；向健就是身心健康，自信自强；向美就是勤于学习，秀外慧中；向真就是善于合作，不断创新。

2. 行动策略

（1）让学习共同体成为敞亮教师的孵化器。建议成立“韬奋”书社和

教师读书俱乐部，每学期学校为每位教师至少购买 2 本教育专著和 2 份教育报刊。书社相约星期二，每期活动中社员们深度思考，深度卷入，结合自身的阅读感受和教学实际积极研讨，发表独到见解，与其他成员互通有无，敞亮分享。读书俱乐部里也是资源共享，敞亮交流。学期结束仪式上，校长为表现突出的书社、俱乐部成员颁发“优秀主持人奖”“优秀社员奖”，之后大家一起回顾，做反思，做总结。总之，让教师卷入学习共同体，在与经典对话中，在与大师对话中，牢固树立职业道德，强化职业认同，提升职业素养，提高学科涵养，扩大教育视野，跟上时代步伐，促进专业成长。

（2）让团队研修成为敞亮教师的助推器。新教育有一个基本的主张，就是“寻找尺码相同的人”。为此，我建议余江六小可以进行微课题研究，微课题研究是基于问题的小组研究，具有口子小、研究实、时间短、易见效的特点，是非常适合“尺码相同的人”研究的，年级组内、同轨教师间形成的一个个不拘形式，自然而生的研修团队，相互学习、相互探讨、相互提高。

（3）让教学展示成为敞亮教师的加速器。每学期“家校共育教学开放日”“敞亮教师优课评比”以及县级以上公开课活动等，争取为教师提供更多、更高的展示机会。每一次教学展示对于任何一个教师来说，都是一次“折腾”，需要教师深度思考，反复琢磨，集思广益，不断改进，给教师带来的专业体验和行为跟进是常态教学所无法比拟的。

总之，敞亮的教师是在磨砺中渐渐生长的，一切为了缩减教师的成长周期，走上快速成长的专业大道。

三、关于敞亮的课堂

1. 因为课堂遮蔽了，所以要敞亮

小学课堂教学都不同程度地被遮蔽了，不仅因为表层化教学遮蔽了课堂，而且做秀得不切实际的形式化教学也遮蔽了课堂，更主要的是教师们没有顾及和考虑学生的实际和要求，成人思维遮蔽了儿童思维，群体思维遮蔽了个体思维。遮蔽的课堂实质是缺失童真的课堂，而敞亮的课堂就是以童心、童真、童趣为本的课堂。

2. 因为思路不清晰，所以要敞亮

小学课堂教学不同于幼儿园的游戏课堂，不同于高中、初中的有效课堂，更不同于职业学校的技能课堂。虽然小学课堂需要游戏、需要有效、也需要技能，但更多的是需要澄明、敞亮。因此，我们要理清敞亮课堂的一般思路以及语文、数学、外语等各学科课堂的特殊操作思路。为此，我们必须明确敞亮课堂的一个宗旨、两个基本理念、四个核心要素：一个宗旨就是“以儿童为中心”；两个基本理念就是“让童心真正闪亮”“让学习真实发生”；四个核心要素就是“教在起点”“重在体验”“贵在倾听”“乐在分享”。以“贵在倾听”为例，倾听，不只是单向静态地信息吸纳和汲取，倾听中的儿童，更多的是处在他人观点和自我认知间的比照、整合等思维活动中。倾听的过程是比较后认知的再度重建，二者叠加，便是儿童课堂学习的深度事实经历。如此，敞亮的课堂才更加澄明，才既有意义更有意思。

3. 因为难达成，所以更要敞亮

敞亮的课堂倾注的是情怀与爱意，蕴含的是智慧与创新。为此，余江六小课堂的敞亮，应该抓住敞亮的听、说、读、行、思和创。所谓敞亮的听，就是学生能用心倾听，有良好的倾听习惯和倾听技巧；倾听的时候会调动自己的大脑进行思考，做到边倾听边思考；倾听别人的观点不盲从，能做出自己的判断。所谓敞亮的说，就是学生能自信言说，有积极踊跃的表达欲望；表达前，初步思考并罗列表达的概要；表达时，口齿清楚，自信大方，条理分明，观点鲜明；表达后，对自己的语言进行反思，思考足与不足。所谓敞亮的读，就是学生能专心研读，会用朗读、默读、浏览等不同的形式阅读，更要带着思考去阅读；阅读时，对内容要整体把握，对细节要仔细留意，对观点要斟酌钻研，全面细致地研读。所谓敞亮的行，就是学生能尽心行动，能将自己的所思所想付诸行动，在实践中验证自己的思考；在实践中能合理安排与同伴之间的合作，能合理分工，能和睦相处，能发挥团队的优势。所谓敞亮的思，就是学生乐于思考、善于思考、耐心思考，养成勤思考的习惯，做到边听边思、边说边思、边读边思、边写边思，让思考像呼吸一样自然。所谓敞亮的创，就是学生能潜心创造，具备创新意识，敢于大胆创想，提出自己的创见，表现自己的创意，创作自己的奇思妙想，实现自己的创造梦想。

4. 因为在课堂中，所以要回到课堂找敞亮

课堂的敞亮，要求我们教师应该不断反思课堂教学，回到课堂再设计、再提炼、再创造中，让课堂真正鲜活起来，产生直面生活、直指心灵、直通生命的敞亮美感。直面生活，就要反思课堂是不是贴近、贴紧、贴实孩子的生活实际；直指心灵，就要反思课堂有没有使藏在孩子背后的情结一点一点豁亮起来；直通生命，就是反思课堂能不能触发孩子生命的生长拔节，达到教书育人、立德树人之目的。

四、关于敞亮的课程

课程是教育的核心力量，一所学校发展的生命力在于课程。余江六小追求敞亮文化，离不开敞亮课程的支撑。我以为敞亮课程应该是“1＋N”的课程框架。

“1”即基础课程，也就是国家课程。是由基础学科课程组成的，保证所有学生都享有学习权利，都享有获得知识、发展智力的权利，从而获得一个积极的有责任感的公民实现自我价值和自身发展所必需的技能和态度。小学阶段开设了语文、数学、英语、道德与法治、科学、信息技术、体育与健康、音乐、美术等国家基础课程，是面向学生基本素养的形成和发展，体现国家对公民素质的最基本要求。对此，我们必须开齐、开足、上好。

“N”即为拓展课程，主要从学科拓展、个性社团、校本特色三个维度研发相应的课程，真正让课程敞亮起来。

学科拓展类课程，就是考虑不同学科特点，并以此为起点加以拓展的课程。如语文学科可以进行单元整体推进，开设主题阅读课程；科学教材上有“养蚕”单元教学，可以进行养殖课程的实践与研究；体育学科可以结合校园足球的开展，开设小足球课程；美术学科中有美术欣赏模块，在高年级可以开设“穿着大师的拖鞋走一走：百幅名画欣赏课程”。

个性社团类课程，其核心理念就是为学生个性化、多样化、敞亮化成长提供教育时空与载体，让每一个学生得到适合的发展，让学生成为学校最亮丽的风景。社团可以分为人文类社团，如童谣、晨诵社团；科学类社团，如种植养殖、电脑绘画、马鞍岭考察社团等；健体类社团，如花样跳绳、我爱远足、乒乓球、小足球社团等。社团的多样性决定了孩子生活的丰富性。因此，社团的门类、数量应该是越丰富越好。

校本特色类课程，此类课程应该凸显学校办学思想、办学特色，并由学校自主开发。我建议应该紧紧抓住以下几个特色课程。

一是与余江韬奋研究所合作，借助学校邻近韬奋文化公园的优势，研发韬奋学习课程，通过课程学习，全校每一个学生都能知晓邹韬奋的生平事迹、光辉业绩和崇高精神品质，都能出色地担任韬奋文化公园义务小导游。

二是与余江县文联配合，开发《送瘟神》诗词研读课程，这是余江人最宝贵的财富。全校每一个学生都能背诵、默写《送瘟神》诗二首，都能领会“春风杨柳万千条，六亿神州尽舜尧”的豪迈和“坐地日行八万里，巡天遥看一千河”的意境，都能感受“战天斗地、敢为人先、不达目的决不罢休”的血防精神。

三是开设童谣课程。童谣是孩子们喜欢的文化语言，孩子们爱读、爱诵，甚至喜欢创作。可以顺应儿童的这一天性，激发他们创作的热情，在画童谣、唱童谣、演童谣的系列活动中，让孩子们自主成长，成为一个敞亮的人、大写的人！

四是借鉴新教育实验的成功经验，可以研发独具特色的晨诵课程、班本课程、阅读课程、仪式课程、课本剧课程等。

总之，在敞亮的课程中，我们应该牢记：课程是一方沃土，可以让每一个生命自由呼吸、自主敞亮、自然绽放；每一个孩子都是一颗课程的种子，孕育着无限可能。只要敞亮，都可以破土而出、蓬勃生长，直至长成参天大树！

从暮春到仲夏，余江回来已经两个月了。为了余江六小的敞亮文化，我常常吟诵着毛泽东“红雨随心翻作浪，青山着意化为桥”的美丽诗句，脑海中常常浮现余江六小活泼可爱的孩子们，他们是多么幸福，多么敞亮：有的是生龙活虎的小健将，有的是多才多艺的小精灵，有的是善于创新的“小盖茨”……

我坚定地相信：敞亮文化一定会让余江六小越来越敞亮！

（2018 年 6 月 22 日）

9 育李栽桃，树人建勋

——江苏省海门市树勋小学树人文化的策划与创意

连续几天闷热暴雨后，在初夏凉爽的 2017 年 6 月 12 日，我来到了心仪已久的树勋小学。这也是同村年轻人仇晓东担任校长近两年，我第一次应约而来。上一次到树勋小学，还是姜卫冲任校长时。

这次的行程是两周前与仇晓东校长偶遇时约定的，他邀请我为全校教师讲讲新教育，聊聊学校文化。早在姜卫冲任校长时，树勋小学学校文化定位精致文化，我当时并不十分赞同，但未能提出一个自感满意的概念来。

我一直以来顽固地以为，学校文化应从学校所处的社区环境文化和学校已有的特色文化中提炼。作讲座之前，在学校会议室，与树勋小学部分行政人员进行了两个多小时的座谈，我将这几年对树勋小学学校文化的思考和盘托出，育李栽桃、树人建勋的树人文化的脉络渐渐明晰。

一、找寻学校的文化基因

曾以两位革命烈士范树芳和丁洪勋命名的树勋镇，现已并入中国历史文化名镇余东镇。树勋是革命老区，也是海门最具特质的乡镇，境内以通东人为主，也有启海沙地人，是通东和沙地两股文化的交汇点。旧时称这里是“小沙”。我的叔祖父就是从这里踏上革命征程，成为新四军战士的；我的舅祖父是在这里驾鹤仙逝的。因此，我对树勋有一种特别的情意、情感和情愫。

流淌着烈士鲜血的树勋大地，特别厚重、特别庄重；烈士精神感召的树勋民众，特别厚道、特别朴实。一个优秀的人物就是企业家毛云和先生。20 年前，发家致富的毛云和捐资助学，树勋小学易地搬迁至现址。当时毛云和的义举名扬省内外。而易地搬迁后的树勋小学，因为校园硬件环境的一流，更因为素质教育实施得很得当与得力，吸引了时任国家教委副主任柳斌的亲临视察，“从小打下基础，长大建立功勋”的题词依然熠熠生辉。

因此，树勋小学树人建勋的价值追求千万不能停滞止步，育李栽桃的教育使命千万不可忘却丢弃！

“十年树木，百年树人”。树勋小学的近千名孩子，就像校园中的一棵棵树苗，需要我们不断地浇灌、培土、施肥，向着阳光健康成长！

“一树一世界，一人一生长”。无论是历史，还是现实，无论是学生，还是教师，树勋小学应该而且必须从立德树人的战略高度，高高举起树人的大旗，让每一个人像树一样生长！

“世界上没有两片相同的树叶”，一棵树，就是一个独立的精神世界。孩子都是独一无二的，每个孩子都有其独特的天性情怀，教育人不懈追求的就是不断挖掘、探索、呈现孩子的精彩差异、精彩个性、精彩生命。树根深而叶茂。学校教育，带给学生的不仅是知识与技能，更是学生自我发现、自我学习、自我成长、自我实现、自我完美的核心素养。

“像树一样向上生长”，这是从树勋小学的历史根脉上生长起来的，是从学校的深层记忆中催生出来的，更是从树人这一文化内核中裂变而喷涌生发出来的。

树人的关键是树怎样的人？

一是追梦人。1974 年，一位 9 岁美国小女孩萨利在地理课本上看到了一张中国长城的照片。长城雄伟的气势使她惊呆了。她太爱这张照片了，把它从课本上撕下来。由于美国的小学生在学年结束时须将课本还给学校，萨利只好向地理老师摩尔太太承认错误。可摩尔太太不仅没有批评她，还在班上表扬了她。走上社会后，萨利凭着自己的聪明才智和不懈奋斗，攀登上了一个又一个人生制高点。在打拼天下的同时，萨利始终无法忘却那让她魂牵梦萦的中国长城。1990 年，萨利终于来到了中国长城，实现了这个童年的梦。一个人不能没有梦想，不能没有对遥远世界或未来世界的遐想和渴望。这是永不停息的动力，是一切创造的源头活水。树勋小学应当成为一个梦工厂，让每一个孩子梦想成真，成为真正意义上的人。每一个稚嫩的憧憬背后，都站立着一个同样有憧憬的老师，树勋小学的每一位师生都应该成为追梦人。

二是希诺人。树勋境内有一个著名的企业希诺公司，公司老总张碧峰从树勋革命烈士身上汲取了舍生取义、奋力前行的动力，希诺现已成为余东镇的一个有特色、有效益的支柱产业。希诺名称的由来就是“你的希望，我的承诺”。希诺的成功启示我们：做人必须是言必行、行必果的，必须是守规矩、讲信誉的，必须是懂感恩、善回报的，必须是勤学习、能创新的。希诺人的这些品性、品德、品行，正是树勋小学必须着力培养的。

三是树勋人。树，作动词，建立的意思；勋即功勋。人生如何才能成就勋业，屡建奇勋？小学阶段是打基础的阶段，培养学生一生有用的好习惯，尤其是阅读的兴趣、能力和习惯，是小学教育的主要任务。为此，树勋人应该宣礼——宣传礼仪，应该尚德——崇尚道德，应该炼体——锻炼身体，应该启慧——启发智慧，从而为将来成为祖国建设的栋梁之才打下坚实的基础。

二、表达学校的文化主张

著名学者顾明远指出："教育的本质应该是培养人，是提高人的生命质量和人的生命价值。"树勋小学的树人文化应该始终秉持儿童立场，既大气磅礴又生气勃勃。

1. 文化主张："一树一世界，一人一生长"

顺应每个师生的天性，满足每个师生的需求，成就每个师生的生长。

2. 校训："像树一样生长"

（1）强调不同层次的学生，不断进步，天天向上；强调不同经历的教师，不断努力，天天向上。

（2）强调学校每一位师生，每天都要进步，哪怕进步一点一滴；强调学校每一位师生各方面都要进步，无论是道德水准，还是身心健康，无论是学习技能，还是学习成绩。

（3）强调学校的每一位师生，都要向上生长，茁壮成长，成长是生命的姿态，相信自己能成长为参天大树。

3. 发展远景：树人立勋

树人与立勋有着正相关。要立勋，必须树人；树人是为了立勋。

从学生角度，通过自我觉醒、自我努力、自我探索，在不断学习中实现成长的梦想。

从教师角度，通过自身钻研、自身工作、自身榜样，在教书育人中实现成长的梦想。

从学校角度，通过依法治校、科研兴校、质量强校，在学校发展中实现成长的梦想。

三、开展学校的文化建设

1. 校园像树一样绿意盎然

树勋小学易地重建时就整体设计、合理规划。这些年来，校内树苗已长成参天大树，尤其是校树——香樟树四季常绿，温馨怡人。乘着新一轮学校文化建设的东风，应该重点打造四大主题广场和三个主题馆。

树人广场：进入校门，首先映入眼帘的是大转盘和雕塑。雕塑拟赋名“向上”，寓意树勋小学以至高的品质和不断向上生长的姿态，成就美好的明天。绕过雕塑进入学校由南向北的中轴大道——香樟大道，在香樟大道一侧设置长方形厚重大气的景观石，正面用行书体镌刻“树人”两个大字，右下部雕刻学校印。景观石背面镌刻台历，将时间定格在建校日期上。另一侧建一个地雕，内容为“一树一世界，一人一生长”。再向北分别以展览橱窗的形式，将学校文化标识——校徽、校歌、校树、校图和学校发展历史、学校行政结构等进行展示，让每一个走进校园的人对学校的文化主张和学校精神有一个直观的了解。

游戏广场：位于香樟大道西侧，一年级教室前的一块场地，可以开辟为学生游戏区。设棋类游戏、攀爬游戏、乡土游戏等。棋类游戏启迪智慧生长，攀爬游戏增长勇气，乡土游戏留住缤纷童年。在那里，儿童的生命精彩，快乐流淌，恣意绽放；在那里，乡村游戏文化不断传承，更新发展。

阅读广场：位于香樟大道东南侧，阅览室前。以“书林”（阅览室名）为中心，设置阅读推荐区，每月为儿童推荐主题阅读篇目，配合学校的阅读推广活动。设置阅读榜样展示区，每月将学校在阅读项目中的榜样师生进行表彰展示。设置阅读成果任意贴（阅读好友结盟联络点），让每一位师生在阅读中获得的只言片语能有一个交流的地方，让每一位热爱阅读的师生从留言区内寻找到阅读的好友。这里将是师生精神世界的生长区，是师生安静灵魂的栖居地。

艺术广场：位于香樟大道东北侧，书法、音乐、美术等艺术教室前，设置艺术展示区。可设置小舞台，让儿童的表演天性随时在这里展示；设置涂鸦地（地面方框，适合粉笔画和水笔书写），让儿童的涂鸦天性可以随时在这里释放；设置美术作品展示区，让儿童用自己的作品装点校园，让儿童的各种艺术灵性在这里充分伸展。

英语学习馆：位于校园北侧原车库二楼。以世界风为主题，建设英语课程资源中心。馆内按照世界五大洲有代表性的国家风土人情，设置英语学习交流场景，让儿童在情境中交流对话，熟悉各国风情，了解世界。学校每一个孩子，都将经历各个国家场景的认识学习，人手一本护照，每一个从树勋小学毕业的孩子，都能在护照上盖上通行章。

民俗乡情馆：位于校园南侧的多功能室底楼。可设计成与北侧的绿荫架相连。室内分两个区域：一个区域展示原树勋镇的老镇文化，以特色老镇的研究展厅为主题（老树勋镇有凤凰桥、癞疤镇、富安镇、土地堂等有特色的地方，还有建筑特色明显的八卦村）；一个区域展示本地的民俗文化，以民俗风情研究展厅为主题（有特色的农产品、有特色的民俗、有特色的生产工具等）。学校每一个儿童，都将经历乡情乡音的研究性学习。每一个从树勋小学毕业的孩子，都能完成一本《浓浓乡土情》的实践手册。

家校共育馆：学校与家庭，学校与社区合作共育，是当下教育的共同话题。在行政楼三楼设置共育中心，中心内安排义工机构，成立“义工爷爷交通安全值勤”“义工爸爸妈妈故事会”等义工组织。让家庭与社区的教育进入校园，在学校内搭建发展平台，成立共育基地。

四大主题广场和三个主题馆建设的出发点是为了让学校成为课程资源中心，让儿童生活在学校的正中央。校园里的每一件物、每一处景、每一个人都是课程资源，让课程资源在校园里触手可及，让每一个孩子都能随时随地在课程的跑道上漫步、在课程的大海里嬉戏、在课程的阳光下沐浴，享受学习的快乐、伸展的快乐、绽放的快乐。

2. 教师像树一样浓荫呵护

（1）形象标准：立德树人、乐教善研、求真至美。树立立德树人、乐教善研、求真至美的教师新形象，立足自身，把智慧与才情融入到与儿童朝夕相伴的日常生活中，朝向美好，书写教师的生命传奇。

（2）发展路径：以立德树人为基础。组织教师积极开展“讲身边人的故事”“我为树小树形象”“感动树小十大人物”等活动，把正确的师德认知、自觉的师德养成、积极的师德实践紧密结合起来，把立德树人融入每一位教师的内心。

以乐教善研为核心。可以采用新教育“专业阅读＋专业写作＋专业交往”的教师专业发展模式。一是专业阅读。建立读书会，采用全体共读和个性阅读相结合的方式，每学期由教科室推荐共读书目，教师自主选择个性阅读书目，定期开展团队范围内的共读沙龙，进行交流，让专业阅读更好地为专业实践服务。二是专业写作。充分发挥学校教科室作用，组建教科积极分子团队，推荐参加论文写作培训活动。鼓励教师主动向各级各类报刊投稿，并参加省市相关论文比赛。每学期开展“教育叙事”“教学案例”等评比活动，引导教师从各个层面对教育实验与自身进行反思，提升自己的教育思想，改进日常的教育实践。三是专业交往。可以建立“教研教学”“课程研发”“完美教室”等专业发展共同体，并按学科分为语文、数学、英语、体艺等学科教研专业发展共同体。每位教师以微课题为抓手，深度参与课堂变革，开展微课题的研究，在专业发展共同体中不断提升自我。

以求真至美为境界。树勋小学的教师应有工匠精神，工匠精神是一种精益求精、拼搏向上的精神，应脚踏实地，求真务实，追求每一个细节的精致，力求达到求真至美的境界。

3. 课程像树一样根深叶茂

“根深才能叶茂”“本盛才至木荣”，学校文化永远离不开课程的支撑。树勋小学的树人文化课程应该扎根于最广阔的儿童学习生活天地，触及儿童学习生活的各个方面，以丰富的形态建构起完整的提升生命质量的课程体系。

课程体系由基础性课程和校本特色课程组成。

国家基础性课程包括九门国家课程，它们构成了学生发展能力、终身学习能力、创造能力共同的扎根之基。国家课程顺利实施要靠强有力的制度保障。课时计划开齐上足，课堂教学减负增效，教学过程有效管理，评价体系科学合理，这些理念和措施的落实，需要不断加强教师培训，正常教学研讨，科学评价引导，加速教师发展。

校本特色课程由六大校本特色课程群组成。

“树·人”文化课程：是对学校文化理念，学校文化发展的综合性学习课程。包括“树”的课程和“人”的课程。“树”与“人”的课程以让每一棵树都有一个身份，每一个学生都能与其中的一棵共同成长，发现“树”与“人”之间成长的共性，真正理解“一树一世界，一人一生长”的文化内涵。以“树·人”文化节统领整个学校的文化节日和教学研究以及文化讲坛活动。

经典阅读课程：以阅读广场建设为基础，建设阅读文化生态圈。每学期开展“阅读文化节”活动，活动期间开展丰富多彩的系列活动。进一步优化阅读环境，在楼道等处张贴阅读宣传画等。在校园内建设可供学生随时阅读的场所，形成随处有书读，随时可读书的最优美的读书环境。逐步构建起精读、泛读、赏读、品读、诵读的经典阅读课程。

情境英语课程：英语学习馆以馆内每个区域的情境为对话内容题材，开发以提高儿童对话能力、英语表达能力为目标的课程内容。每个年级段的学生，在馆内都能找到与其英语学习水平相对应的学习内容。编制课程评价标准，并将之与学业水平测试相结合，英语学习馆的“绿卡”成为优秀学生的评价标准之一。

体育游戏课程：开发以乡村体育游戏为主的校本课程。创编各种乡土游戏，建设游戏广场，开展“体育文化周”活动。整个学校处处都有学生活动的身影，处处都有师生快乐的笑声，享受到体育运动给师生带来的乐趣。建设班级足球俱乐部，形成比较完善的俱乐部联赛制度。

艺术梦想课程：以艺术广场的建设为基础，开展主题性艺术梦想课程的建设。在一个相对宽泛的人文主题下，建立起艺术学科以及艺术和其他学科之间的生态关系，把学校的伦理、艺术、语言、技术课程联系起来，把教师和学生，学生与社会，师生与自然之间的对话开展起来。在低年级重点把音乐、舞蹈、戏剧、美术等进行大综合，中高年级把主题性艺术梦想与个性化课程相结合，通过周课程计划的灵活调整，使艺术课程的实施向生活、向经典、向文化、向学生的艺术素养和个性发展充分开放。

科技创造课程：建设基于“智慧创造”“种植养殖”两大项目为主的主题综合实践课程。“智慧创造”以现代科技信息与创造性思维结合，包括“航模课程”“创客课程”“创意秀课程”，培养儿童的动手动脑能力。“种植养殖”课程，基于“棉花朵朵开”“花儿朵朵开”两项已成熟课程基础上的拓展延伸。建设“果香园”“小菜园”两个种植基地。开辟校园内两处小水池，开展以微生态保持为主题的研究性学习课程，提高学生对生态环境的认识水平。

4. 课堂像树一样千姿百态

课堂是教师和学生交互作用而生成的一项具有生命意义的活动，课堂教学应有生命意识，有生命体验，有生命与生命的交往和互动，有生命的不断完善和超越。像树一样千姿百态的课堂需要生长的土壤，需要尊重和民主的基础，需要生长的空气，需要自由和开放的空间，需要生长的阳光，需要互动和对话的方式。

课堂基本范式是学程导航加校本主张。

海门市各校已经建立起了学程导航的课堂基本范式，遵循“先学后教、多学少教、合作学习、踊跃展示、以练促学”20字方针进行教学，在此基础上，学校应结合自身的文化主张，以学科为单位推进课堂教学改革。

语文学科宣言：爱阅读，善思考，会表达。让学生在小学语文学习的过程中，逐渐形成喜欢阅读的心性，养成良好的阅读习惯，获得阅读文本、搜集处理信息的能力，概括提炼的能力，默读、浏览的能力，捕捉中心的能力，阅读理解和鉴赏的能力等。在“阅读”“思考”和“表达”之前分别加上“爱”“善”“会”等情态动词，是基于素养形成的学习，不仅涉及具体学习内容的掌握，新知与技能的运用，还涉及他爱不爱学习，是怎样学习的，因而，“爱”“善”“会”这样的表述，表达着对素养的隐性层面——学习方法、态度、品质等的关注。在小学语文学习阶段，学生能尽早地播下“方法”“态度”“品质”等种子，对学生的终身学习和终身发展都是大有裨益的。而且凡态度、品质之类的东西，越早奠基就越能在日后彰显其生命力。

数学学科宣言：探奥妙，增技能，勤思维。数学是探究数量关系和空间图形奥秘的一门自然科学。数学学科学习的目标就是要有严谨的科学态度和树立正确的人生观、价值观，养成严密的思维习惯。数学课堂应该让学生熟练掌握数学的基本技能，包括熟练的运算能力、正确的推理论证能力和数学应用能力。同时数学是思维的科学，只有会理性思维，才能学好数学，用好数学，才会有发明创造。作为促进学生全面发展教育的重要组成部分，数学教育既要使学生掌握现代生活和学习中所需要的数学知识与技能，更要发挥数学在培养人的理性思维和创新能力方面的不可替代的作用。

英语学科宣言：开窗户，看世界，重体验。丰富英语课程学习资源，让儿童在涉及多门学科和生活的各个话题材料中学习。学习英语谚语理解到谚语背后的文化，学习数字了解各国之间对数字的用法，学习地点名称认识各国的标志去了解不同的文化。在英语学科内容的多样性和多元化学习背景中，儿童置身于不同的思维世界，听到不同的观点，看到一个不同棱角的世界，构建并形成自己的理解。

艺术学科宣言：拓视野，冶情操，丰涵养。完成艺术教育的底线要求，学会音乐、美术基本技能。通过百首名曲、百幅名画等欣赏课程，拓展艺术视野，提高整体素质，并使艺术学习更有趣、更容易，使每个学生获得成功感。以主题性艺术综合学习，发展学生各方面的艺术素养，培养学生整合创新、开拓贯通和跨越转换的能力，陶冶情操、丰富涵养，促进孩子的全面发展。

科学学科宣言：勤观察，会发现，善思考。观察是综合学习的起点。通过观察，可让学生知道科学就在身边。发现是观察与体验的目的，引发思维冲突，发现问题，提出问题，并思考解决问题的办法，使综合学习过程成为发现之旅。思考贯穿整个学习过程，体现了教师的主导作用与学生主体作用的统一，让同学善于思考，就要充分发挥教师的引导作用，逐步让综合课堂由原来的“教会学生思考”逐步演变成“学生能主动思考”的自主式的探究课堂。

5. 学生像树一样渴望参天

每一位学生都像一棵树，根深、干直、枝繁、叶茂、果实是一棵树茁壮成长的表征，而渴望参天是一棵树的基本诉求。

(1) 形象标准：乐观向上、善学精艺、仁爱尚美。树勋小学的每位学生应具有丰富、健康的内心，具备感受人性、自然、社会之美的能力，善于吸纳世界的美好事物，在自己的知识和能力结构中有一技之长，能充满自信地走向世界，感知生活的大美。

(2) 评价方式：以《树人成长手册》为抓手，培养乐观向上、善学精艺、仁爱尚美的学生；以获得“美丽树”“幸福树”为激励手段，从而激发学生自我管理的潜能，满足学生的心理需求，拥有全面发展的快乐童年。每学年，学校给每一位学生下发一本《树人成长手册》，学生如果在学习、生活中有进步，不论大小，均可获得一片成长叶（红色美德叶、蓝色智慧叶、绿色阳光叶、橙色才艺叶、紫色进步叶），这是代表学生积极进取、奋发努力的标志，不断激励他们前进。每个学生集满 10 片成长叶，可以到班主任处换取在《树人成长手册》上盖一个“美丽树”的成长章；每个学生集满 5 个“美丽树”的成长章，可以换取代表最高荣誉的“幸福树”奖章，作为评先评优的参考。大队部利用升旗仪式对“幸福树”获得者统一颁发奖章，并分批次在学校橱窗内展示照片及个人事迹。

（3）评价标准：

①养德性。第一，习惯养成。遵守学校一日常规，课间纪律、用餐、路队文明有序；维护校园环境，保持整洁；做操认真，动作标准；文明礼貌，能够起到引领示范作用，得到大家认可，班主任颁发一片美德叶。第二，关爱班级。班级工作尽心尽职，同学之间团结友爱，主动帮助学习、生活上有困难的同学，并有一定成效的，得到师生的肯定，可获得一片美德叶。第三，活动参与。积极参加班级、学校、市级组织的各项活动，表现出色，得到好评，由班主任对班级、学校层面的颁发一片成长叶，市级层面的颁发两片成长叶。第四，能力提升。班级干部、大队干部、红领巾监督岗监督员等工作出色、活动积极的，由德育处进行书面表彰建议，由班主任颁发一片美德叶。第五，孝老爱亲。能够关爱幼小、尊敬师长，在家能帮助父母承担力所能及的家务，为家长排忧解难，得到家长肯定的，由家长与班主任沟通并颁发一片美德叶。第六，乐于助人。关爱弱小，对需要帮助的人及时施以援手，积极参加各类关爱行动，视情况由班主任颁发一片美德叶。第七，社会公德。自觉遵守公共秩序，对不文明现象能主动加以制止和劝导，表现出色的由本人向班主任申请，得一片美德叶。

②长知识。第一，课前预习认真，课堂上善倾听、会合作，发言踊跃，课后按时完成作业、有一定质量的；利用课余时间广泛阅读并积极参加实践活动的；有良好的兴趣爱好，并一直坚持练习的。由学科老师颁发一片智慧叶。第二，学生参加各级各类竞赛获得成绩，或作文、美术、书法、摄影、手工制作等作品刊登或录用的，根据国家级、省级、市级、校级，分别由班主任酌情颁发智慧叶或才艺叶。

③健体魄。养成良好的生活习惯，拥有一项自己喜欢并擅长的体育运动，并能坚持锻炼，积极向上，乐观开朗，会调节自己的情绪，拥有朝气蓬勃的精气神，每学期由班主任颁发阳光叶。

6. 治理像树一样天天向上

实现教育治理体系和治理能力的现代化，既是时代的要求，也是保持学校发展活力、提升学校办学品质的迫切需求。学校治理应该像树一样，天天向上，不断从精彩走向智慧、走向纷呈、走向出彩。

从精彩走向智慧——制度没有精彩可言，但是制度可以凸显智慧。完善的制度，充满智慧地执行，学校和师生就能精彩起来。坚持依法治校，加强现代化学校制度建设，完善和修订现有的学校制度，实现规则面前人人平等。广泛听取教职工意见，不断推进学校决策科学化、民主化、法治化。深化“管办评分离”改革，实现办学法治化，课程自主化，学习环境更开阔。

从精彩走向纷呈——精彩是人生的一种追求，是对美好生活的向往。纷呈是人生发展的多样性。应制订家校合作行动计划，明确父母在家庭教育中的主体责任，形成家校共育的合力，让学生首先精彩起来。与此同时，教师的精彩、学校的精彩也就水到渠成。

从精彩走向出彩——走向出彩是对人的最高评价。实施新的评价机制，制定有关出彩教师、出彩学生、出彩父母、出彩课程等评价细则。通过评价，让大家有目标地天天向上，天天成长。还可以通过微信、家校通、APP、QQ 群等新方式投票评选出彩师生。

7. 学校文化的符号

校徽：美丽树。树干由树小首字母 SX 组成，形为一个奋力向上伸展的生命个体，喻为发展中的树小人。树叶为散开的七彩心形，喻为处在美丽童年的树小儿童和美好的未来。整棵树象征着树小人用奋发进取的姿态创造属于自己的精彩，象征着树小用坚实的力量托起明日的灿烂。

校旗：（略）

校歌：《树人之歌》

曾经有一位儿童作家说，我们种一棵树的目的是什么？我们需要一张桌子，可以种一棵树。但是，如果种一棵树只是为了制作一张桌子，就忽视、蔑视了一棵树的价值。一棵树，当然可以制一张桌子。但是，它同时可以不使水土流失，是一道好风景，是一片浓荫，可以让人遮阳避暑；可以让孩子玩耍，可以拴一根长长的线，让风筝在天上飞；可以让鸟鸣唱、筑巢；可以花团锦簇，果实累累；可以千秋万代傲立，成为沧海桑田的见证……这就是种一棵树的价值。

学校文化就是种树。学校文化的价值就是一棵树的价值。树勋小学的树人文化就像一棵树一样，价值无比，力量无穷。期待树人文化通过仇晓东校长和全校师生的共同努力，能像一棵挺拔葱郁、枝繁叶茂的大树一样，傲然屹立在通东大地，成为海门乡村小学教育一道迷人的风景！

（2017 年 8 月 14 日）

10　高山仰止，学无止境

——江苏省徐州市苏山小学仰学文化的策划与创意

初次见到郝敏，完全不可能想象到在这位美丽的女校长身体里隐藏着怎样巨大的能量。

这位优雅女性，待人热情，性格温婉，有着中国传统女性的沉静，还有徐州女子的精灵。虽然履职才几个月，但为了苏山小学学校文化的策划与创意，她与我一样激情澎湃。

苏山小学位于徐州市泉山区九里山，全校102位教师，35个教学班，1700多名学生中外来民工子弟占22%。2018年深秋，当我在暮色中走进这所充满现代化气息的学校，难以想象的是，这里居然还有借校办学的一所初中和一所幼儿园。本可以宽敞、舒适的苏山小学显得异常拥挤，而且名为苏山却看不见高山，但校名既然是苏山，我以为在郝校长和全校师生心中一定有一座不断攀登学习的书山。

在与郝敏校长以及几位副校长、中层干部的交流中，我很自然地提炼了两个词——“高山仰止”“学无止境”，并由此提出了学校文化的定位——仰学文化。

有一本书叫《定位》，里面有这么一句话，说在今天所有的组织都需要定位，寻找如何进入顾客心智的、赢得选择的定位之道。学校文化的定位，就是积极获取一种学校“心智资源”的有效路径。

学校文化是学校成员认同的信念、观念、语言、礼仪和传奇的聚合体，它决定着人们的价值追求和发展目标，同时显现在学校的一切教育行为、物质载体之中。学校文化是一个概念、一个符号、一个鲜明的共同愿景，对一所学校持续、稳定、系统的发展有很大帮助。我之所以坚持苏山小学应该叫响仰学的学校文化概念，是因为郝敏校长和全校师生应该而且必须以仰学为愿景、为目标、为路径、为策略，来唤醒自尊自信的天性，来唤醒做人做事的良知，来唤醒曾经沉睡的潜能。

仰学的“仰”本意是指脸向上，如仰视、仰望；又有敬慕的意思，如仰慕、敬仰、信仰等；还有依靠的意思，如仰仗。仰学的“学”即学习、模仿，又指学问、学识。因此，仰学就是向上学习、敬仰学习、依靠学习。它既是学习的一种要求，也是学习的一种姿态；既是学习的一种方式，更是学习的一种境界。它何尝不是教育的姿态和境界呢?!

学习是人的一种本能要求，学校之所以是学校，是因为学习是学校最基本、最根本的任务。为什么要学习？作家林语堂认为，学习应当是为了“开茅塞，除鄙见，得新知，增学问，广识见，养性灵”。怎样学习？小学生是善学，还是乐学？是为分数、名次而学，还是“为中华崛起”而学？因此，崇尚仰学，倡导仰学，致力仰学，是一位有思想、有理念、有担当的校长的追求。

以儿童为本位，让儿童站在正中央，是现代教育的逻辑起点，也是学校一切活动的原点。如果学校的学生不是仰学，而是厌学，那是学校教育的悲哀。让学校的每一位孩子自信仰学、自觉仰学，学校就会从儿童的视角，着眼于孩子一生的幸福去做好学校中的每一件事儿。

我深感郝敏校长是十分崇尚仰学、倡导仰学和致力仰学的。前不久，苏派教育研究中心让我策划苏派小学语文名师祝禧“文化语文”专场展示与研讨活动。活动中有一个环节就是教师的教学展示。我电话联系郝校长，让她推荐年轻教师执教，她二话没说一口应允，不像之前我联系的几个人，以各种理由推辞。就在前几天，我再一次到苏山小学，观摩常君老师执教的试讲课《小猴子下山》，我是非常满意的，不仅是课上得好，主要是全校低学段语文教研组的老师和区教研员一起听课、研课、磨课。郝校长告诉我，怎么能失去这次全校教师学习研究的好机会呢？

作为教育的一种理念，仰学是学生学习方式的转变。变被动学习为快乐游戏式学习，孩子们认真地听课、积极地讲课、投入地研课、忘我地玩课；变接受学习为全体验式学习，一个人生活经验的获得是离不开体验的，只有充分地体验了，才能真切地领悟。仰学就是让学生充分地体验。

作为教育的一种理念，仰学是师生生命成长的助推力。成长是一段难忘而美好的经历，如果能为这段经历镶嵌上仰学这颗善良的明珠，无疑是给师生们的人生历程书写了一段光辉岁月，师生在仰学中成长，也在成长中仰学。

作为教育的一种理念，仰学会把学校教育变成文化。教育绝不仅仅是学习知识，而更应该去感受文化、理解文化、建设文化。只有这样，学习的内容才足够丰富。在苏山小学，如果以仰学为统领、引领，老师们、孩子们和家长们身在其中，就会细细品味仰学文化的内涵，深深感受仰学文化的魅力。

有了上述的理解分析，我似乎更增添了为苏山小学仰学文化进行策划的底气。

一、仰学文化需要尚学氛围

苏山小学是美丽的。不久后，初中和幼儿园将撤离校园，这样苏山小学的各类硬件设施，按人均占有比例就是泉山区小学中最好的学校了。学校现在占地面积20亩，建筑面积1.2万平方米，走进校园，首先映入眼帘的是沉静大气又不失现代感的教学楼，而窗明几净的教室让学生的学习有了更好的环境，每个教室都配备了电子触摸屏，相比于以前的黑板、白板更加现代化。此外，空阔的操场让学生们有了更多的运动健身之处，种类数量更丰富的图书馆让学生们有了更舒心的阅读书籍场所。为了营造尚学仰学的浓郁氛围，我建议：

一是应该让校园的绿植占比更多。著名教育学者张文质曾在一本书里有这样的表达：一个校长要是什么事都做不了的话，你就多种点树吧。一所学校不能没有树木，不能没有花草。有了花草树木，就有了一种精神的象征和精神的寄托。苏山小学虽没有参天古木，但完全可以绿叶遮蔽，而且使花草树木与仰学文化相匹配、寄寓意。

比如，在校园里冬青、黄杨、白杨、香樟、雪松、苏铁、红枫、水杉、桃树、李树、梧桐、白玉兰等众多树木中，可以选择一种树作为校树，作为仰学文化的意象。我认为可以以榉树作为校树。榉树又名光叶树，是榆科榉属的落叶乔木树种，它可以生长到30米的高度。不仅有着较高的观赏价值，而且有丰富的人文内涵，因“榉”与“举”谐音，寓意“一举高中”。以榉树作为校树，可以对师生潜移默化地寄托以下理念：向上长，心有梦想，仰望星空；向阳光，积极进取，乐观向上；专注力，心无旁骛，专心致志；固根基，学习借鉴，本立道生；常坚守，持之以恒，铁杵磨针。

又比如，可以以迎春花作为校花。迎春花在百花之中开花最早，不仅花色端庄秀丽，而且具有不畏寒威，不择风土，适应性强的特点。当早春的第一道春风吹过校园时，迎春花便开放，带来了春天的信息，迎来大好春光，寓意苏山小学的孩子们就像迎春花，值得我们去仰视，值得我们去赏识。

二是应该让校园的人文景观更美。目前苏山小学的校园人文景观几乎还是空白。我建议从校门往里的校园每个角落都可以设计建设人文景观。比如，校门进去由南而北的大道可以命名为仰学大道，大道东侧栽种树木的同时，设置宣传橱窗，大道西侧大楼东墙上可布置大型的“学”字墙，集中展示古今名人题写的“学”字，以及用篆体、楷体、仿宋、魏碑、舒体、综艺、隶体、彩云、琥珀等各种字体书写的“学”字，错落有致，疏密得当。“学”字墙也许能成为学校一道独特的人文景观。又比如，校园里的所有教学楼都以“学”字统筹，分别命名为“志学楼”“勤学楼”“乐学楼”“仰学楼”等。

三是应该让校园的文化气息更浓。在仰学文化观照下，苏山小学应突出读书养正、写字育人、校园足球的文化特色。教室、大厅、走廊、楼梯等室内环境是学生学习、生活的主要场所，也是环境文化育人的主阵地。围绕特色，四层廊道可分别布置“童话世界”“书韵飘香”“源远流长”“笔墨妙韵”。还可以利用每层的转角设计“童心悦读”“荣誉展区”“书画天地”，利用廊道展示学生的作品和活动的精彩瞬间。而校内操场周围，可以布置有关足球的知识、名人、赛事介绍以及“踢好球、读好书、做好人”的校园足球理念。

环境氛围的和谐统一，将为校园建设增添生机与活力，让仰学、尚学在学生成长中由感知到逐渐内化，情感得到激发，习惯得到养成，言行得到规范。

二、仰学文化指向善学学子

学校工作的一切都是为了学生的学习，都是为了学生的成长，每位学生都是天使，应该无限相信学生学习的潜力。苏山小学之所以全力以赴建设仰学文化，是因为要让每一位学生埋下“高山仰止、学无止境”的种子，从而让他们成为具有良好学习习惯的善学学子。

学习习惯不仅直接影响学生当前的学习，而且对今后的学习乃至工作都会产生重大影响。因此，苏山小学的孩子们都应是会听课、会思考、会阅读、会审题的善学学子。

一是会听课，养成动脑习惯。每节课上，学生们会听、会看、会想、会说，具有认真听课的习惯。听要入耳，学生听讲时边听边想边记忆，抓住要点；会看，首先是注意看老师准确的板书、演示；会想，首先要肯想，课堂上学生肯动脑子想问题，除了靠教师的启发外，还要靠促，促使学生动脑子；听、看、想，要通过说来突破，因此，苏山小学要十分重视学生口答能力的培养和训练。

二是会思考，养成思考习惯。学生应该“生活在思考的世界里”。苏山小学的课堂教学中应该特别注重让学生对学科材料进行观察比较、分析综合、抽象概括、推理判断，从而掌握思考方法。思考的方法是靠学生自己的独立思考来领悟。只有学生不断地体会到思考的乐趣，才能逐渐养成独立思考的习惯。

三是会阅读，养成自学习惯。阅读包括课上阅读和课后阅读。课上阅读，不仅包括语文阅读、英语阅读，还包括数学等学科的阅读。阅读时应对一些关键的字、词、句进行圈点画批，咬文嚼字，正确理解。课后阅读既要面广量大，更要阅读经典，将阅读与思考结合起来，将阅读与写作结合起来，养成自学的习惯。

四是会审题，养成认真习惯。毋庸讳言，当下小学生的学习与作业做题目紧紧相关，作业做题目就要审题。会审题也许是减轻学生过重课业负担的关键。学生在解题中出现的许多错误，往往并非是缺少必要的知识，而是缺乏必要的审题习惯和审题技能。审题能力的提高应该是善学学生的重要内容，而且养成了审题习惯，也就是养成了认真学习的习惯。

指向善学学生的仰学文化，立足于学生的视角，致力于走进学生的学习世界，致力于破译小学生的善学密码。如此，苏山小学学生的学习就没有沉重的书包、做不完的作业、厚厚的眼镜片，也没有一脸的疲倦、沧桑、考试失利的痛苦和烦恼，而是童真童趣的天真、渴望学习的专注和生命拔节的声响！

三、仰学文化依靠研学教师

仰学的本义是抬头学习。教师应该是学生抬头仰望的楷模。朱小曼教授曾指出：“教师职业的本质特性就是影响人的心灵，提升人的道德境界，教师在教育活动中不但要给学生传授文化知识和技术操作能力（学会做事），而且要对学生进行思想道德教育（学会做人）。”

在仰学文化的观照下，苏山小学的每一位教师，首先都要爱学生。教师对学生的爱，作为一种无形的力量，在潜移默化之中发挥着巨大的作用，它可以使学生的心灵受到呵护，情操受到熏陶，人格受到感化，精神得到激励。其次要用师者风范去影响学生。梳洗整洁，穿着得体，言谈举止温文尔雅，谦谦有礼，在各方面都成为学生学习的榜样。最后要用独特的人格魅力去感化学生。“善歌者使人继其声，善教者使人继其志”（《学记》)。每一位教师都要力求形成一种由学识素养、人格魅力、睿智风度所构成的强大气场，使学生不由自主地亲近你、模仿你、追随你，从而达到润物细无声的教育境界。

要实现以上三点，就要求苏山小学的教师们都能通过“三专”成为研学教师。研学教师就是研究型、学习型教师。而“三专”是指——

专业阅读，让教师们站在大师的肩膀上前行。没有教师对于阅读的热爱，就很难点燃学生的阅读热情；没有教师与学生的共同阅读，就很难形成师生共同的精神家园。教师们阅读教育经典，与过去的教育家对话，寻求教育思想的营养、教育智慧的源头。

专业写作，让教师们站在反思的肩膀上攀升。一个人的专业写作史，就是他的教育史。全校教师自觉通过教育日记、教育故事、教育随笔，记录反思自己的教育教学生活，将会有效促进教师专业成长，也能高高树立起研学教师的光辉形象。

专业交往，让教师们站在集体的肩膀上飞翔。“三人行必有我师”。研学教师的生态环境非常重要，同一教研组，或者是本校的、校际的以及网络的各种专业发展共同体，可以让教师们找到“尺码相同的人”，一起品师德、增师能、长师识。

四、仰学文化扎根让学课堂

文化是课堂的养分，课堂是文化的沃野。苏山小学的课堂应该成为仰学文化的价值归宿，更是学生成长的精神原点。课堂的关键无非是理顺教与学的关系。在仰学文化观照下，苏山小学的课堂可以提炼出属于自己的话语，那就是让学课堂。

让学课堂就是把课堂的主动权、主宰权让给学生，从而让学生真正动起来、活起来、亮起来。

动起来，就是要扭转以往课堂中“传授—记背”恶性循环的颓势，教师的教学重心由关注教转向关注学，设计和运用有教育价值、有思维含量的问题，以此来撬动课堂，调动学生的积极性。

活起来，就是要克服静态与平面的学科弊端，以多问激思、巧问善思切入形式多样的课堂教学环节，以角色扮演、小组合作等手段使课堂臻于动态，以现代信息技术与学科教学的融合，使课堂臻于立体，以此来激活课堂、激活学生。

亮起来，就是力图走出育分不育人的误区，摒弃“目中无人”“心中无人”，以价值元素释放出课堂育人的功能，让价值元素照亮课堂，照亮学生。

让学课堂的核心是“让”。“让”是教师位置的变化、重心的转移，“让”是教师巧妙的诱导、耐心的等待，“让”是学生思维的激励、人文的渗透。“让”不仅是“让时间”“让空间”，而且主要是操作上的“让机会”、情感上的“让精彩”。

最近一个月内，我曾三次观摩了苏山小学常君老师执教的一年级语文课《小猴子下山》，我以为常君老师的这堂课就是比较典型的让学课堂。因为让学，在听说读写中给了学生“维生素”。以读为例，教师引导学生反复朗读，在读中感知课文、感悟语言，在读中弄懂课文大意，在此基础上，再读出语感。读的形式有导读、自由读、比赛读、小组互读、分角色读等多种。因为让学，在字词句章中给了学生“胡椒面”。整个课堂从开始、新授、结尾都十分注意激发兴趣，培育学生的探究欲望。因为让学，在循循善诱中给了学生“营养剂”。学生的成长离不开必要的营养，小学语文是学生营养链条上不可或缺的重要部分。常君老师引导学生多样评价小猴子的行为，一般大人们都教育孩子不要像小猴子那样朝三暮四、见异思迁，而在孩子们的眼中，小猴子是灵动灵气的，见了桃子甩了玉米，见了西瓜甩了桃子，固然是不专一，但何尝不是追求美好、与时俱进呢？孩子们能够发表这样的观点，就是给学生增添了质疑创新的“营养剂”。

让学课堂，形式上是“让”，本质上是“学”。教师的退让，是为了学生的积极向上，从而实现“让而有序，学而生慧，慧而成能”。让而有序是指“让”的过程具有目的性、条理性、动态性、系列性；学而生慧就是指在学习中智慧的驱动、智慧的碰撞、智慧的生成、智慧的展示；慧而成能就是指培养学生的阅读能力、自学能力、表达能力、合作能力、探究能力、创新能力。

因为仰学必须让学，通过让学实现仰学。让学课堂是为了培养具有良好学习习惯的善学学子，也让教师在且思且行、且悟且进中抵达立德树人的崇高境界。总之，扎根让学课堂，仰学文化就会根深叶茂！

五、仰学文化锤炼悟学课程

课程的丰富性决定了生命的丰富性。课程是最重要的育人载体，是一所学校的核心所在。苏山小学仰学文化背景下的课程建设是在上齐开足教好国家课程基础上，开发、拓展、实施校本化的悟学课程。因为，学之道在于“悟”，应该以“悟”为主线，贯串起仰学课程文化的粒粒珍珠。

一是“读书养正”课程。孟德斯鸠说过这样的话，“喜欢读书，就等于把生活中寂寞辰光换成巨大享受的时间”。苏山小学应该加大力度增添图书，为学生阅读和建设书香校园提供良好条件，创造一个又一个优美而舒适的书香环境。可以充分考虑学生的认知条件、年龄特点和兴趣爱好，把购买的图书分类别，坚决拒绝不健康图书进入校园；可以在每幢教学楼楼梯处悬挂“善谈慎思”“书籍是人类进步的阶梯”“阅读改变人生”等标语，激励学生热爱读书；可以把墙掏空镶出十几个大小书橱，让学生随时随地可以坐着读书。

应该探索适宜的阅读方法，可以通过考级的方式把学生带进阅读轨道，从而让学生不知不觉地迷恋阅读。其操作方法是：将阅读分成 12 级，每个学期考一级，6 年考完。可以明确规定每天中午 12 点至 12 点半是在校学生的统一阅读时间。

应该让阅读成为家校合作的平台。阅读绝不仅仅是读几本书，背几篇文章，完成几道考题那么简单，它是一个立体化、全方位的育人工程。为了让学生在阅读路上走得更加坚实，学校可以每个月定期向家长发放阅读调查表，还可以借助现代化的通信设备，布置“一起阅读”课外作业，让学生通过网上做题、冲关积分的方式，提高阅读的兴趣，当然还应该以吟诵经典、美文赏析、主题阅读等特色课型，形成大量阅读、大量背诵，丰厚学生守正创新的核心素养。

二是“写字育人”课程。“书写好字，人生大事”“人能写字，字能写人”“端端正正写字，堂堂正正做人”。作为一所小学，写字教育是一门不可或缺的课程，作为一门课程，苏山小学怎样实施“写字育人”课程呢？首先，领导带头，教师全员参与，拿起“三笔”苦练“三字”（粉笔字、钢笔字、毛笔字），教师每周书写一张毛笔字和一张钢笔字，周五悬挂于教师作品展览园地；每位教师固定一块粉笔字书写园地，每周一上午预备前完成书写任务。这主要是为学生写字提供示范。其次，全校教师应将写字教学作为教研活动的重要内容，研究学生写字的意义和激发学生写字兴趣的策略。最后，不能把写字技巧的掌握作为写字的全部，应把写字教学上升到写字教育，即写字育人。

一手好字能与人终身为伴，能使人终身受益，应教育学生“提笔即是练字时”，持之以恒地抓写字教育。可以编写《书法》《苏山小学写字指导用书》等校本教材；可以从文字演变、各种书体等知识介绍中，了解书法写字这一中华传统文化的精髓；可以从程邈创隶书、张芝临池水尽黑、王羲之墨汁醋蒜、秘诀在十八口大缸里、柳公权发奋练字等故事中，让学生明白学习要发奋刻苦，做事要认真踏实，做人要正直刚毅。

三是“数学体操”课程。“数学是思维的体操”，郝敏校长在数学教学方面有丰富的经验和不俗的成就。苏山小学完全可以在数学教学中寻找突破，开设和实施独具特色的“数学体操”课程。首先，开展数学阅读。数学阅读可以为数学学科的学习奠定基础，还有助于数学语言水平的提高及数学交流能力的培养。我们可以在午读时间让学生阅读《小学生数学报》《农村孩子报》等，可以结合年级段让学生阅读科普作家的作品，如《故事中的数学》《数学营养菜》《好玩的数学》《假日中的数学》《数学家的眼光》《数学传奇》等。其次，汇整数学史实。在教学过程中，教师可充分利用教材上独有的宝贵资源，通过一些数学史实，如圆周率、勾股定理、数对等史料的介绍，让学生了解数学知识的历史渊源，了解古人的聪明智慧，增强民族自豪感。再次，精选数学绘本。数学绘本的情境提供了儿童贴近生活经验的场景，儿童会体会到生活中很多有用和有趣的数学，这样数学就不会遥远、生硬。最后，组织数学游戏。游戏是儿童最初的学习方式。瑞士教育家皮亚杰说过，游戏是认识兴趣和情感兴趣之间的一个缓冲地带。数学课堂上，我们可以根据教学内容，适当组织拼图游戏、猜数游戏、计算比赛、倍数游戏、24 点、七巧板、九连环等游戏活动。

四是节日仪式课程。仪式、节日和庆典是学校文化传统的活标本，也是学生生命中最值得关注的重要时刻，更是学生的精神典礼。学校应该通过包容性强的、极富意味的、有象征意义的程序和形式，使有意义的事情或者伟大的事物能够有一个伟大的时刻，获得神圣、庄严与尊严。师生们永远不会忘记这些节日中激动人心的时刻，以及那些激动过他灵魂的因素。甚至，一些班级中，我们也能够读到那种真正的令心灵息息相通、生命彼此镌刻出诗意的仪式——入学仪式、开笔礼、生日赠诗、生日故事，鸟巢节、微笑节、犟龟节等源自自己环境和生活的独特节日。

五是“社团活动”课程。作为展示舞台的学生社团，应该成为悟学课程建设的一个重点。因为着力打造学生社团，让学生在社团活动中获得快乐的体验，将对他们的一生产生重要影响。因此，学校的社团活动应该丰富多彩，包括文学、体育、艺术等各个方面，让每位学生至少参加一门以上的社团。同时，通过百部电影、百首名曲、百幅名画的赏析和百场课本剧的表演，真正地让孩子们“博艺启智”。

六、仰学文化生长和学管理

学校管理是一门学问，是一种科学。科学是美的，和谐最美。苏山小学的仰学文化应该而且必须生长和学管理。

和学管理最根本的是思想上的“和”与“学”的管理。这种思想管理主要是仰学办学思想的确立。包括下面一些要素——

核心理念：让生命在仰学中绽放；过一种幸福完整的教育生活。

学校愿景：办成具有仰学文化特质的淮海经济区名校。

学校精神：同舟共济，蓬勃生长。

校训：高山仰止，学无止境。

校风：仰学伴我飞扬。

教风：研学，让学。

学风：善学、悟学。

和学管理的关键是管理理念的优化和具体化。比如，管理原则应该是以情感凝聚人心，以制度保障发展。就是学校管理层对师生员工，教师对学生倾注真情，真心关爱，激励和赏识。同时坚持团队管理，构建学习型组织，确立和谐合理的制度规范。比如，人才理念应该是善知善励，适才适位。就是无限相信师生的潜力，善于发现人才，了解人才，挖掘人才，并且把人的才能、专业与岗位、职务、责任联系起来。比如，服务理念应该是全身心地关心师生生活，关爱师生成长，想师生之所想，急师生之所急，充分尊重、理解和信任师生，为他们的未来成长提供广阔的舞台。

和学管理最起码的是行动。只要行动，就有收获；只有坚持，才有奇迹。苏山小学当务之急是创造条件申请加入全国新教育实验学校，用新教育的理念引领学校仰学文化的落地生根。应该将上述仰学文化的核心理念、学校愿景、学校精神和“一训三风”公之于众，甚至是上墙宣传，让每一块墙壁都说话。比如“高山仰止，学无止境”的校训就应该置于学校最高层教学楼上方，让社会各界都知晓理解，并广为传颂、深入人心。

高山仰止，学无止境。徐州市苏山小学的仰学文化是盛开在尚学氛围、善学学生、研学教师、让学课堂、悟学课程、和学管理高山上的美丽鲜花，也是郝敏校长不懈追求和时时仰望的“诗和远方”。这种仰望是一种勇气，它包含着一种见识，更包含着一种责任。所以郝敏校长不仅温婉、沉静，而且精灵，目光是如此地坚定！

（2019 年 5 月 8 日）

11 泉润童年，美好相伴

——江苏省徐州市史庄小学泉润文化的策划与创意

我一直以来渴望能找到一所纯净而透明的学校，像清晨的露珠一样散发着青草和大地的气息，同时又折射着七彩的光芒。

冬去春来，当我二度踏进徐州市史庄小学，与年轻的高洪波校长商讨学校文化时，我强烈地预感到，不久的将来，史庄小学是能够让人刻骨铭心的。

最能让人刻骨铭心的应该是学校文化。史庄小学的学校文化应该怎样表达呢？在与高洪波校长以及几位副校长的交谈中，他们似乎在良善和温润中摇摆不定。

在最近申报的“江苏省中小学儿童品格提升工程”中，史庄小学的项目名称是“指向儿童良善品格具体涵养的实践探索”。从“人与社会”“人与人”“人与自我”三个维度，阐述了知善、扬善、从善的项目实施路径。应该说良善文化是一个不错的选择，唯一不足的是良善指向更多的是学校德育。

在史庄小学编写的《品读经典，幸福人生》校本阅读教材中，我读到了他们的重要理念温润童年，启迪智慧。应该说温润文化也是一个不错的选择，但通过阅读来温润童年只是学校教育的一个方面，不能统领学校工作的方方面面。

我以为学校文化的定位应该遵循三大法则，即传承法则、特色法则和发展法则。史庄小学创办于 1955 年，现有 20 个教学班，825 名学生，专任教师 58 人。近 900 名的师生是史庄小学学校文化建设的主人，基本前提就是以师生的视角、师生的立场和他们的生命成长姿态来认识与对待文化，从而坚定文化自觉，凝聚文化自信，实现文化自强。

根据泉山区西部地区规划发展的整体需要，史庄小学新校区规划建设工作已经启动，不久的将来，一所位于泉润公园旁，占地 58 亩，建筑面积 2 万多平方米，48 个班的现代化新史庄小学将呈现在人们眼前。新学校周围环境最大的特征是以泉润命名的优雅、美丽的公园。

为何命名泉润？这是寄托着人们的美好愿望：像泉水一样滋润人民的

生活！因为有泉润湖，所以命名泉润公园。其实，泉润公园尚在建设中。

雨后天晴，踩着泥泞，我与高校长高一脚低一脚地走向泉润公园的建设工地。

站在工地的高处，四目眺望，既没有看到亭台楼阁，更没有看到碧波荡漾的泉润湖，甚至也没有看到公园的设计效果图，但我们似乎都能想象出泉润公园的美好图像——也许是引进的黄河水正滔滔不绝地流入泉润湖，让泉润湖源远流长，永不干涸；也许是远方云龙山、九里山上的汩汩泉水和涓涓细流汇聚成泉润湖，天地相连，茫茫一片；也许有一天，我们会漫步泉润湖畔，伏在木栏杆上，看那湖中漂亮的精灵，有湖水就有风，有风就有漪，小小的涟漪朵朵合拢又朵朵散开，朵朵向我而来，又朵朵离我而去，俏皮可爱；也许泉润湖上还有桥和小船，因为桥和船是属于水的最美的回忆……

不是也许，就在不久的将来，坐落在泉润公园东北侧的史庄小学的师生们将触摸到泉润湖水的美好，微微摆动的泉润湖水推着微微摆动的一叶扁舟；或者是桥与水的舞蹈，将孩子们变回了依偎在母亲怀里的婴孩，安安静静地享受这种温馨。

想象是美好的，我被这样的想象陶醉了。

就在回到高洪波校长办公室的那一刻，我就坚定地表明，史庄小学应该围绕“泉润童年，美好相伴”，义无反顾地实施泉润文化！

因为，我俯泉润湖水而望，临泉润湖水而观，正脉脉地注视着穿过生命的泉润湖水，一点一点地蓄着泉润的感动！于是，就有了我十多个日日夜夜关于史庄小学泉润文化的筹划与创意。

一、泉润文化的资源优势

史庄小学是有深厚底蕴的，在65年的办学历程中，积累了其他学校所不曾拥有的资源优势。

一是淳美通达的民风。徐州集“汉风楚韵”，泉山系“贵师重传”，史庄袭“敦厚淳朴”，广纳百川，推崇读书，包容精神沿袭至今而蔚然成风。周边居住着物质生活富足的都市村庄的居民和外来入住人员，多元的生活区域使学生来源区域多样化，决定了他们不同的兴趣和需求，更有利于激励学生人文素养和艺术素养的发展。遍访桑梓乡民，莫不赞誉史庄小学，将其视为心中净土，育人圣地。可谓“金杯银杯难抵家长口碑”。

二是进取不息的文风。徐州教育在整个苏派教育中素有“霸气”之说，无论是“蹲下身子教学生”，还是“儿童的语文”，无论是“学讲”模式，还是“教育学南通”，徐州教育人坚信有视野才有比较，有比较才有反思，有反思才有目标，有目标才有动力，有动力才有成功。永不言输，永远进击已成为泉山教育的文风，也许亦悄悄潜入了史庄的校风。

三是精进博采的教风。古之成大事者不唯有超世之才，亦必有超人之志。师资群体，奋力攀登，精进不懈，敢立潮头，此为“志胜”；博采众长，融汇信息，转益多师，遍借金针，此为“技胜”；脚踏实地，严谨严密，携手互进，内功至上，此为“气胜”。值得欣慰的是高洪波校长正在积极申报全国新教育非实验区实验校。既善干事，又易共事，1＋1＞2则无往而不胜。

四是勤勉尽智的学风。学海无涯勤奋为舟，扎实为桨；书山有路，智慧为径，创新为翼。天道酬勤，史庄小学的孩子们，朴实踏实，勤学好学，理趣共生，活力四射，以实为要，以活见长，直挂云帆济沧海。

五是尚礼自为的班风。班集体即小社会，熔铸友伴交往、学习取向、生活方式和理想情操诸多要素，扶持正气，修身尚礼，群体上进，恪守规范，但又不是画地为牢，逼人就范，倡导自为自强，各呈个性，人人皆为最好的自己。班风淳致使校风纯，校风纯致使人人自信“我能行”！

六是沉笃醇和的政风。孔子曰：政者，正也。领导秉正民主，与时适变，沉静笃实，友善和谐，学校焉能不盛？一位好校长就是一所好学校。高洪波履职史庄小学不到一年，但苦心经营，在人格、智慧、能力三大基石上，释放泉润的自然天性。正如日本著名管理学家士光敏夫所说：“权威是从内部自然产生的，是从一个人内在的实力和人格中自然渗透出来的。”

诚然，教育毕竟是一个复杂的社会人文现象，它具有社会性和历史性，它的每个方面都难以摆脱典型环境的文化和价值、社会关系和意识形态，上述史庄小学泉润文化资源优势的感性化描述，似乎让我对恩格斯的名言有了更加深刻的理解，“经济落后的德国在哲学上仍然能演奏第一提琴”。

二、泉润文化的哲学考量

泉润是一个比喻，是一个意象。就像阳光、绿色一样，比喻教育应该像泉水滋润一样。因此，我是坚定泉润应该与童年相关联的，而且泉润童年，必须紧扣美好相伴的。因为泉润文化不只是一个简单的比喻，而且蕴含着深刻的教育哲学。

首先，坚定的办学信念，用昂扬的精神支撑执着的信念。

我曾经问过高洪波一个简单的问题：当初是什么信念使你接受了史庄小学——一所泉山区城郊接合部的薄弱小学？近一年来，正是凭着自己的满腔热情和干一番事业的决心，他像清澈的湖水一样做到了“三个坚持”：坚持每天第一个到校，最后一个离校；坚持每天上、下午两次巡视或进教室听课；坚持每天早、中、晚三次全方位巡视校园。正是在“三个坚持”中，高洪波校长将史庄小学高位突破、瓶颈破解和开创美好未来的落脚点放在学校文化的顶层设计上。而用昂扬的精神支撑执着的信念，就是坚定的办学信念。这个信念就是责任和使命。顺应史庄小学即将易地重建，即将更名为泉润小学，将学校文化定位于泉润文化，正是责任和使命的担当。

其次，敏锐的前瞻意识，用准确的眼光捕捉发展的机遇。

泉润的“泉”指泉水，泉涌；“润”指润泽，滋润。如果说泉润的“泉”是名词，“润”就是动词。作名词的泉水有哪些特质呢？作动词的润泽又是怎样作用的呢？对此作一番前瞻的分析，就能捕捉到学校发展的机遇。教育如泉水，顺其自然方为道，法其本质乃见真。泉水乃自然之物，它有八德：奔流不息，进取之德；哺育万物，奉献之德；水滴石穿，柔韧之德；源头活水，创新之德；甘心处下，谦虚之德；流水不腐，清廉之德；以水为净，包容之德；一碗水端平，公正之德。按照泉水的这些美德去从事教育事业，学校的发展将走上正道，步入正轨。因为教育是服务人的事业，是塑造人的工程，是构建人的品性，是丰富人的灵魂。教育的品质就是进取、柔韧、奉献、创新、谦虚、清廉、包容和公正。教育就是如泉水一般滋润和播撒。

最后，独特的文化魅力，用儿童的天性相伴教育的美好。

学校应该是美好事物的集聚中心。怎样使美好相伴？答案是用儿童的天性。儿童的天性有哪些呢？每一位儿童都具有向上和合作的天性，每一位儿童都具有探究和创造的天性。认识和秉持儿童的这些天性，将释放泉润文化的独特魅力——以人为本，发挥学生与生俱来的潜在天赋，激发起学生的积极性和主动性，创造性与能动性；以德立魂，注重生动、生活、生态和生命，创造条件让孩子在泉润教育中学会交往、学会分享、学会合作；以美启智，用爱让每个孩子保持积极心态，把美好渗透进教育全过程，因为自然美、艺术美、写作美与劳动美具有浸润心灵、滋养心灵、美化心灵与净化心灵的巨大功能，能让孩子从小播下探究与创造的种子。

我忽然想到了教育家苏霍姆林斯基的一句名言：“我一千次确信，没有一条富有诗意的、感情的和审美的清泉，就不可能有学生全面的智力发展。”与其说泉润文化是史庄小学学校文化的一个概念、一个主张，不如说是史庄小学的一个发展方向、一个教育主张、一个教育哲学。

高洪波校长是一个朴实而又温文尔雅的书生，他的学校——史庄小学的泉润文化正像他的为人，他的教育思想、教育理想和教育哲学正像他的个性风格。假如说我们认同学校文化就是“在这一学校做事的方式”的话，那我认为，不是高洪波的个性影响或者部分地影响史庄小学的文化，就是史庄小学既有的文化影响或部分影响了高校长的个性。因此，我对泉润文化的构建策略充满着期待和希望。

三、泉润文化的构建策略

1. 泉润校园：让校园像泉润一样唯美

史庄小学的新校区尚在构想和描摹中，怎样让新校展新颜，展示新校的美轮美奂、美不胜收？

首先，要确立学校的核心理念、办学愿景、学校精神和“一训三风”。

核心理念：让每一个生命像泉水一样自由。泉水能让人性敞亮，泉润能让人生高尚。泉润文化就是要在师生的心田里种下自由的种子，绽放出美丽的花朵。有自由才有自在、自觉、自主、自悟、自强。泉润文化的终极目标是让每一位教师、每一个学生都拥有泉水的品性、泉润的气质，展现出最美的精神风貌和生命姿态，师生共同编织和享受幸福完整的教育生活。

办学愿景：让校园像泉润一样唯美，让教师像泉润一样温馨，让教室像泉润一样完美，让课堂像泉润一样灵动，让课程像泉润一样丰富，让治理像泉润一样舒畅……

唯美、温馨、完美、灵动、丰富、舒畅……这些都是泉润的特征。在泉润文化的引领下，泉润学校建设的各个方面契合着这些泉润的特质，学校发展就有了清晰的目标，将呈现出与众不同的文化样态。

学校精神：朝向美好，超越梦想。

这是学校发展目标的诗意化表达。史庄的泉润文化有着美好的愿景，每一个史庄人都有泉水一样的梦想。朝着理想的目标，不断超越，砥砺前行！

校训：泉润童年，美好相伴。

校风：相携，相让，相敬。

教风：有情，有趣，有勇。

学风：能柔，能刚，能静。

其次，要建设与泉润文化相匹配的校园物态环境。比如，新校园里的教学楼可以命名为“望泉楼”“闻泉楼”“读泉楼”。而这些建筑的外墙颜色，应该充分考虑到学校是充满童真童趣和年轻生命的空间，校舍颜色应当能够体现并关怀这种生命活力，建议以淡紫色作为主色调，有一种明亮、欢乐、活泼的气氛氤氲其中，间以浅灰色来传达沉静的气息和高品位的追求，于凝重中透出浓浓的书卷气。比如，新校园里必须要建一处泉水喷涌的景观造型。这喷泉池的造型可以是一本展开的书本，意味着“每天不断地读书，跟书籍结下终生的友谊”，从而文思泉涌，“潺潺小溪，每日不断，注入思想的大海”（苏霍姆林斯基语）。比如，应该以儿童的眼光，让理念文化形象化。在校标、校徽设计中，可以加入泉润元素，使史庄小学的形象格外醒目。在学校吉祥物“飞飞翔翔”的设计中，可以让学生参与，通过不同的动作形态诠释“朝向美好，超越梦想”的精神：操场上，“飞飞翔翔”以矫健的身姿做示范“我运动，我参与，我健康，我快乐”；走廊上，“飞飞翔翔”以文雅的姿态提醒“轻声细语过走廊”；教室里，“飞飞翔翔”捧着书籍提醒“博学笃志，切问近思”；食堂内，“飞飞翔翔”温馨提示“谁知盘中餐，粒粒皆辛苦”……比如，校园环境应突出泉润的文化主题，可以建“泉之语”泉润文化科普廊、“泉之魅”泉山史庄风情廊、“泉之声”古典诗词廊、“泉之灵”泉润湖生物标本室、“泉之语”泉润儿童品性展示栏、“泉之风”年级风采展示栏、“泉之乐”课间专题音乐展……

最后，要赋予校园花草树木美好的寓意。为校园里的花草树木培土、施肥、喷灌，其实就是教育的一种美好寓意。比如，在校园里冬青、黄杨、白杨、香樟、雪松、苏铁、红枫、水杉、梧桐、白玉兰等众多树木中，可以选择一种树木作为校树，作为泉润文化的意象。比如，校园里一年四季都有鲜花盛开，有国色天香的牡丹，有雍容华贵的芍药，有稀有珍贵的琼花，有娇媚无香的茶花，有艳丽多情的玫瑰，还有争奇斗艳的各种无名花……

总之，校园物态环境应该寻找儿童的眼光，滋养儿童的性情，舒展儿童的心气，遵从儿童的兴趣，从而让校园里处处都有泉水流淌、鲜花怒放的美好景色。

2. 泉润教师：让教师像泉润一样温馨

教师是学校文化的实施者、传承者，泉润文化需要史庄小学的每一位教师都能成为泉润教师，像泉润一样温馨。

泉润教师应有哪些特质呢?

一是保持顺畅的工作心态。心态决定状态。既然选择了教师的职业，就不要再羡慕政客的权、商人的富。其实，我们拥有的一些简单的快乐和宁静的幸福比金钱和权力带来的满足感更持久、更深远。当走向教室的窗口，都会演绎一道风景，每一道风景，还有泉润湖面上吹来的拂过脸颊的风都会裹挟着神圣和快乐。有了快乐的心态，就会走向执着永远的境界。用自己的坚强和执着追寻不灭的信仰，就会铸就出为人师表的崇高思想境界，释放出独特的人格魅力。

二是增加进取的生命厚度。著名教育学者冯卫东先生曾说："只要你还想在教育教学上取得一点成功、成绩，只要你不想永远生活在教育给你带来的不快、焦虑甚至是愤恨中，你就应该有一点教育理论的贮存，应该有一点人文素养的积淀。"泉润教师需要阅读来"打底"，而阅读需要思考和写作来"撑腰"。读引发思，思激发写，写促进思，读、写、思的结合才能构成泉润教师教育教学智慧的增长点。

三是营造灵动的教育生活。泉润教师更离不开灵气、灵动。灵气缘于追寻教育生活的情趣，灵动缘于追求教育生活的创意。一个缺乏灵气、灵动和敏感度的教师，不可能在教育的发展浪潮中与时俱进，不可能悄然走近学生，形成师生间情感的共鸣共融。而当教师怀揣一颗赤诚的爱心和永远长不大的童心时，创造的金点子就会像火花般迸发，你会发现工作的每一天都是那般新鲜如初。

怎样锻造泉润教师呢？可以通过三大路径：

一是课题引领，百花齐放。全校教师可以参与学校的主课题《泉润文化的实践研究》。此课题可以细分为若干子课题：泉润文化的理解与把握研究；泉润校园的设计与构建研究；泉润教师的特质与培养研究；泉润教室的缔造与叙事研究；泉润课堂的操作范式研究；泉润课程的个性化实施研究；泉润治理的个案研究；泉润文化的评价研究……学校可以要求全体教师都开展各子课题研究，主要以沙龙研讨、案例分析、生命叙事、课堂评析为主要策略。除了主课题研究外，每个教师根据各自特点和遇到的实际问题，形成自己的微课题，从小处着手进行研究。真正做到人人有课题，个个都研究，成为学习型、研究性教师。

二是平台聚力，项目攻坚。学校可以为教师的专业成长搭建多样化平台，比如教研组、学科组、年级组的同课异构，比如校、区、市等各级教学展示，比如定期组织教师外出参观培训等，比如经常邀请区、市教研员、特级教师等教育专家来校做专题讲座等。而新教育实验中的营造书香校园、推进每月一事、师生共写随笔、缔造完美教室、建设理想课堂、家校合作共育等十大行动，都可以作为项目，让教师们在项目攻坚中锻炼成长。

三是评价激励，追寻卓越。泉润教师是史庄小学教师的最高荣誉，学校可以出台《泉润教师评选细则》，每年评选泉润教师，并举行隆重的颁奖典礼。每一个教师都有自己的专业发展规划，制定三年长远目标和半年短期目标。泉润教师除了目标达成外，还必须教学实绩突出，师德高尚，乐于奉献，善于合作。如是，史庄小学的每一位教师在泉润文化的熏陶下，自觉地向泉润教师的标准迈进。

3. 泉润教室：让教室像泉润一样完美

朱永新教授指出："缔造完美教室，就是让教室里的每一个孩子穿越课程与岁月，朝向有德性，有情感，有知识，有个性，能审美，在各方面训练有素又和谐发展的生命，而一天天地丰盈着，成长着。"史庄小学的完美教室可以统称为泉润教室，它是泉润文化的发源地、学生风采的展示地、泉润课程的聚集地、泉润课堂的生长地、经典阅读的呈现地、泉润治理的实践地。

泉润文化发源地——学校文化的创造者是教师、是学生，而教室就是教师、学生最重要的精神家园和活动场所。师生们每天编织、演绎的教育生活，才形成了史庄小学泉润教育文化。每一个班级都有靓丽而富有个性的文化名片，展示出班级精神、班主任寄语、班歌、班诗、班徽、班级图腾，是这些文化潜移默化地引领师生朝向美好、超越梦想。

学生风采展示地——教室内外最大限度地布置软墙，尽可能地腾出空间展示学生的作品，包括学生的书法、绘画、小报、手工、诗歌等作业，包括学生学习的荣誉、旅游的照片等。

泉润课程聚集地——学校泉润课程的落实，最终还是要由全体师生来共同完成。在实施好基础性课程、拓展性课程的基础上，从学生的兴趣和教师特长出发，每一个班级都要打造特色鲜明的班级微课程。习惯养成课程、吟诵课程、演讲课程、数学绘本阅读课程……丰富的班级课程，让学生们有了更广阔灵动的成长空间。

泉润课堂生长地——泉润的课堂在教室里孕育、萌发，教学回归儿童本位，以学为中心，追求课堂的参与度、整合度、延展度、生成度、自由度和美感度。

经典阅读呈现地——每一间教室就是一个小型图书馆。各种图书让学生举目可见、伸手可及，方便借阅，班级图书柜里图书资源丰富，必读、选读、经典、现代，各类书籍都有呈现。它们来自学校图书馆，来自每一个学生的家庭书架，也来自于社会公益机构的捐赠。每天午读时间，师生或静静阅读，或兴致盎然地交流，书香飘逸教室的每一个角落。

泉润治理实践地——教室既是温馨的家园，也是小型的社会，学生在经历着社会公民身份的预演；教室里有班级公约，是学生共同制定要遵循的规则，每个学生都是小主人，自觉参与班级管理；教室里有自主管理岗位，每个学生主动履行职责，为班级服务，为班级争光。

一间教室，一个个生活于同一间教室中的人，应该是一群有着共同梦想，遵守能够实现那个共同梦想的卓越标准的志同道合者，他们彼此为对方的生命祝福，为生命中偶然的相遇而珍惜珍重，彼此做出承诺：在教室里，时时有泉水般生生不息的美好体验，共同创造一个完美的教室，共同书写一段生命的传奇。

4. 泉润课堂：让课堂像泉润一样灵动

泉润课堂是泉润文化建设的重点和重心。课堂的泉润主要体现在灵动自然上，具体是“六个度”：

一是参与度。学生在丰富的学习活动中全员参与（不是个别尖子生的参与）、全程参与（不是暂时片刻的参与）和有效参与（不是形式主义的参与）。

二是整合度。整合丰富的课堂教学资源，既有对教材本身的整合，又有对各类丰富课程资源的有机整合。比如，诗歌的芬芳可以进入数学、英语、美术等课程，创生出别样的意境；艺术学科的元素可以进入语文、英语、数学等课程，使课堂学习变得活泼生动。

三是延展度。延展学习的时空，将课堂教学向丰富的社会生活延伸。

四是生成度。课堂的泉润，既体现在有条不紊、流畅顺达，更要求教师真正地以问题驱动学生进入学科学习的情境中，点燃智慧的火花，引爆创造的潜能，生成意外的惊喜。因此，史庄小学的课堂更应注重让学生动脑、动手、动口，通过观察、模仿、体验，在合作中学习，在展示中提升。

五是自由度。倡导民主教学，师生之间、生生之间有愉快的情感沟通与智慧交流，课堂是宽松和谐自然的，是愉悦欢乐自由的，尤其摒弃课堂如战场、学生正襟危坐、如履薄冰、战战兢兢等违背自由原则的现象。

六是美感度。泉润课堂就像流行歌曲《泉水叮咚响》的优美歌词和旋律，教师创设的课堂情境是优美的，学生的眼里有美的文本，身心进入美的意境，教学内容里有美的符号和形象，文字背后有美的情感、美的思想……

总之，泉润课堂就是要让课堂像泉水一样灵动地流淌，流向远方，灵动是课堂泉润的最主要特征。这个灵动体现的是师生关系的和谐民主，是师生的共同生长，也是灵敏、灵活的智慧生成。

5. 泉润课程：让课程像泉润一样丰富

课程的丰富性决定了生命的丰富性。史庄小学丰富的课程包括基础性课程和拓展性课程两大类。

基础性课程，也就是国家课程，是由基础学科课程组成的，保证所有学生都享有学习权利，都享有获得知识、发展智力的权利，从而获得一个积极有责任感的公民实现自我价值和自身发展的必需技能和态度。小学阶段开设了语文、数学、英语、道德与法治、科学、信息技术、体育与健康、音乐、美术等国家基础课程，是面向学生基本素养的形成和发展，体现国家对公民素质的最基本要求。对此，我们必须开齐、开足、上好。

拓展性课程，主要从学科拓展、个性社团、校本特色三个维度研发相应的课程，我们可以冠名为泉润课程。

学科拓展类课程——就是考虑不同学科特点，并以此为源点加以拓展。如语文学科可以进行单元整体推进，开设主题阅读课程；体育学科可以结合校园足球的开展，开设小足球课程；美术学科中有美术欣赏模块，在高年级可以开设“跟着大师走一走：百幅名画欣赏课程”。

个性社团类课程——学校社团课程的核心理念就是为学生个性化、多样化成长提供教育时空与载体，让每一个学生得到适当的发展，让学生成为学校最亮的风景。社团类课程可以分为人文类社团，如儿童朗诵社团、徐州汉墓考察社团等；科学类社团，如种植养殖、电脑绘画社团等；健体类社团，如花样跳绳、中国象棋、我爱远足、乒乓球、小足球社团等。

校本特色类课程——此类课程应该凸显学校办学思想、办学特色，并由学校自主开发。我建议应该紧紧抓住以下三大特色课程。

一是围绕儿童品格提升项目“良善”涵育主题课程。这一课程主要从知善、扬善、从善三个方面实施。不仅有“听一听、看一看、读一读”，有“辩一辩、画一画、演一演”，而且有“要我做、我要做、我乐做”的操作方略。不仅开发编写分年级的“良善”故事拼音绘本、故事连环画、故事图文读本的《七彩品格故事》，而且建设校内外德育环境。校内的有七彩活动馆、七彩长廊、七彩文化墙和七彩书吧；校外的有徐州“好人园”基地、徐州社会福利院基地、徐州雨润福达农场基地等。特别是围绕“良善”主题，有计划有目的地搭建课程体验平台，包括以“节”“访”“送”“秀”为特征的系列体验。

二是围绕“泉水”而开设的主题课程。包括以泉为主题的古诗文赏读课程、经典名曲名画欣赏课程、泉山民俗民风探究课程和“泉城访泉”游学研修课程。以“泉城访泉”游学研修课程为例，学校可以利用临近山东省会城市济南的得天独厚优势，在寒暑假组织学生游学研修。在泰山北坡，黄河南岸，东至章丘，西至平阴的狭长区域内，有700多处涌泉构成了一个神奇的泉的世界。以泉城济南为中心，东有“小泉城”章丘，西有“齐鲁泉乡”平阴洪范池，以出露形态和地域分布为标准，共分为九大泉群，每一泉群由十几到二十处泉水组成，单是济南旧城就分布着趵突泉、黑虎泉、珍珠泉、五龙潭等四大泉群136处泉水。泉水兴盛时期，居住在街巷中的济南人，随便搬开脚下的石板，都会有清亮、甘甜的泉水涌出来……认识和了解泉水，将使史庄小学的孩子们更加热爱自己的祖国和家乡。

三是围绕“家校共育”而设计的活动课程。从史庄小学所处社区和家长能力素质的实际出发，家校合作共育尤显重要。因此可以经常开展“我爱我家”“我与父母共成长”体验活动，构建“好家长就是好老师”平台，开展好书屋评选活动、“好家长”评选系列活动，成立好家长议事会。从而让家校间，天天都有泉水般心心相印的幸福表情。

6. 泉润治理：让治理像泉润一样舒畅

学校管理应该向治理转变。史庄小学利用确立和实施泉润文化的契机，应该以文化愿景鼓舞全体老师、家长，指引前进方向；应该以学校章程规范教育言行、依法治校、办老百姓信得过的学校；应该以校长、教师的人格魅力和学术影响凝聚人心，攻坚克难，共同成长。从而形成史庄小学泉润治理特色，让治理像泉润一样舒畅。

一是多元参与。泉润治理的主体是由校长、教师代表、学生代表、家长代表和社区管理者等组成的家校共育委员会（简称“家委会”）。家委会参与学校管理，谋划学校发展，评价教育成效。

二是各担其责。制定各个管理主体的责任清单，社区代表、校长、中层干部、教师、学生、家长，都要明确各自的责任和所要做的工作，深入理解责任清单的内容，并把它作为规划学校发展，实施、评价常态工作的首要依据。

三是民主合作。所有的教育教学活动都在阳光下公平公开地操作。最大限度地发挥家委会和教代会的作用，为学校发展群策群力。完善治理的平台和机制，通过 QQ 群、微信、网站，建立起家校共育的桥梁；期中开放、期末庆典、联席会议、常态督导，进一步放大家校共育效应。

四是和谐共生。以文化的魅力鼓舞人心，用美好的梦想引领前进，为了泉润童年，一定会美好相伴。因为，团结一心，团队合作，和谐共生，一定能时时散发出脉脉的温情，处处折射出蓬勃的朝气与活力。

泉润童年，美好相伴。当炎热的夏天向我们走来的时候，我特别渴望泉水的凉爽，特别渴望领略夏天的多姿多彩，特别渴望大声朗读泉润的史庄小学。史庄小学是能够大声朗读的，因为它有多姿多彩的泉润文化——泉润文化是一种精神，引导儿童探寻意义；泉润文化是一种积淀，引导儿童沐浴传统；泉润文化是一种濡染，引导儿童丰富涵养；泉润文化更是一种智慧，引导儿童提升悟性！

（2019 年 6 月 13 日）

12　玩出精彩，美在心中

——江苏省海门市通源幼儿园玩美文化的策划与创意

季卫是充满智慧的，我是很欣赏季卫园长的。

不仅仅“季卫”与“智慧”谐音，最主要的是季卫富有智慧地修行。她不断地对自己进行感化、感悟和践行“修己安人”，早在20世纪末，不到30岁的她就走上了幼儿教育科研之路，一路走来，主持承担了多项省市级教育科学规划课题。她不断地对幼儿园的健康可持续发展进行思考、思辨与实践。如今，季卫主政的海门市通源幼儿园已经成为独具魅力的品牌幼儿园。

2019年2月的最后一天午后，应季卫园长之约，我走进了美丽的通源幼儿园，虽是春寒料峭，但是园内别具一格的玩具、水池，特别是在老师的带领下，孩子们在尽情地玩乐，一张张可爱欢快的面孔让我感到无处不在的温暖。

通源幼儿园创办于1998年，原是通源小学附属幼儿园，2002年被确认为江苏省示范性实验幼儿园，2008年被确认为江苏省优质幼儿园。2013年7月，季卫调至通源幼儿园任园长，通源幼儿园先后获得了国家环境教育实验基地、全国艺术教育先进单位、江苏省平安学校、南通市绿色幼儿园、全国新教育实验优秀学校等殊荣。但季卫园长不甘寂寞、不抱残守缺、不故步自封，她深知：没有品质的教育是低质量的教育，没有品位的教育是低水平的教育，没有品牌的教育是低效率的教育。而品质、品位、品牌应该而且必须是建立在学校文化基础之上的。

正是带着帮助通源幼儿园策划和设计学校文化的使命，我与季卫园长以及几位副园长和中层进行了三个多小时的对话交流。

学校文化（对幼儿园来说可以命名为“园所文化”），是体现学校长期以来所形成的愿景、价值观和行为准则的总和。学校文化建设非常关键、非常艰难的是提炼、凝练出学校文化的表达概念。通源幼儿园的学校文化应以怎样的表达概念公之于众呢？是阳光文化、绿色文化、快乐文化吗？显然都不恰当。我以为，通源幼儿园的文化应该从以下六个“看”中理清思路——

一是向前看，就是要站在历史的高度，讲究文化的传承。文化的形成本来就是在日复一日的时光中积累和沉淀的，一所学校的文化核心或者办学理念是不能与历史割裂的，更不能有意另起炉灶，与前人“划清界限”。

二是向后看，就是要面向未来，着眼发展，追求创新，跟上时代发展的步伐，赋予新的内涵和要素。

三是向上看，就是要从学校的办学经验、方法、做法中提炼出新的理念，明晰新的精神，从而成为向上的引领。

四是向下看，就是要立足实践，强调行动，文化绝不只是刻在墙上、写在纸上、说在嘴上的口号，不是供人顶礼膜拜的图腾，或是虚无缥缈的海市蜃楼，它是能够让全校师生自觉践行的。

五是向外看，就是不要夜郎自大，要学会借鉴外校的、外国的，甚至外行业的文化主张。

六是向内看，就是不能停留在浅层面的文字叙述或图像展示，而应该能够内化为师生的品质素养的。

根据这六个“看”，我以为通源幼儿园应该坚信“玩出精彩，美在心中”，应该旗帜鲜明亮出玩美文化的概念。

玩美不是我的杜撰。玩美是季卫园长多次在全国新教育实验海门开放周上阐述过的经验。记得在我主编出版的《新生命教育的海门样本》和《每月一事的海门实践》两本书中就收录了季卫和通源幼儿园老师们关于玩美的课程叙事、园长报告和教师叙事。

在得到大家的会心认同后，我围绕三个“何”——何谓、为何和如何，与大家一起悠悠地欣赏着玩美文化。

一、何谓玩美

“玩”就是玩耍，就是游戏，就是做使自己精神愉快的活动，从玩延伸开来有许多美好的词汇，比如玩赏、玩味、玩笑、玩乐、玩出意义、玩出精彩。

“美”就是美丽，就是美好，可以解读为能直接被感知的美好形象，使人愉悦、动情的美好事物，特指心理心情、善言善行的美好心灵。美不仅在外表和言行，更美在心中。

将“玩”与“美”连缀成词语是名词，其中“玩”是动词，“美”是形容词。“玩”是为了“美”，通过“玩”实现“美”。美是玩出来的，美离不开玩。

玩美的形态是玩，本质是美。“玩”贯穿于幼儿园活动的方方面面，时时刻刻；“美”根植于幼儿园活动的形形色色，朝朝暮暮。既要通过玩美实现美玩，又要通过美玩达成玩美。

玩美文化是教育的一种理念。教育是需要弥补的，也是需要享受的。玩美不是精致唯美，不是刻意营造氛围，要避免幼儿教育中的没有分寸，没有节奏，就要坚信玩美，坚定玩美。在玩美中弥补爱心缺位、监护缺位、生活缺位；在玩美中让师生享受玩的乐趣、玩的意义和玩的创新，享受美的感染、美的熏陶和美的火花闪现。

玩美文化是教育的一种朝向。教育是需要理想的，是需要愿景的，是需要朝向的，也就是需要必要的“乌托邦”来向往的。幼儿最向往的是自由、自在、自我，而玩美是最能接近孩子向往的那种幼儿园。有一个或许已经听过的故事：有一位到中国来工作的外国朋友，要为自己的小孩找一所好的学校，他首先跑到我们推荐的一所名校看了看，结果很失望。然后他自己跑到了一所我们认为薄弱的小学去看了看，结果却很满意。事后问及原因，他说他在前一所学校看到的是课间空荡荡的操场和在走廊中齐刷刷走路的学生，而在后一所学校看到的则是，课间在操场上追逐嬉戏的孩子和在走廊中蹦蹦跳跳的孩子。他说这样的学校才叫学校，孩子需要这样的学校。这个故事告诉我们，玩美确实是幼儿教育的一种朝向。

玩美文化是教育的一种哲学。教育是育人的崇高事业，教育是与人紧密相连的。教育哲学首先是生命哲学。对生命的关怀和成全是新教育实验的教育哲学之一，作为全国新教育优秀实验学校，就要以“过一种幸福完整的教育生活”作为幼儿园的根本宗旨，幸福完整离不开玩美教育。教育哲学还应该是实践哲学。玩美特别强调行动的力量，在玩美的行动实践中，通源幼儿园无论在营造书香校园、推进每月一事，还是缔造完美教室、研发卓越课程，甚至是安全教育，都从孩子喜欢的方式做起，都把玩美贯穿始终，从而能拥有“自己的句子”。

二、为何玩美

通源幼儿园为什么要高高举起玩美文化的大旗？这可以从当下风生水起的幼儿园游戏化课程中找到答案。幼儿园的玩美实质是幼儿园游戏。从传统的角度看，“玩”似乎偏向于贬义，所谓“玩物丧志”“玩世不恭”等，但自从《幼儿园教育指导纲要（试行）》再次提出“幼儿园以游戏为基本活动”，它从法律法规的高度唤醒广大幼教工作者进一步去认识游戏、理解游戏，了解并满足幼儿的需要，顺应幼儿爱游戏的天性，还幼儿游戏的权利。

再一次学习《幼儿园教育指导纲要（试行）》，我感到特别亲切，也对幼儿园游戏有了新的认识。

首先，幼儿园教育是以游戏为基本活动的，应把游戏作为一种整体的教育思想，贯穿于幼儿园教育的始终，玩美文化就是要落实这一基本思想。

其次，游戏是对幼儿进行全面发展教育的重要形式。一方面开展丰富多彩的户外游戏和体育活动，可以培养幼儿参加体育活动的兴趣，增强体质，提高对环境的适应能力；另一方面，玩美活动中，幼儿与成人、同伴之间的共同生活、交往、探索、游戏，可以拓展孩子社会学习的途径，并且学会赏美、审美。

最后，寓教育于生活、游戏中的玩美，可以帮助孩子感受事物的数量关系，体验到数学的重要和有趣，学习用简单的数学方法解决生活中某些简单的问题，发展孩子的智力。

游戏是孩子的最爱，也是他们的权利。不难想象一个不曾参与游戏的孩子，其童年生活是多么单调乏味。我已经步入中老年行列，小时候不曾上过幼儿园，但回忆那时跳皮筋、丢沙包、滚铁环、占领阵地、老鹰捉小鸡等游戏情景，至今仍充满着童真童趣。

玩美是对生命的热爱，是对前途的信心，是对自我价值的欣赏，也是对和谐相处的认同；玩美是愉快的心情，是美好的心灵，更是一种崇高的品格。从本质上讲，通源幼儿园的玩美文化秉持的是儿童视角，立足的是儿童立场，满足的是儿童需要，是符合儿童成长规律的应然和必然。

三、如何玩美

一是梳理玩美文化的价值系统。

核心理念：过一种幸福完整的教育生活。通源幼儿园是新教育实验学校，新教育的核心理念，就是通源幼儿园的核心理念。

办园理念：用真爱和真知为幼儿的幸福人生奠基。这是作为通源小学附属幼儿园时就确立的办园理念，没有真爱和真知，怎么能让孩子尽情地玩美？因此，我以为根据传承性原则，这一办园理念无需更改。

园所愿景：让生活充满阳光，让生命绽放色彩。

办园目标：让每一位孩子在玩美中溢满七彩，让每一位教师在玩美中专业成长，让每一位家长在玩美中亲子陪伴，办成一所市内质量领先的品牌幼儿园。

幼儿发展目标：活泼开朗有个性，乐于探索有才能，敢于表现有勇气，善于交往有智慧。

园风：大方、大气、大度、大爱。

教风：忠心、安心、爱心、专心。即把忠心献给事业，把安心留给家长，把爱心献给孩子，把专心留给自己。

学风：好身体、好心情、好习惯、好品质。

风正则理公，理公则气顺，气顺则劲足，劲足则事举。玩美文化应该从园风建设抓起。园风是一所幼儿园所有的占主导地位的行为习惯和群体风尚，是全校师生在多方面所表现出来的一种态度和趋向。园风由三部分组成：领导的作风、教师的教风、学生的学风。抓作风促园风、抓教风强园风、抓学风浓园风。

园训：玩美（玩出精彩，美在心中）。

主要教育理念：(1) 无限相信师生的潜力；(2) 让孩子拥有一生有用的好习惯；(3) 充满着爱、洋溢着情、体现着乐；(4) 孩子有生气，教师有士气，学校有朝气，课堂有灵气；(5) 用爱心唤醒爱心，用生命激荡生命，用成长带动成长；(6) 蹲下来讲话，抱起来交流，牵着手教育……

二是营造玩美文化的环境氛围。

美丽的环境教育人。通源幼儿园的校园环境是很美的，但更应充分体现玩美的特色，赋予环境助推玩美、支持玩美的功效。以幼儿一日活动的材料、工具为例，要让每份材料、每件工具都闪光。因为任何材料，无论新与旧、大与小、粗糙与精细，在孩子眼里均有玩的价值，只要运用合理得当，它就是孩子任意玩耍创造的材料。以室内专用活动室的建设为例，通过师生、家园合作共同收集整理生活中的多种废旧材料，开设专用“创意超市”，推动幼儿玩美的创意表现。以室外环境的打造为例，室外是幼儿活动的广阔空间，应该从自然美、生活美和艺术美三个方面创设室外玩美环境，应注意突出自然环境中蕴含的自然美，巧妙利用室外墙面、绿化带、沙水池等空间，为幼儿创设一个每时每刻都能体验玩美的环境，从而给予幼儿更多的审美空间和机会。

通源幼儿园的环境氛围要有个性特色，还必须独辟蹊径。比如，根据季节创设，一年四季都有其明显的季节特征，幼儿在观察自然的过程中积累了对四季的直观感受，故可以在室外大墙面创设以季节为主题的环境，有利于进一步激发幼儿的表现与创造愿望。比如，根据幼儿的生活经验与需要，幼儿园设计了不同年龄阶段的主题活动内容，在开展主题活动过程中环境是必不可少的影响因素，因此根据主题内容创设立体与平面相结合的环境，不但能进一步引发幼儿主题学习的兴趣，也给予幼儿自主构建主题脉络，表达主题学习感受的机会。

通源幼儿园的环境文化还必须设计多种玩美标识。如园徽、吉祥物、班级图腾等。让“玩出名堂，活出精彩”成为玩美文化的行动口号。已经设计的园徽很有创意——是以通源的首字母“TY”变形组合为设计元素，组合成富有童趣的吉祥鸟形象，高昂着脑袋振翅翱翔的鸟儿，正带领着通幼人怀揣梦想奋力飞向广阔的天空。另外宣传册、信封、信纸、杯子、环保袋、购物袋等都可以烙上玩美文化的印记。

三是打造玩美文化的七彩课程。

课程是跑道，是机会，也是孩子学习交往中的美好故事。给了孩子什么样的课程就是给了孩子什么样的童年。在以往的实践中，通源幼儿园开发实施了丰富多彩的园本课程，但总的来说，还比较杂乱。应该以玩美统领，打造玩美文化的七彩课程。

3～6岁的幼儿是一个个具有鲜活生命力的个体，让这些生命个体灵动起来、鲜活起来，我们可以以玩美生活为核心，以童年的色彩——赤橙黄绿青蓝紫定义“七彩玩美课程”。

“七彩玩美课程”以7种颜色代表7种不同类型的课程。

红色安全课程——红色是热烈、向上、有力的色彩，是点亮生命之火的主色调，也是安全的警戒线。安全玩美课程定为红色，其课程目标是“珍爱生命，安全第一”“让每一个生命健康成长”。

橙色亲子课程——橙色是最温暖的颜色，也是代表亲子的色彩，亲子“玩美”课程定为橙色，其课程目标是“家园携手，同心共育”“建立和谐的亲子关系”。

金色健体、启智课程——金色是开启智慧的象征。金色课程最适合游戏，是健壮身体、开启智慧的最佳方式，课程的主要目标是“健体、启智”。

绿色生态课程——绿色是优雅的颜色，象征着生机勃勃，代表着希望和自然之本。生态课程恰恰符合这一寓意。生态课程的主要目标是“崇尚自然，敬畏生命”。

青色习惯课程——青色是中国特有的一种颜色，介于蓝绿之间，是厚重的象征。习惯是人生的基石，“七彩玩美课程”将青色定位于习惯，其课程目标是“习惯养成，受益终身”。

蓝色仪式课程——蓝色代表厚重、沉稳、深远。中国五千年文化博大精深，其中节日仪式便是中国文化的一种传承。将蓝色定位于节日仪式课程，其课程目标是“传承经典，爱国爱家”。

紫色阅读课程——紫色是高贵、浪漫的颜色，用阅读温暖孩子幼小的心灵，用阅读浸润孩子美好的品格，用阅读装点孩子幸福的童年。紫色是阅读课程的颜色，其课程目标是“爱上阅读，自信表达”。

当然，以往的各种课程活动完全可以整合到“七彩玩美课程”中，从而用红色点亮生命的温暖，用橙色亲近父母的心田，用金色开启智慧的源泉，用绿色装点美丽的世界，用青色奠基厚重的人生，用蓝色打扮精彩的节日，用紫色渲染阅读的高贵，向着玩美七彩那方，通源幼儿园的每一位师生都能“玩出精彩，美在心中”。

对此，我是信心满满的。因为，季卫园长是富有智慧的。

（2019 年 3 月 3 日）

后记　月映千川的新教育学校文化

新教育实验是朱永新教授倡导的以教师专业成长为出发点，以营造书香校园、师生共写随笔、聆听窗外声音、培养卓越口才、构筑理想课堂、建设数码社区、推进每月一事、缔造完美教室、研发卓越课程、家校合作共育等十大行动为途径，以让新教育共同体成员过一种幸福完整的教育生活为目的的教育改革实验。虽然十大行动中没有学校文化建设，但在十九次新教育年会上，有两次专题研讨学校文化建设。

我是近距离亲耳聆听朱永新教授这两次年会主报告的。特别是2010年桥西新教育年会上，《文化，为学校立魂》的主报告对我印象最深、震撼最大的是关于新教育学校文化共性与个性的阐述：“如果说‘过一种幸福完整的教育生活’是这一轮高悬的明月的话，那么每一所学校就是一道河流。”“这一轮明月在照亮具体一道河流的时候，它将呈现出怎样独特的教育风景来呢?”

真的是醍醐灌顶、茅塞顿开。虽然对学校文化建设早已关注，但我深感朱老师在桥西和东胜两次新教育年会上的主报告，实实在在是新教育学校文化建设的纲领性文献，我们必须反复研读、消化理解并认真贯彻落实。

“月映千川”源自佛学《永嘉证道歌》：“一月普现一切水，一切水月一月摄。”儒学大师朱熹则解释认为“合天地万物而言，只是一个理”，这个“理”，就是万物的本源。用“月映千川”比喻新教育学校文化建设，真可谓是太贴切了。是啊，“月映千川影，流水听歌声”。一轮明月照千川，每条河流都有自己独有的精彩。喜欢“月映千川”这个词，十多年来，我也正是按照“月映千川”的意境，试图寻找新教育学校文化建设的一般原理和操作路径。

首先，必须充分认识学校文化建设对于新教育的极端重要性。因为，文化建设能引领新教育学校的内涵发展。文化建设能为新教育学校立身、造血、强筋、壮骨、供氧，特别是能为新教育学校铸魂。

其次，从实际出发，确定学校文化的建设主题。

最后，也是最主要的就是从特色文化、环境文化、教室文化、课堂文化、课程文化、教师文化等视角，有条不紊地推进学校文化建设。

这是我对新教育学校文化建设操作路径的理解。事实上，也是按照这一路径，成功指导了众多新教育实验学校的文化建设。

学校文化建设需要展示，展示办学的理念、目标和思路，也需要展示的底蕴、实力和功力，更需要为师生成长搭建展示的展台、赛台和平台。从某种意义上说，学校文化建设应该是一种生活，而生活的真相就是一步步把美化的东西撕碎了给你看。展示就是舒展与展露，就是施展与展现，就是伸展与展望。在展示中解读、解构、解析学校文化，是新教育人的文化自觉，也是新教育学校文化建设的应有之义。

十多年来，我观摩了众多新教育实验学校的文化展示活动，并作现场点评，同时对海门市内外的中小学校做了文化解读，曾出版了个人专著《学校文化的展示与解读》，得到了众多学校校长和老师们的赞同。我深知学校文化应该而且必须展示解读，只有在展示解读中，才能更加坚定文化自觉和文化自信，引领学校文化建设更精确地遵循教育客观规律。

学校文化建设是需要计划、谋划与策划的；学校文化建设是需要创造、创新与创意的。新教育学校文化建设的策划与创意，是从学校实际出发，顺应时代发展潮流，从显性和隐性两个维度进行顶层设计。从某种意义上说，校长是学校文化顶层设计的第一责任人，校长应该掀起校内外的“头脑风暴”，为学校文化的策划创意而献计献策、群策群力。从而让学校文化不仅有生长的根基，而且有发展的方向，不仅有理论的支撑，而且有操作的路径，使全校师生明晰学校文化是什么、为什么和怎么样。

策划创意的关键是创意。所谓创意就是前所未闻和未视的、能充分反映并满足人们某种物质的或情感的需要的意念或构思。最基本的要求是，求新、求奇、求异，它必须具有独创性、艺术性和可操作性。值得欣慰的是在卸任海门市新教育培训中心主任后的这两年里，我为40多所学校做了学校文化的策划设计，力求有创意，即有独特的构思和见解。

如今呈现给读者的这本书稿，共分四个篇章：第一篇章是新教育学校文化的指导文献，收录了朱永新教授两次年会的主报告；第二至第四篇章，分别是学校文化建设的操作路径、展示解读和策划创意，分别由6篇、10篇和12篇文章组成，都是我对新教育学校文化的个性化阐述，都是我挑灯夜战在师山书屋手写而成的文字。这些文字是我的原创，也有一些是参照朱永新教授等新教育研究成果的，故谓“编著”。

千江有水千江月，万里无云万里天。本书能列入“新教育文库”，并作为新教育学校文化的操作手册，我深感忐忑。真诚希望本书能给新教育学校文化建设贡献一点智慧，给大家些许启示。

本书写作过程中，得到了朱永新教授、许新海理事长和新教育教师成长学院诸位同事的指导帮助，特别是赵丽芳副科长经常无私地帮我打印修改文稿。在此深表谢意。

谨以此书的出版，告慰我刚刚驾鹤仙逝的老母亲！

吴　勇

2019 年 9 月 6 日于师山书屋